梁归智 著

国学·诗韵·书情——姚奠中学术评传

山西出版传媒集团　三晋出版社

U0519672

网　　址　www.yaodianzhong.cn（姚奠中学术艺术网）
电子邮箱　zizhulin6@126.com

2006 年作者与姚先生合影

序

　　姚奠中老师是我的业师，生于 1913 年，很快就百岁高寿了。老师仍然身体康健，精神矍铄，于 2010 年底，还将 2006 年赠我赴俄罗斯讲学的诗作用毛笔亲书条幅赐下，龙飞凤舞，让人神旺。

　　王东满先生为姚老师作传，共 780 千字，于 2011 年 3 月由人民文学出版社出版。王先生的传记对姚老师的生平描述甚详，但于学术方面还不够十分深入，承姚老师青目，属意于我再写一本学术方面的评传。受命以来，不敢懈怠，乃于暑假期间，撰成小书，并加有姚老师一部分代表性论文、叙记、书法、照片等，二者互相配合，或者可以使读者对姚老师的境界能够有所

姚先生为本书作者题写送别诗

了解。

　　只称呼老师，因为姚老师确是我的导师，叫起来更感亲切。而在多种身份中，老师也确实最能传达姚老师的神髓。姚老师后来有各种名位、荣衔，但他从青年时期就看不起文凭一类身外之物，甚至连毕业考试都想放弃，认为有学问不在乎这些。姚老师当了一辈子教师并以此为荣，叫老师，不是最好吗？

　　高山安可仰？徒此揖清芬。

　　是为序。

2011 年 7 月 21 日于大连味庄斋

目 录

一

至人惟寂寞，庄周独多情：
姚老师的诸子学

过庄子庙三首

一

漆园有小吏，体道超常流。鲲鱼化鹏鸟，蝴蝶梦庄周。寿夭宁有异，是非本同俦。吉祥生虚室，任天逍遥游。但怜人间世，嚣嚣复悠悠。

二

至人惟寂寞，庄周独多情。隐词皆感激，高歌同哭声。痛极甘曳尾，愿死悔蕲生。万籁咸自取，解悬齐殇彭。著书动千载，神识照八纮。

三

我来谒生庙，惝恍心欲摧。豺狼横九有，中原多奸回。战血生青草，白骨化尘灰。扞敌同所愿，阋墙倍可哀。我欲从生去，去之濠水湄。洪水摧濠梁，猛兽出林来。眇躬何足算，但忧万人灾。感之肠欲断，空殿徒徘徊。

1940年春，日寇攻陷了皖东，28岁的姚老师，于3月逃难到大别山，这是路过安徽蒙城时游览城东的庄子庙所作。

1936 年的姚先生

　　庄子即战国时代的诗人、哲学家庄周,史载庄子曾任漆园(今山东菏泽南)吏,是"蒙人",本指河南商丘,安徽蒙城建庄子庙,乃由"蒙"而附会。不过诗人不是作历史考据,触景生情,寄情咏志而已。

　　庄子与老子并称"老庄",是道家学派的代表。姚老师 18 岁读《十子全书》,就特别喜欢《庄子》。23 岁在无锡国学专修学校求学时参加论文竞赛,以一篇《拟〈庄子·秋水〉篇》夺冠,获排印分发全校的殊荣。后又去苏州章氏国学讲习会学习,25 岁完成研究生论文《魏晋玄学与老庄》。32 岁任四川白沙国立女子师范学院国文系副教授,讲授庄子研究等课程,并印出讲义《〈庄子〉通义》。

　　36 岁则在《云南论坛》一卷第 6 期发表论文《〈庄子〉内篇间绎》,并撰写《论治诸子》和《诸子略论》。44 岁撰《试谈作为文学家的庄子》,刊于《山西师院院刊》。札记中还有《〈庄子〉论知人》、《中国的"角斗士"——〈庄子·说剑〉所反映的史实》。这三首《过庄子庙》,是姚老师"庄学"中的一次诗意体现。

《庄子》一书，一般以为内七篇出庄周亲笔，外、杂篇则为后学所作。庄子思想，流行的见解，认为乃任自然，倡无为，"相对主义"，"隐士哲学"，有"消极悲观"的"局限性"。

姚老师的"庄学"则别有心得："我认为外、杂篇虽有他人作品羼入，但主要的仍出庄子之手；内七篇为庄子晚年成熟之作，中年以前不容毫无作品遗留。我认为没有外、杂篇，就很难看出庄子思想的发展；而内七篇的思想根源，正以外、杂篇为基础。大体说来，庄子早年曾服膺儒术，但已每予以新解；等到涉历日深，深感儒者所倡仁义礼智之弊之害，于是大力予以揭露、抨击；从而转信老聃之言，称扬阐释，不遗余力；再从老聃的以卑弱谦下来逃避矛盾，进而谋求从精神上解除桎梏以达到'内圣外王'之最高境界。我的《〈庄子〉通义》就是用外、杂篇和内篇比较互证，来掌握《庄子》一书的基本精神的。"（《姚奠中自传》）

有了对姚氏"庄学"的基本了解，读《过庄子庙》，其思想之深厚、情感之挚诚和艺术之超卓就洞然昭然了。第一首共十句，概括《庄子》书中最突出的一些思想和意境，如鲲鱼化鹏鸟的"逍遥游"，庄周梦蝶而"不知周之梦为胡（蝴）蝶与？胡蝶之梦为周与"的"齐物论"，"小年"和"大年"的寿夭、是非无差别论，"坐忘"、"玄览"的虚室生白等，其画龙点睛之语则在最后两句。"人间世"本内七篇之一，重点讲处世之道。"但怜人间世，嚣嚣复悠悠。"全诗最后落足于对"人间"的关切，表达对社会黑暗历史异化的深刻痛感，即第二首之所谓"痛极甘曳尾"。这就是后来姚先生所申论："庄子的思想在当时的具体条件下，却仍有进步性、甚至革命性的东西。""他深刻透彻地批判了现实，为古今所少有。"这才是庄子"体道超常流"的本质，核心是一个"怜"字，也就是对"人间世"之"放不下"的一腔真情，一颗热心。

这种由"内圣"而"外王"的情感思路，在第二首开头就发为警句："至人惟寂寞，庄周独多情。隐词皆感激，高歌同哭声。"可谓直捣垓下，石破天惊！"至人无己，神人无功，圣人无名"（《逍遥游》），如此超脱而"寂寞"的寓言卮言，其实只是表象，其所蕴含的内核却是"多情"，那貌似旷达的"隐词"和"高歌"，却是"感激"和"哭声"！荒诞奇特的故事，暗示着多么炽

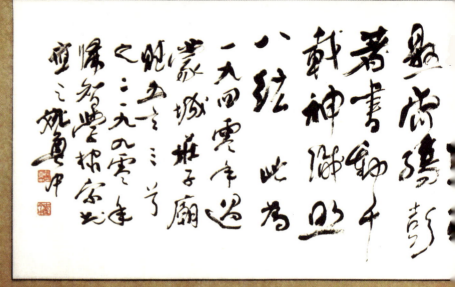

烈的对现实人生社会之刻骨铭心的体验!

《秋水》篇中说楚有神龟,"死已三千岁矣,王巾笥而藏之庙堂之上。此龟者,宁其死为留骨而贵乎?宁其生而曳尾于涂中乎?"《至乐》篇中说死人的髑髅宁愿死而不愿复生,说死的解脱"虽南面王乐,不能过也"。《齐物论》说人籁、地籁和天籁,有"吹万不同"语,"万籁"出此。《逍遥游》中活了八百岁的彭祖与八千年的大椿一比,长寿和殇夭也很难绝对。"解悬"则为《大宗师》篇中"悬解"之倒语,所谓"且夫得者,时也;失者,顺也。安时而处顺,哀乐不能入也。此古之所谓县(悬)解也",亦看破得失生死之喻。这些关乎"形而上"的庄周哲理确实宏观而超轶,能让人恍然大悟,获得心灵解放,真乃照彻宇宙(八纮)的"神识",耸动千载的奇书。然而这些"勘破"之典故皆统摄于开首四句,统摄于关键词"多情"。看破了看穿了却不"冷"而要"热",对现实,对社会,对人民,对国家。

这就是姚老师意中的庄子精神和情怀之实质,故顺理成章,第三首就直接切入了当时外寇入侵战火纷飞生灵涂炭的严峻现实。十六句分为两段,前八句刻画血淋淋乱纷纷的当下,笔笔沉痛,字字血泪,鞭挞日寇为横行的"豺狼",斥责汉奸卖国,表达抗战志愿,感慨国人犹自党派内争,未能团结一致对外。此情此境让人痛苦哀伤,故下段开始说想随庄子避于濠水,《秋水》中庄子和惠子作濠梁之游,"出游从容,鱼之乐也"。但紧接着却以洪水摧梁猛兽出林揭示国难深重已无处可避,而踏实于"万

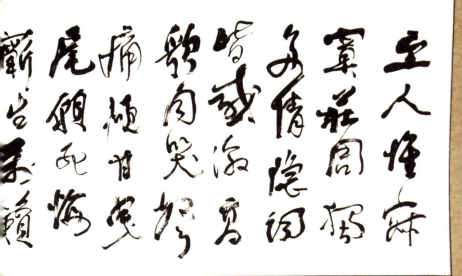

1990 年姚先生为本书作者书《过庄子庙三首》之二

人灾"和"肠欲断"。最后一句"空殿徒徘徊"留下了一个在空寂的大殿中独自徘徊的青年身影,可谓"以景结",富有形象感。一个"空",一个"徒",再加上"徘徊",孤独,愤怒,焦急,希望,思感纠结,纷纭万状,尽在其中。

当全民族遭遇劫难,任何个人(眇躬)的痛苦都与民族国家联系在一起,只有勇敢面对而不能也无法逃避。从艺术技巧说,这可谓"反跌",究其实却是真实感情的自然结构。姚老师在自叙传中概括《魏晋玄学与老庄》论文宗旨说:"结语引《文中子》的话:'虚玄长而晋室乱,非老庄之罪也。'可以概见其主旨所在。"这也可以看作就是《过庄子庙》的微旨,庄子的根柢不是"相对主义"和"消极避世",而是"内圣外王"。姚老师于 1938 年春曾参加两个月抗日游击队,时年 26 岁,正是"知行合一"的体现。

姚老师十几岁时就学作长篇歌行体诗,后深入朴学,诗也转写五言古诗。故姚老师的诗作以感情真率语言古朴为尚,非雕章琢句恍惚幽渺追求"唯美"者。《过庄子庙三首》无疑是姚先生诗作中的精品,其"至人惟寂寞,庄周独多情"数语尤可称融情、志、思、学、艺为一体的不朽名句。

集庄自署
为一世蕲乎乱，之二虫又何知？

这是将《庄子·逍遥游》中并非一处的两句话"集句"为一副联语。从联语所要求的对仗技巧而言，"为"对"之"，"一世"对"二虫"，"蕲乎乱"对"又何知"，实词对实词，虚词对虚词，自然而工巧。

上句在这样一段原文中："肩吾问于连叔：'吾闻言于接舆：大而无当，往而不反；吾惊怖其言，犹河汉而无极也；大有径庭，不近人情焉。'连叔曰：'其言谓何哉？'曰：'藐姑射之山，有神人居焉；肌肤若冰雪，淖约若处子，不食五谷，吸风饮露，乘云气，御飞龙，而游乎四海之外；其神凝，使物不疵疠而年谷熟。吾以是狂而不信也。'连叔曰：'然。瞽者无以与乎文章之观，聋者无以与乎钟鼓之声；岂唯形骸有聋盲哉！夫知亦有之。是其言也，犹时女也。之人也，之德也，将旁礴万物以为一世蕲乎乱，孰弊弊焉以天下为事！之人也，物莫之伤；大浸稽天而不溺，大旱金石流、土山焦而不热。是其尘垢秕糠将犹陶铸尧、舜者也，孰肯以物为

事！'"

这本是通过两个虚构人物的对话传达一种哲学思想。肩吾转述的接舆之言描述了一种"超人"形象，所谓藐姑射之山的神人。连叔则嘲笑肩舆不理解"超人"境界，进一步发挥"超人"的不同凡响，说其境界和德行"将旁礴万物以为一世蕲乎乱，孰弊弊焉以天下为事"，意思是"超人"的胸怀境界空前宏大雄伟，包罗万象，早已超越了"天下"的狭隘概念。

由于古籍没有句逗，而词义也古今流转变迁，具体解释起来，就存在歧异。比如断句标点，有作"旁礴万物以为一，世蕲乎乱，孰弊弊焉以天下为事"；又有"将旁礴万物以为一。世蕲乎乱，孰弊弊焉？以天下为事！"而"蕲"训为"祈求"或"安定"；"乱"训为"混乱"或"治理"（所谓反训，即上古文章有些字其实正表达其字面相反意思）等不同意义。

下句的原文语境是："蜩与学鸠笑之曰：'我决起而飞，枪榆枋，时而不至，而控于地而已矣；奚以九万里而南为？适莽苍者，三飧而反，腹犹果然；适百里者，宿舂粮；适千里者，三月聚粮，之二虫又何知！小知不及大知，小年不及大年。奚以知其然也？朝菌不知晦朔，蟪蛄不知春秋，此小年也。楚之南有冥灵者，以五百岁为春，五百岁为秋；上古有大椿者，以八千岁为春，八千岁为秋，此大年也。而彭祖乃今以久特闻，众人匹之，不亦悲乎！"

这个寓言接着北冥大鱼化为鹏鸟腾飞的故事，说蜩与学鸠两

姚先生书对联

个小动物不能理解鲲鹏的境界，进而引申出"小知不及大知，小年不及大年"的辩证相对哲理。古人把一切动物分为"五虫"，如能飞翔类为羽虫，人类为裸虫。"之二虫"就是指蜩（蝉）与学鸠（小鸟），"又何知"当然是嘲笑它们囿于常情常理，对超凡境界无认知能力。

姚老师《庄子间绎》中阐述《逍遥游》有云："至人、神人等名，乃为有特殊修养者之号。而所谓'入水不濡'、'入火不热'等特异之事，皆就其精神状况而言。盖其知识上已破除死生寿夭之见，而心理上亦遂觉与大化为一。故'不食五谷'可，'水不濡'，'火不热'，亦无不可。言其精神方面，免除一切灾害也。"这就是姚先生理解的"逍遥游"，其要旨在"精神""修养"的超越。但超越后意欲何为？却并非高蹈避世，而是不再顾及个人得失利害生死，而将生命热情投入于"为一世蕲乎乱"。"蕲乎乱"无论阐解为"安定纷乱"或"祈求大治"，都是一种热辣辣的人间情怀。曲解庄子哲学为"消极"一类，都像那两个小雀虫对鲲鹏"水击三千里，抟扶摇而上者九万里"无法理解一样，此即"之二虫又何知"之转喻微言。

姚老师27岁在安徽柏浦"菿汉国学讲习班"任主讲时，制定了十条"教条"："以正己为本，以从义为怀，以博学为知，以勇决为行，以用世为归。不苟于人，不阿于党，不囿于陋，不馁于势，不淫于华。"这是姚老师为学生也是为自己确立的立身处世之原则性铭箴，可视为这副集庄联语情怀的具体细化。

这也是他师承章太炎《齐物论释》"贯通"、"求是"和"致用"的学术传统，发扬庄子"大知观于远近"（《秋水》）然后能知"大通为一"而始终身体力行之境界体现。姚先生不认同庄子隶于南方"楚文化"的说法，认为蒙城处南北交会之地，故庄子实乃融汇南北而得"天下之中"的思想集大成者。

姚老师回忆从章太炎学习时情形说："我的研究方向，就定为诸子，而以庄子为重点。章先生也很赞成我治诸子。我研究庄子，主要是看重庄子对人生的作用，特别对精神修养的作用。使人思想开阔，毫不偏执，而意志坚定。"纵观姚老师一生行履，的确把《庄子》的精华付诸了实践，难怪要书写这幅集庄联语并长期悬于厅堂了。

姚先生书十教条

　　姚老师还有另一幅集庄联语"因是因非因非因是，方生方死方死方生"，在挽友人及题赠等联语中也常用庄典，如"伟哉造物将悉以女运，嗟来桑户而已返其真"、"薪尽火传寓诸无竟，功遂身退死而不亡"、"德近坐忘子綦能闻天籁，年超不逾荀卿最为老师"、"吹万人乐章"、"吾其鱼乎思夏后"等，足见其寝馈庄子意境之深了，当然这是一个因觉悟到宇宙之大而超越一己小我，天人合一乐观而非悲观进取而非退隐，实际上综合了儒、道、禅等传统真萃，章、姚一脉相承的庄子。

"天地之中"的庄子

　　姚老师认为庄子乃"天地之中"而非南方楚文化流亚的学术观点，形成于数十年前，由于《〈庄子〉通义》等讲义著述未能留存，其具体而微的论证付之阙如。但此论的"合理内核"耐人寻味，它不仅是姚老师人生观世界观的一个重要基础，也是学术上的一大课题。

　　有价值的观点总会被重新提出并发扬光大。2010 年第 6 期《陕西师范大学学报》就刊出一篇《〈庄子〉文化背景新论》，作者刘生良博士。此文颇可以作为姚老师观点的注解或展开来参照。下面将刘文的大略加以介绍,亦可为一种互证。

唐代成玄英《庄子序》说庄周"当战国之初,降衰周之末,叹苍生之业薄,伤道德之陵夷,乃慷慨发愤,爰著斯论"(郭庆藩《庄子集释》第一册),后人多继承此说,当然没有错,但细究起来,却有些"大而无当"。所谓晓晓乱世,天下皆然,而为何蒙叟独能出此奇想,成此奇书,当有其更具体的时代背景,尤其是文化背景。

庄子的文化背景被归于楚文化,或南方文化,起自宋代。朱熹有云:"庄子自是楚人"、"大抵楚地便多有此样差异的人物学问"(《朱子语类》),降及清末民初的王国维,仍然予以发挥:"南人想象力之伟大丰富,胜于北人远甚,彼等巧于比类,而善于滑稽,故言大则有若北冥之鱼,语小则有若蜗角之国,语久则大椿冥灵,语短则蟪蛄朝菌……此种想象,决不能于北方文学发见之。"(王国维《屈子文学之精神》)今人再加演绎,以楚国农业的发展、由弱到强的历史和水乡的地理环境等,来论证道家和庄子乃楚文化的产物(舒金城《中国古代智慧的殿堂》,北京,民族出版社,1998)。

刘博士表示:"这种在当今学界十分流行、近乎定论的所谓'楚文化说',其实根本不能成立,绝难苟同。因为于史无征,上述说法都纯属想象,有的甚至十分荒唐。"

那么正解为何?

关键之点,即庄周乃蒙人,而蒙即今河南商丘东北,正是"天地之中"。这一论断史证凿凿,坚强有力。司马迁《史记》中庄子本传,其文曰:"庄子者,蒙人也。"其后刘向《别录》即谓庄子"宋之蒙人也"。班固《汉书·艺文志》在《庄子》下注曰:"名周,宋人。"张衡《髑髅赋》拟庄子云:"吾宋人也,姓庄名周。"高诱《淮南子·修务训》注亦云:"庄子名周,宋蒙县人。"汉代学者众口一词,别无异议。其后晋皇甫谧,唐成玄英,宋陈振孙、林希逸以下历代治庄者皆认同接受。

至宋代有人提出"楚蒙"说,乃北宋乐史《太平寰宇记》对《水经注》之误改误增。朱熹等人之"楚人说"即由此发生的想象之辞。至于近年再由

"楚蒙"衍生之"安徽蒙城"说更属无稽之谈。《史记》诸多内证及《汉书·地理志》都证明蒙即今河南商丘之北,汉代属梁,西周至战国属宋;而今安徽蒙城在汉代叫山桑(汉前尚未置县),至唐玄宗天宝元年才改名蒙城,与史迁所说"蒙"风马牛耳。

蒙城属于战国之宋,有其特殊性,即宋乃周灭商后商之子遗。《史记·周本纪》述载,周人灭商并勘平武庚、管蔡之叛乱后,"以微子开(即微子启,商纣王庶兄——引者)代殷后,国于宋"。清代阎若璩《皇清经解·潜邸札记》说,宋人仍自称为商,乃缘于"自天下言之,则诸侯服于周也;自其国人言之,则以商之臣事商之君,无变于其初也"。这种情况决定了宋的文化传统,仍然对殷商文化一脉相承,乃宋文化的主流主导。

而殷商文化与姬周文化,差异很大。在意识形态和人文精神方面,商文化敬鬼神,崇上帝,重巫术,好占卜,爱神话,尚玄想,乃神巫文化的高级形态;姬周文化则是史官文化,敬天命,尊祖先,喜事功,讲实用,重历史,尚理性。宋作为"亡国之余",当然不能完全拒绝新王朝的思想意识和文化,但也必然顽强地保留自己的传统,也是可以想见的事。

也曾忝列"春秋五霸"之一的宋襄公,主盟诸侯不久,即令正考父制作《商颂》(此为一说,或认为《商颂》非宋人作而是殷商旧作),用意即在兴商显祖,发扬祖宗余烈。无疑,宋人一方面感戴周不赶尽杀绝的宽容,另一方面也必然在潜意识中藏隐着对姬周王朝的恨情仇意,于意识形态上倾向独标一格。

崇鬼尚玄的传统,逆反独立的心态,都是异端思想与怪诞学说滋生的丰厚土壤。

更何况,春秋以降,宋国处中原之地,摄乎大国之间,屡受争霸战争的夹板气,《左传》记载,宋国先后遭受齐、楚、晋、鲁、郑、邾、陈、狄等国侵伐多达20余次,在各诸侯国中颇为罕见。宋文公十七年(前594),楚师围宋,城内曾"易子而食,析骸为爨",想想这八个字的内容、场面和情实,岂不惨绝人寰、惊心骇目!尤甚者,宋国还经常被迫跟从别国替人家打仗,而充当牺牲品。《左传·桓公二年》即说宋"十年十一战,民不堪命",难怪晋楚两次弭兵,都是宋人积极促成。宋人实在吃战争之苦最多最烈,和平

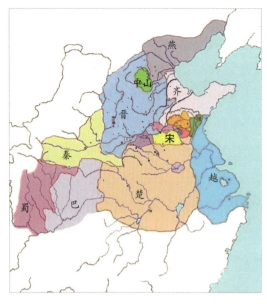

战国时代宋国疆域图

愿望最强啊！而所谓宋襄公作霸主，不过是历次争霸史上最可悲可笑的纪录而已。到了战国时段，春秋时尚属中等诸侯的宋，更沦为弱衰不堪之小国，在齐、楚、魏、秦等强国之虎视鹰噬下，土地日削，国力日减，终于公元前286年为齐所灭。

国弱民困，国亡民辱，宋人在春秋战国时期受歧视、侮辱，反映在典籍记载中，除了愚蠢的"宋襄之仁"外，像后人耳熟能详的"揠苗助长"、"守株待兔"、"竭池求珠"等荒唐故事，主角亦多为宋人。这也和宋人代表的殷商文化是被否定的"倒退文化"有关，客观上助长了外人对宋的偏见。这正如近代史上的中国，传统文化被排斥蔑弃一样，礼让谦和，被西方列强视为软弱可欺。宋人保持的敬祀鬼神、"不鼓不成列"等商文化特点，相对于高度发展的姬周文化，的确显得愚昧落后。

宋之"国际"地位如斯，国内又如何呢？自春秋始，宋国统治集团内部即不断彼此倾轧，自相残杀，血淋淋的惨剧轮番上演。如华父督弑殇公及孔父，宋万弑闵公，宋文公杀母弟及昭公子、出武穆之族，鱼石之乱，华向之乱等。庄周时在位的君主宋君偃赶走其兄剔成君而篡位，更是一个疯狂暴君。《战国策》记载他"射天笞地，斩社稷而焚灭之，曰'威服天下鬼神'，骂国老谏曰'为无颜之冠以示勇'，剖伛之背，锲朝涉者之胫，而国人大骇"，这简直就是夏桀、商纣的重现，难怪时人号之曰"桀宋"、"桀偃"。政治的残暴黑暗外，史载宋国水、火、虫、风各种灾异频繁，真可谓内忧外患，人祸天灾，宋国人民水深火热，痛巨创深。

庄周，就是在这样的国族、时代氛围中孕育的文化天才。他身上遗传着异端和反叛的因子，积淀着被推翻的殷商民族整个集团的"无意识"，以及祖辈相承袭的苦闷压抑而又无可奈何的心理感受，而又生逢宋国灭亡前夕最黑暗混乱的时期。天生的叛逆愤世使他逆反虚无，极端的苦闷压抑使他追求至乐无忧，并升华出一套自由超旷的人生哲学和怪诞瑰奇的文学艺术。

孕育诞生《庄子》的宋国，其独特的地理环境和文化构成，既是殷商与姬周两大文化传统的交汇地，又是"天地之中"各种思潮的碰撞融合之所。

宋国的四封边鄙，在不同时期有所不同，但变动不大，辖地不出今天豫东、鲁西南及苏皖北部一带。《汉书·地理志》："宋地，房、心之分野也。今之沛、梁、楚、山阳、济阴、东平及东郡之须昌、寿张，皆宋分地。"清代张琦《国策释地》："宋地自今归德府以东，江苏之徐州府，安徽之宿、亳二州，北有山东曹州府之菏泽、曹县、定陶、单县、城武、巨野，济宁之金乡、鱼台皆是。"因此，宋国既是殷商旧都和保留地，又地处中原黄淮流域，东邻齐、鲁，南靠楚、越，西接魏、韩，北有魏、赵，处于当时东西南北的交汇地带，正是名副其实的"天地之中"，是殷商传统和周文化乃至后来所谓楚文化、齐文化等诸种文化的大熔炉。

宋国这种独特的地域和文化资源，正是道家文化发育发生的摇篮。春秋末年以来，在中原文化圈南缘的陈、郑、宋一带，崛起了老子、列子及庄子等道家大师，形成了新的道家文化。把道家划入楚文化并不正确。《史记》说老子是"楚苦县厉乡曲仁里人"，但老子生时，苦县尚属陈而不属楚，要到孔子去世那年（前479）陈才被楚所灭而入楚，司马迁是据后为说。

陈为虞舜后裔之国，周武王又"妻以元女大姬"，具有"好祭祀，用史巫"的文化传统，老子曾任周守藏史（国家图书馆长），精通周礼，其道家思想与周文化关系密切，而此前的楚文化中则看不到，说明老子是中原文化的骄子，而非楚文化的苗裔。故吕思勉说："或以《史记》楚人之言遂断老子为南方之学，与孔子北方之学相对，则大非。姑无论苦县本非楚地，即谓老子为楚人，而其所学为托诸黄帝之学，其必为北方之学可知。"（吕思勉《先秦学术概论》，北京，中国大百科全书出版社，1985）庄子作为宋人，其幻想色彩和浪漫精神，本为殷商文化的余绪和发扬，与楚文化有相似点但并非属于楚文化。至于列子，是郑国人，向无异议。总此，老子、庄子、列子，皆是中原人，故"不仅庄学，包括老、列在内的整个先秦道家文化都应属中原文化"（张松辉《庄子考辨》，长沙，岳麓书社，1997）。

战国之世，黄淮道家文化区的郑、陈诸国，先后被韩、魏、楚所灭，宋国成了道家文化最为兴盛的地区，宋国文化特别是民间文化，在殷商文化的基础上，和姬周文化的影响下，呈现出以道家文化为核心的新风貌，庄周这位道家大宗师乃应运而生。而宋国四周邻接邹鲁、燕齐、三晋、楚越几个大文化区，是当时东、西、南、北的交汇点，文化交流十分密切，与楚文化在相对稳定而封闭的环境里自我发展自不相同。宋国文化八面来风，兼收并蓄，邹鲁的儒家、墨家思想，燕齐的九洲、神仙学说，三晋的名实、术势思辨，乃至楚人的奇思壮采，都不同程度地参与了元素。《庄子》正是这一得天独厚的文化宁馨儿。同时，最耐人寻味者，即宋国是春秋时期产生思想家最多之地，庄周而外，尚有墨翟、禽滑离、惠施、倪说、宋钘，且孔子先世亦为宋人，老子晚年又居于宋地。虽然，孔子的先世很早去宋居鲁，孔子则推崇周公，向往西周礼乐文化；墨子受业于鲁，长期居鲁；惠子热衷政治，长期居魏；宋钘长期居齐，为稷下先生，因而各有其独特思想风貌。惟有庄子，乃宋之地道土著，故体现商宋文化精神特色最显。

奇书《庄子》之生，与奇人庄周之身世、个性和文化传承自密不可分。文化之传承影响已如上述，其身世难以确考，历代研庄学者乃钩沉索隐臆断，也就众说纷纭。宋代史家郑樵，宋元之际史家胡三省，乃至晚近的一些学人，多说庄周为楚王后裔，实际都是受宋以来认为庄周为楚人说法的牢笼。另一派学者则认定庄周为宋庄公的族胤。宋庄公名冯，公元前710至前692年在位，宋文公二年即前609年，发生"武、庄之乱"，《史记·宋世家》记载"文公尽诛之"，《左传》襄公十七年（前556）还记载"宋庄朝伐陈，获司徒印"，可见宋庄公一脉尚在公室。故庄周是宋人，虽然后来很贫困，却具有良好的文化教养，并"尝为漆园吏"，当是由公族而沦落为下层寒士。也正是这种生活巨变的经历，刺激促生了庄周对历史深刻的反思和对现实猛烈的批判。这与屈原由左徒而遭谗放逐终著《离骚》，曹雪芹由富贵而遭抄家沦落后写出《红楼梦》道理相同。

庄子像

庄周的个性十分奇特，他绝顶聪明，才华横溢，却远富贵，淡名利，养性葆真，正视现实而又驰想无端，故能写出凌越诸子百家，兼具哲学文学质素的旷古奇文。如前所述，当然也和宋国独特的文化环境有关。大较而言，第一，继承了殷商文化重自然、尚巫术、好玄想、奇幻浪漫的传统文化精神和神话思维方式，具有宋人与生俱来的对于姬周文化及现实社会的逆反心态和批判意识。第二，同时又接受了以周文化为主导的中原文化中关注现实人生、崇尚理性的文化精神和传统。不满周文化中那些表面的、琐细的、暂时的、功利的甚至虚伪的所谓对现实和人生的注重，而是从终极意义上对历史和现实思索其价值关怀。第三，着重继承了当时道家文化的哲学思想和理论体系，并予以创造性的发展弘扬。第四，批判性地广泛吸收周边各地文化和各家学说的有益成分，如对东方邹鲁的儒家、墨家，北方的燕齐文化、三晋文化，南方的楚文化等。这从《庄子·天下》篇中对各家各派的精彩评述可见一斑。难怪司马迁的父亲司马谈在《论六家要旨》中说道家"因阴阳之大顺，采儒墨之善，撮名法之要"了。

《庄子》乃"天下之中"包罗万有而能"内圣外王"的思想体系，姚奠中老师于数十年前就认知了这一点。他说："有人把道家思想说成是楚文化的代表，这不合适。道家的代表人物老子和庄子原先都不是楚国人，不能代表楚文化。楚国文化以屈原为代表的还是儒家文化。老子是厉乡人，原属于陈国，陈是郑、宋、楚之间的一个小国。后来楚灭了陈才归了楚，文化上与楚国是没有什么关系的。厉乡距楚的中心郢都有千里之遥，而距宋

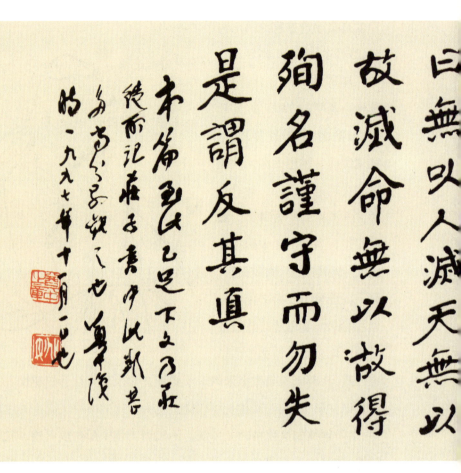

的中心商丘还不到百里，比离陈国的中心还近。庄子是宋国蒙人。如果从文化区域上考虑，应该有个'梁宋文化'。司马迁说过：'夫自鸿沟以东，芒砀以北，此梁宋也。'老、庄便出于此处，他们应该是梁宋文化的代表。因为这里是'天下之中'，四通八达，因而汇聚各路思想，才能产生老庄思想，而老子又做过周的史官，掌握历代'成败、存亡、祸福、古今之道'，故能'秉要执本'。道家的思想，不只是高，更重要的是深邃。"（刘毓庆《追寻传统文化的当代意义——姚奠中先生谈话录》，《文艺研究》2005年第8期）这与刘生良博士的论述如出一辙。或者刘博士在先并没有看到姚老师的谈话，而是独立研究成说，真理性的东西往往大家所见略同。

姚老师的思想观点，主要不是将其体现在学术著述中，而是以其指导自己的人生，以其精神实质贯穿于一生的行履实践。他曾说："对诸子，

莊子 秋水篇

秋水時至百川灌河涇流之大兩涘渚崖之間不辨牛馬於是焉河伯欣然自喜以

姚先生楷书《庄子·秋水篇》局部

从初中时起，就买了《十子全书》，泛读后，最喜老、庄、墨三家，特别是庄。到章门后，我的研究方向，就定为诸子，而以《庄子》为重点。有些人认为庄子是相对论，其实这种看法是肤浅的，没有真正理解庄子。庄子认识事物、事理都是相对的，但又提出'道通为一'、'莫若以明'，这就是说，从一般层次上看，事物是相对的，此亦一是非，彼亦一是非。但从更高的层次看，就可以看透事物，就是'明'。庄子站得高，看得远，看得深。采取这样的态度来待人接物就不会偏执。我在思想上颇受其影响。"（《追寻传统文化的当代意义——姚奠中先生谈话录》）这是多么独特而高超的一种境界啊。

姚氏诸子学

　　由于不同历史阶段长期战乱流离或者政治运动和极"左"思潮，以及后来各种无法推脱的社会活动和行政工作等严重影响，姚老师未能把全部精力投注于著书立说，但从硕果仅存的论著中仍可见其治学的严谨与深入。除了未能保存下来的《魏晋玄学与老庄》、《〈庄子〉通义》、《〈大学〉讲疏》等著述外，可见的有《书注与读书法》、《论治诸子》、《诸子略论》、《〈庄子〉内篇间绎》、《〈礼运〉大同辨》、《作为文学家的庄子》、《安徽学风》、《战国后期卓越的思想家荀子》、《儒法及其他——〈儒法斗争史〉批判》诸论文，以及《中国大百科全书·中国文学》辞条二则"荀子"和"韩非子"，还有札记《〈庄子〉论知人》、《中国的"角斗士"——〈庄子·说剑〉所反

1947 年姚先生在贵阳

姚先生隶书作品

映的史实》、多则诸子文句字义考辨、《中国文学史》残稿和《中国简史》中一些相关论述。综合在一起，亦足可谓"诸子学"了。

《书注与读书法》撰于 1943 年 5 月，发表于《安徽政治》第六卷第 7 期。这一年正值抗日战争中，作者年 31 岁，上年在安徽政治学院（暑期后改名安徽师专）任讲师。1942 年 12 月 21 日，日本侵略军侵入大别山，作者于逃难途中遇一学生，被邀请至其家窦家西楼过旧历年节。1943 年 3 月返回学校并升任副教授。这篇论文就是在这种颠沛流离中写作而成的。1942 年和 1943 年两期《政治学院》月刊尚刊有《〈大学〉讲疏》上与下，惜已不存。

《书注与读书法》共分五节，篇幅不是很长，但提纲挈领，对于如何注释和阅读古书（姚老师说"读书法"主要指阅读古书笺注等的方法），扩而言之也就是如何继承发扬中华传统文化，给出了一个简而得要的指导性意见。开宗明义："古书之难读，由于古语古事之不明；古语古事之不明，由于训诂考据之不备，是书注之未臻完善也。是以欲明先哲之精神，则必先读先哲之书；欲先哲之书读之溥，则必先使其书昭然著明，怡然理顺，而注疏整理为首要矣。然此大业，未能猝成，于注疏未经整理之前，而欲

和而不同
涅而不淄
集古 姚奠中

姚先生行书作品

学者之不废简册，则于此困难之中，犹当有其读之之法，庶不至因难而退，荡灭旧贯，使民族之精神，竟坠于地也。"

这里的关键句是"欲明先哲之精神，则必先读先哲之书"、"不至因难而退，荡灭旧贯，使民族之精神，竟坠于地"。读古书的根本目的是将"先哲"创造的"民族精神"传承下去和发扬光大，而非炫耀知识学问或习练辞章文句等琐琐之义，这种立场正来源于章太炎先生弘扬国学首在振作民气强健民魂的宗旨。

当然，要继承民族精神，首先必须看懂古书，因此要注书，要讲究读书法。传统诸子，特别是儒家经典，从汉朝以来的传、笺、解、诂、训、说、记、微、述、学、章句、解故、说义、注疏、通释、义疏、正义等，名目繁多，汗牛充栋，都是对传统典籍的阐释，贡献不小，问题也很大，如桓谭《新论》所说："秦近君说《尧典》篇目，十万余言，但说'曰若稽古'三万言。"用三万个字解释四个字，其繁琐哲学可见。而自魏晋义疏以来，一直到清末，疏证更加繁琐，解释一个字，往往有几十上百家，其实都是转相抄录，而微言大义付之阙如。"五四"新文化运动以降，西学输入，又产生了用西方的概念教条套中国古书的问题。

《书注与读书法》第二节即分析了传统笺注等的问题：一是但明典故，而不详本义。二是但录事实，而不求训诂。三是但诠大旨而不问字词训诂。姚老师总结说："以上三失，皆非作注者之学识不博，用力不勤，乃因其注意点不同，故遂失解书之旨。"这里提出来的问题，实际上就是字词的训诂、名物的考据和义理的阐发都要兼顾而不能偏废，方能真正使"注书"名副其实，让古书的精魂得到实在的传承发扬。

在第三节中，就具体提出"作注之要点"："一曰字音：凡本读、异读、叶音之属属之。二曰字义：凡本义、引申、借义、通用之属属之。三曰名物：凡草木鸟兽，典章制度，异名同实，同名异实之属属之。四曰故实：凡史实掌故之出处始末之属属之。一二为训诂之事，三四为考据之事。"

清代的乾嘉学派以降，于考据训诂做出不少成绩，但姚老师也指出："然其弊也，又多失之繁芜，故以王伯申、郝兰皋之博精，其所为书，犹多冗辞，此则剪裁之功，注书之要也。"

王伯申即清代著名学者王引之，伯申是字，江苏高邮人。其祖父王安国为吏部尚书，父王念孙为直隶永定河兵备道，皆以治名物训诂著称。王引之早年承家学，究心《尔雅》《说文》《音学五书》等，于文字、音韵、训诂之学深有心得。嘉庆四年（1799）为进士，以优异成绩径授翰林院编修，后擢升至礼部左侍郎。任实录馆、国史馆副总裁，道光七年（1827）晋工部尚书。曾奉旨勘订《康熙字典》讹误，撰成《字典考证》十二册。他著述众多，谥文简，后人辑有《王文简公文集》。王引之与其父王念孙并称高邮二王，是乾嘉学派的代表性学者。胡适评价："清朝王引之的《经传释词》用归纳的方法来研究古书中词的用法，可称为一部文法书。"（胡适《国语文法概论》）

郝兰皋即郝懿行，兰皋是号，山东栖霞人，清嘉庆年间进士，官户部主事。经学家、训诂学家，长于名物训诂及考据之学，于《尔雅》研究尤深。著有《尔雅义疏》《山海经笺疏》《易说》《书说》《春秋说略》《竹书纪年校正》等书。

姚老师能对王引之和郝懿行这种国学大师的疏考提出异议，显示其国学根柢十分深厚。在批评了"犹多冗辞"后，姚老师举了例子，即郝懿行

《释诂》"哉"训"始",引证后批评说:"案此一段,除明'哉昔为才'外,但举一有力之证即可,不烦多引。而正续《经解》诸儒之著述,繁冗尤甚,所以不免'支离破碎'之诮也。"《经解》即《皇清经解》,乾隆年间太子少保、体仁阁大学士阮元主编,道光五年八月,始刻《清经解》,至道光九年九月,全书辑刻完毕,共收七十三家,一百八十三种著作,凡一千四百卷。咸丰七年九月,英军攻粤,书版毁失过半。咸丰十年,两广总督劳崇光等人,捐资补刻数百卷,并增刻冯登府著作七种,计八卷,此即"咸丰庚申补刊本"。同治九年,广东巡抚李福泰刊其同里许鸿磐《尚书札记》四卷,附诸《清经解》之后,是为"庚午续刊本"。

此书汇集儒家经学经解之大成,是对乾嘉学术的一次全面总结,包括顾炎武《日知录》、阎若璩《四书释地》、胡渭《禹贡锥指》、万斯大《学礼质疑》、陈启源《毛诗稽古编》、毛奇龄《春秋属辞比事记》、江永《周礼疑义举要》、惠栋《九经古义》、戴震《毛郑诗考正》、段玉裁《说文解字注》、王念孙《读书杂志》、孙星衍《尚书今古文注疏》、阮元《积古斋钟鼎彝器款识》等。姚老师能说出"正续《经解》诸儒之著述,繁冗尤甚,所以不免'支离破碎'之诮"这一句话,真可谓"一句顶一万句"了。如果不对上述著作至少有大致的了解,敢这样说吗?

前面说及,姚老师少年时就通读《十子全书》,"十子"者何人?乃清王子兴辑,包括老子、庄子、列子、管子、韩非子、淮南子、扬子、文中子和鹖冠子。在无锡国学专修学校(原名无锡国学馆)和苏州章氏国学讲习会学习时,更阅读并购买了大量新旧国学古籍,而江藩《汉学师承记》、曹聚仁《国学概论》则起了引导作用。后来章太炎先生去世,抗战爆发,姚老师和同学好友柏逸荪在南京东城树德里租住一个亭子间,两个人的书就有三四十个箱子,放不下,只有去掉床,把书箱一个一个连起来当床睡。后来南京被日本侵略者轰炸,柏逸荪和姚老师先后离开南京逃难,只好把几十只书箱忍痛抛弃。姚老师只带一个帆布箱,除了必须用的衣物,就是几本书——几本最基本的国学典籍。它们成了后来姚老师辗转教书的基本文献依傍。

1937年9月,姚老师逃难到安徽泗县,在柏逸荪帮助下,住进泗县文

姚先生画大别山

庙(孔庙)中安徽省立第六图书馆的一间房子里。馆员都跑了，只剩下馆长一人留守。在这段时间，姚老师又阅读了馆藏大量珍本善本古籍，如黄宗羲草创、黄百家续纂、全祖望完成的《宋元学案》，并参考江声《尚书集注音疏》、孙星衍《尚书古今文注疏》，而用三个多月时间完成了一部《古文〈尚书〉讲疏》，计三十万字，还撰写了《读拜伦〈哀希腊〉》在《淮北日报》发表。可惜这本《古文〈尚书〉讲疏》的书稿毁于流离和战火中。

1938年冬，姚老师和柏逸荪在泗县大柏圩办起了菿汉国学讲习班。"菿汉"是老师章太炎的号，即"大汉"的意思。正是此时此地，在国难家仇水深火热颠沛流离之中，姚老师精心制定了前面已经提到过的菿汉国学讲习班的"教条"十条：以正己为本……不淫于华。

由此我们才能够理解《书注与读书法》第三节在批评了清儒著述"繁冗尤甚"后，点出了关键句："此言为注者，但当求其义之昭晰而已。"笺疏注解古书，是为了能读懂古书，而所谓读懂，是为了"义之昭晰"。用今天的话来说，重点和核心是要把握古书中所蕴含的中华民族的精神，进而弘扬传统的文明之光，而非斤斤于字句琐屑的陋儒小人儒。

《书注与读书法》第四节说："上既明各书注之短矣，而其长亦可得而论。故读之之法，必先明其短长。盖各书之注，以其注意点之不同，故必偏废，然以其偏废之故，而有偏长。"接着分为四类：一曰详训诂：汉儒之书是也。二曰明大义，宋儒之书是也。三曰备掌故，《文选》李善注是也。四曰重文法，一般世俗之文注是也。这四种偏长分别针对着不同的学习目的：一曰欲求深造，二曰欲求应用，三曰欲求多闻，四曰欲学写文章。那么，学习者根据自己的学习目的而读古书，自然各有门径。

　　如欲求深造，则当先求训诂之通。欲求训诂之通，则当精研于文字形声之学，而后可以据之以明大义，而后可以因之以获新义，而后可以明前人之所未明，通前人之所未通，而后一经群经，至于诸子百家，无不淹贯，而必以一名一字之彻底始。

　　如欲求应用，则当首以大义为重。虽训诂之事，仍不可废，然于古注之中，但择其善者为依据，固不必一言一物，事事研讨

姚先生篆书作品

之也。故一篇之内，要义不过数点，一卷之中，精华亦自有限，取其助我而已，何必尽详。

求深造、求应用是姚老师最着重的"读书法"。上面两段中，训诂、彻底和大义三个词下面都有着重号。也就是说，读古书，必须彻底搞清训诂，才能真正明白其大义，但不需要"一言一物，事事研讨之"，因为明大义是主要目的，训诂只是途径手段，本身不是目的。所谓大义，就是今日所谓民族的精神文明之光。

至于为"求多闻"和"学文辞"这两种工具性、实用性而读古书，姚老师是抑甚于扬的：

> 如欲求多闻，欲学文辞，则习掌故储其材，别文法以利其器可矣。然此于读书之事亦末矣。且为文者，首须"言之有物"，次须"言之有序"。亦即所谓"持之有故，言之成理"也。而有物，有序，有故，成理者，必先预之以学。故留意于掌故文法者，仅可为初学言之而已。

显然，姚老师读古书，治国学，追求的是其精神内核，与"修身、齐家、治国、平天下"一脉相承，而与企图"炫学"（求多闻）和"显才"（学文辞）来读古书者"道不同，不相为谋"。这正是章太炎先生研究和提倡国学之根本精神的继承和体现。故而，在最后一节，姚老师言简意赅地说："要之，整理书注，为发扬固有文化中刻不容缓之事，惟与民国以来整理国故者之所为有别。"这里所谓"民国以来整理国故者"有注解标明："时贤之整理国故者，恒以科学方法为标帜。然考其所为，亦仅为古书多增数解，又未必能合于原意也。至其造说不根，牵强附会者，尤不在少。所为益多，繁芜益甚，是国故终未能整理也。"这正是指"五四"以来胡适提倡"科学方法"和"整理国故"后所产生的一些负面效应，经过半个多世纪的演变，西方工具理性的弊病日益突出，章姚一脉相传的对待"古书"——传统文化的治学门径，不是值得学界深思吗？

在大别山逃难流离前后，姚老师曾有许多经历遭遇，参加抗日游击队而解散，任教于立煌师范（以国民党抗日名将卫立煌的名字命名）怒斥国民党省教育厅长而离校，又于安徽省临时第一中学任教因维护学生与校长发生冲突，再于安徽政治学院（后改名为安徽师专）任教，紧接着却是大别山城沦陷于日寇侵略军，姚老师又逃往当时国民政府的临时首都重庆。这三年在大别山辗转教书的时光，于艰难困苦辗转迁徙之中，姚老师却继续钻研国学，学业日益深入专精。如在逃难途中，于安徽寿县偶遇一家古旧书店，姚老师又购买了《十三经》、《说文通训定声》、《昭明文选》，以及二十二子本的《老子》、《庄子》、《韩非子》、《竹书纪年》（多为上海石印本）等珍贵古籍，成为此后教书和研究的文献凭借。离开立煌师范后，一度与朋友柏逸荪、马馨亭共居一室，姚老师每天给马馨亭讲两小时《庄子》。等等。

这段时间，姚老师写了许多感时纪游抒情言志的诗作，于国学和文学研究，除上述外，还第二次撰写《中国文学史》（在苏州时已经写过一次），针对廖平等疑古派否定屈原存在的说法，发表了《屈原的有无问题》，国学则发表《〈大学〉讲疏》、《安徽学风》。

《安徽学风》乃考证从姬周以来安徽地区国学的成就和演变，主体内容计有"管仲"、"文翁"、"桓谭"、"桓荣、子郁、孙焉、曾孙鸾、彬"等共四大章节。而在"略叙"中，概括了安徽从周到清两千年的国学和文学轨迹，从管仲开始，申不害、韩非子，著《淮南鸿烈》的淮南大山、小山之徒，治《春秋》立教于蜀的文翁，明经义而为汉明帝师的桓荣，建安时期以文学显的曹操、曹丕、曹植父子，宋代吕蒙正（后在戏曲评书中被演义成为文学形象）之子孙后代吕夷简、吕公著、吕希哲、吕本中、吕祖谦吕氏一门代代相传的经学理学，直到满清戴震"兴一代之绝业，二百年之朴学，于斯奠基"，"方苞、姚鼐，又突起桐城"。当然后面的主体论述，是国学而未涉文学。

像这样一种既宏观又具体的地方国学传统的综述分剖，其实需要极为广博深厚的国学与文学素养才能胜任。表面看这是一篇论文，内涵却包罗众象，其实是一部专著的雏形。在细致的追述考辨中，仍然贯穿着通

書目答問略例 <small>此編為告語生童而設非是著述海內通人見者幸補正之</small>

諸生好學者來問應讀何書書以何本為善偏舉既嫌挂漏志趣學業亦各不同因錄此以告初學

讀書不知要領勞而無功知某書宜讀而不得精校精注本事倍功半<small>此編所錄其原書為修四庫書時所未有者十之三四四庫雖有其書而板本注本晚出者十之七八</small>今為分別條流慎擇約舉視其性之所近各就其部求之又於其中詳分子目以便類求一類之中

復以義例相近者使相比附再敘時代令其門徑秩然緩急易見凡所箸錄並是要典雅記各適其用<small>考求論定者皆先輩通人</small>期令初學者易買易讀

不至迷罔眩惑而已<small>汎濫者昔知學有流別　俞陋者當思擴其見聞</small>

凡無用者空疏者偏僻者敘譌者不錄古書為今書所包括者不錄古書古人書已無傳本今人

注釋淺陋者妄人刪改者編刻譌謬者不錄古人書已無傳本今人

書尚未刊行者不錄舊鈔偶一有之無從購求者不錄<small>有關經史要義確知已成書者間附錄其書名以備物色且冀好事者為刊行之　若今人箸述</small>

姚先生手補《书目答问》缺页

1950 年姚先生欢送贵州大学毕业生

训诂而明大义的宗旨。如在"管子"一节中，对《管子》作信实考辨，对其核心思想"德、信、礼"、"攘夷、尊周"、"四维"历历梳理，然后说："然管子深知无恒产者，无恒心。徒恃教化刑罚不足用也。故曰：'仓廪实则知礼节，衣食足则知荣辱。'其书所载，大半皆厚生之道也。谨案：近世唯物哲学家谓：物质为宇宙万有之中心，精神为由物质所产生之运动。社会生活之物质条件，为精神发展之基础。管子以'仓廪实'、'衣食足'为'知礼节'、'知荣辱'之先决条件，深合于历史社会实际，与唯物哲学，若合符契。"其最后的关注点，仍然是"以用世为归"（莳汉国学讲习班"教条"）。

姚老师到重庆后，由朋友刘继宣推荐，曾在中央政治学校的分校边疆学校任教，1944 年春，受聘为四川白沙国立女子师范学院国文学系副教授，讲授中国文学史和庄子研究等课程。女师学院国文系主任是胡小石，同事有魏建功、台静农、詹锳、舒芜等。这一年，姚老师完成了《中国文学史》讲义的编写重印，付印了四十万字的《〈庄子〉通义》，还用小楷补抄了《书目答问》的残缺部分。1945 年，抗日战争胜利，姚老师厌倦了白沙女子师范学院内部的派系斗争，去了贵阳师范学院。

贵阳师范学院国文系主任谢六逸去世，原来由他代的中国文学史课

1948年姚先生与夫人李树兰

即让姚老师接任,此外还兼上《庄子》通义和中国哲学史两门课。中国哲学史以前没上过,但在国学的视野中,文、史、哲本来就是打通的,姚老师现编了《中国哲学史》教材,讲课同样受学生欢迎。此时,曾在苏州章氏国学讲习会同上研究班的同学汤炳正(1910—1998,后为楚辞学专家),也被姚老师介绍前来任教。从1936年在章氏国学讲习会被章师母汤国梨点将第一次走上讲台,给国学讲习会预备班讲课始,到1945年来到贵阳师范,姚老师为人师表的教学生涯已近十载,对教育事业已经从谋生手段而变得一往情深,更全心全意投入了。立业后成家,1947年3月26日,33岁的姚老师和1917年出生的李树兰女士喜结连理。而此时国共两党争夺天下的战争已经风生水起,贵阳师范学院闹起了学潮,驱赶特务院长,但被当局扑灭,姚老师是支持学生运动的五人教授会之一,于是愤然辞职,去昆明的云南大学任教,时为1947年8月。在云大,一些章门弟子邂逅相聚,如刘文典(著有《〈淮南鸿烈〉集解》、《三余札记》等),李源澄(先后从廖季平学今文《尚书》、从章太炎学古文《尚书》,从欧阳竟无学佛学,著述颇丰),李源澄的好友后来被尊为国学大师的钱穆也在云大,钱穆又引荐楚图南(1946年12月被选为云南民盟主委,1954年后任中国人民对外文化协会会长,著名翻译家)、罗庸(蒙古族,著名古典文学研究专家和国学家,并潜心佛学)两位学者和姚老师相识。1948 年夏,受贵阳师范学院新任院长肖文灿之邀,姚老师重返贵阳师院,被聘为正教授,并担任了中文系主任。

在贵阳和昆明这几年,除了授课和家事外,姚老师写了《论治诸子》、《〈礼运·大同〉辨》(二文均发表于上海《东南日报·文史》第 80 期)和《论苏轼知不知音》,改定了 1945 年 7 月初稿《〈庄子〉内篇间绎》并于《云南论坛》一卷第 6 期发表。同时,还在昆明《正义报·文史》第 82、83 期连载了《诗歌的生命与新旧诗的合一》。

《论治诸子》(后来又写成《诸子略论》)、《〈礼运·大同〉辨》和《〈庄子〉内篇间绎》是姚老师诸子学的一次集中体现。

《论治诸子》接续《书注与读书法》的宗旨和方法,强调考证与义理不能偏废,最关键的是要理解古书的"大旨"和古人的"用心"。这篇论文分"引言"和正文两部分,正文第一部分为"论前人治诸子之得失",第二部分为"论治诸子应有之基本功夫"。对于前人治学之得失论述较简,大旨与《书注与读书法》相近。如说魏晋人偏治老庄,"平叔、辅嗣与阮、嵇诸人,偶有妙论,然每与《老》、《庄》本旨不合,以其思索多而用功少也。郭子玄唯以自然解《庄》,亦殊蔽于时习,虽成一家之言,亦不免'六经注我'之嫌。故其成就,未为多也。自兹以下,迄于宋、明,研习诸子者,诚亦有之,殊少创获可言"。平叔是何晏的字,辅嗣是王弼的字,阮即阮籍,嵇是嵇康,郭子玄即郭象,都是魏晋时著名玄学家。

而清儒诸大家,从焦循的《孟子正义》,郭庆藩的《庄子集成》,到王先谦的《荀子集解》,孙诒让的《墨子间诂》,"所长乃在名物训诂,考据之事,寻其义理,每不贯彻"。甚至大名鼎鼎的王念孙之《读书杂志》和俞樾之《诸子平议》,"所谓'豁然冰释','怡然理顺'者,亦特在章句之间,不及一书之通旨,一人之学说也"。如前所说,姚老师的这些话,如果不是对诸家的著作都深入披览过且有一己之心得,岂能又岂敢如是说?

但"论前人治诸子之得失"的重点更在"现代各家",对胡适的《中国哲学史大纲》以及蔡元培为胡著写的序,还有冯友兰的《中国哲学史》予以月旦,对"胡、冯二家皆以西洋哲学为骨干以研究中国哲学"的方法和立场深不以为然。姚老师指出："就中西哲学之实质而言，其不同至为显著，其同者非枝节，则其表面也。西洋哲学中之宇宙论、本体论、价值论、方法论之属，诚皆可以由中国诸家学说中抽出之；然此所抽出者，显非诸家精神之所在，盖彼主于求'知'，此主于求'用'，基本态度即不同也。""中国之所重，惟在所谓'内圣外王'之道，亦即'修己治人'之道也。虽间有偏重，而大较则不出此范围。道家然，儒家亦然，其他各家亦无不然。而西人与此等之问题，则远不如中国之博大精深也。故胡、冯二君之方法，即使于其所画范围内，可以自圆其说，然绝不能以此而得诸家学说之精神，亦不能视为治诸子之方法也。"

这些见解，只是到了20世纪80年代以后中国思想界和学术界开展文化大讨论，深刻反思几十年走过的弯路后，我们才重新听到。而姚老师却在1930、1940年代就已经认识如此清晰和深刻！到了21世纪，西方文化的逻格斯内核和工具理性主导所产生的负面效应更日益凸显，成为全球性的焦虑与彷徨，不由得又转向中华文明寻觅文化资源。中华传统文明究竟能在多大程度上取精用弘，当然还有待时日和实践检验，但姚老师数十年前的这种文化眼光，的确堪称超前先进。

在第二部分"治诸子应有之基本功夫"中，强调了"入与出"、"异与同"和"参验与默契"三大要点。这可以说是对后来数十年中国学术界先搬苏联后搬欧美之各种洋教条而作茧自缚的一种先行针砭。怎样才能不为各种老教条和洋教条作茧自缚呢？那就要能入能出，知同更知异，加以"参验和默契"——对古人的著作"因其言语行事，以体会其心情与人格，与其学说之动机，与其所感之问题，则对其人其书，皆可有具体之认识，亦即所谓默契也"。

姚老师最能"参验"并达到"默契"的，首推《庄子》，所谓三大要点，都在《庄子》中获取了精神资源："寝馈游息其中，然后可以'自彼则不见，自知则知之'（《庄子·齐物论》）……故'大知观于远近'（《庄子·秋水》），而后能'道通为一'，而后各家之得失，乃有可言。""庄子之无为也，乃'顺物自然，而无容私焉'（《庄子·应帝王》）。""'天地与我并生，万物与我为一'（《庄子·齐物论》），'今也天下惑，余虽有祈向，不可得也，不亦悲乎？'

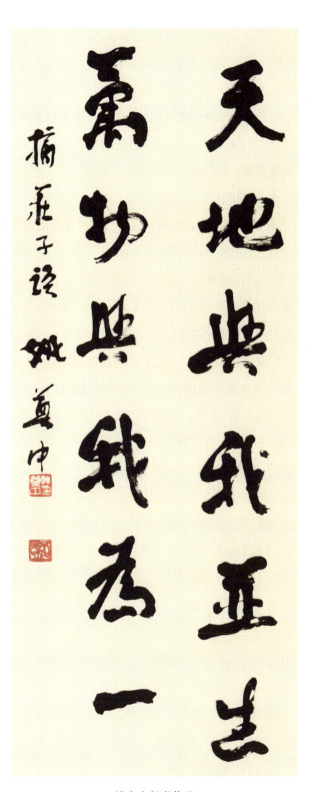

天地與我並生
萬物與我為一

摘莊子語 姚奠中

姚先生行书作品

（《庄子·天道》）庄子之胸怀与忧世之情，亦皆可见。"

　　《诸子略论》已经是 1949 年以后的文章，全文分"先看《论语》"、"再看《墨子》"、"再谈《孟子》"、"再谈《庄子》"、"再谈《荀子》"、"再谈《韩非子》"数节，对先秦诸子中最显赫的几家都作了分析评断。1956 年发表《试谈作为文学家的庄子》。这两篇当然难免某些时代意识形态的影响，但内在的思想旨趣，仍然与《论治诸子》血脉相通。《诸子略论》中论庄子说："现在一般人说庄子代表没落贵族，主要因他的书中，有不少消极出世思想和理论上的主观唯心倾向而言。其实这种判断是不准确的。我以为不必这样硬划阶级。我们应该看他的言论：反对什么，赞成什么，为哪些人，站在哪个阶级立场上说话，来评价他的是非，而不应该把他的牢骚激愤和一些反话作为评论根据。我以为，庄子思想的主要特点，是对黑暗现实所采取的批判和鞭挞态度。他敢于指出'君子'们制定的'经式仪度'是欺骗，他警告利用'圣知之法'来巩固自己的统治者，终不能免为'大盗'所窃；他指出：'窃钩者诛，窃国者为诸侯；诸侯之门而仁义存焉。'揭穿'诸侯'即'大盗'的实质，'仁义'为'大盗'服务的真情，直接鞭挞了统治者。……最深刻的是庄子还指出'仁义''非人之情'，是使后世'人与人相食'的祸根！在几千年的阶级社会中，对统治阶级的一整套的批判，是再没有比庄子更深刻的了。他把整个阶级社会的罪恶看透了，这难道有半点为奴隶主阶级说话的气味吗？……庄子散文在思想上的卓绝之处，主要在于他对残酷现实的深刻无情的批判。他敢于指斥当时的君主和'大盗'没有区别。因为'窃钩者诛，窃国者为诸侯'是当时常见的现实。……正如鲁迅所评'其文汪洋闢阖，仪态万千，晚周诸子之作，莫能先也'，而他对后世文学发展的影响，也很少有人能比的。"

　　《试谈作为文学家的庄子》进一步展开申论："我认为《庄子》这部作品内容的主要特点，就是作者对现实所采取的批判、甚至否定的态度。就这一点说，真是两千多年所仅有。""我认为庄子在文学史的地位，应该和屈原、司马迁、李白、杜甫、白居易、辛弃疾、关汉卿、王实甫、施耐庵、吴承恩、曹雪芹……这些光辉伟大的名字并列。"

　　这些说法，放在当时极"左"思潮泛滥的时代背景下，才更见其"沧海横流,方显出英雄本色"。奠基于对诸子特别是《庄子》深刻研究上的独立见解,自然能经得起变幻莫测的时代风云之试炼考验。这在 1978 年写的《战国后期的思想家荀子》、《儒法及其他——〈儒法斗争史〉批判》中也得到了鲜明体现。"儒家重品德、重伦理、重教育;道家重自然、重自由、重性情;墨家重实践、重平等、重实利;法家重统一、重权势、重威慑。由于社会的剧变,他们服务的阶级对象不同,不得不随时调整他们的思想定论,但其面向现实,为改造现实的努力,却是共同的。即使被后人看作唯心主义出世思想严重的庄子,他的激烈的言论,对残暴的统治阶级来说简直是一个个的重磅炸弹!谁能说在改造现实中不起作用呢?""在荀子面前,没有迷信,也没有绝对权威,对前辈学者他同意的予以肯定、发展,不同意的予以分析批判,在全面继承发展中创造了适应时代要求的新儒家。""从《荀子》全书来看:他的一生,讽诵的是《诗》《书》《礼》《春秋》,信守的是仁义、孝弟、忠信,政治理想是王政、王道,最崇拜的人物是周公、孔子。是他把儒的地位抬高到空前高的地位,天下哪里会有这样的法家呢?""儒家经典大多源于荀子。荀学是新儒学的创造者代表者。文化史上的地位,诸子也很少能与之比并的。"(《战国后期的思想家荀子》)早在"四人帮"掀起"儒法斗争史"之阴谋史学喧嚣一时之际,姚老师就发表了不苟同的意见,"四人帮"倒台后又出现一些简单化批判"儒法斗争史"的现象,姚老师写了上述两篇文章,立足于多年研究和体验先秦诸子学术的深厚基础上,澄清了是非,还原了学术的真面目。

西方文艺学有所谓"冰山"理论,意为优秀的文学作品其显义只是冰山一角,大部分隐义则隐藏水中。以此比喻姚老师的诸子学研究,上面谈到的文章见解是冰山一角,而《〈庄子〉内篇间绎》的条分缕析,随笔、札记中一些言简意赅的短论,以及未保留下来的《〈庄子〉通义》、《〈大学〉讲疏》、《古文〈尚书〉讲疏》等,扩衍之姚老师终生寝馈其中并付诸实践行履的诸子典籍所体现的文化精神,就是淹没于水下的冰山根基。

姚老师诸子学乃至其他学术、书法、诗词等,其根其本还是"以用世为归",这在 1948 年 3 月撰写的《〈礼运·大同〉辨》中也得到体现。在史料的爬梳考证之后,最后的结论是:"大同受有道家影响""故为大同说者,

姚先生书法作品

读各家之言,融会贯通之,成一系统学说,其详悉(即后来的"详细")节目未得闻,而就《礼运》作者所述,已足见其说之完整切近,若悬之为人类理想目的,固未尝不可以见之行事也。'天下为公'三句,说明政治原则,行之则上下和谐,战争绝迹。'故人不独亲其亲'九句,说明社会道德,社会事业,社会组织等原则,行之则人人平等和乐相爱。'货恶弃于地'四句,说明经济、劳动原则,行之则社会繁荣,文明日进。末数句说明预期之效,自亦未为奢望也。于中国思想中,于战国不知名之学者中,得此伟大之理论,弥足珍贵,固不必争传于某权威学者,而后增其价值也。"

这也就是姚老师认知理解的《庄子》之"内圣外王之道"——莉汉国学讲习班的"教条"十条之实质,过去所谓"为往圣继绝学,为万世开太平"。姚老师的"诸子学",如是,如是。

诗骚与太史公：
姚老师论中国文学源流

　　1951 年 2 月，姚老师从贵阳师范学院调往贵州大学文学院中文系，这时已经是新的制度，属于"个人服从组织"的年代了。因贵州大学原任教授蹇先艾做了贵州省文联主席，姚老师被安排接蹇的课，去教文艺学和现代文学。这又是新的挑战，但姚老师知难而上，从图书馆找到了一本蔡仪的《新艺术论》和一本苏联的文艺评论作参考，结合自己有深厚素养的中国古代哲学和古代文论，把课讲得生动活泼，很受学生欢迎，又刚在

1950 年贵阳师院师生合影

1951 年贵州大学师生合影

贵州大学《屈原》专刊发表了《屈原其人其赋》，因而引起了校长丁道衡的器重。姚老师时年 39 岁，年富力强，在新掀起的教学改革中，受到学校领导的重视，兼任了文学院的秘书，又兼职校工会副主席和校文工团副团长和创作组组长。

这时，"反贪污、反浪费、反官僚主义"的"三反"和在私营工商业者中"五反"的政治运动在全国展开，为配合运动，由文学院的大学生执笔改编、姚老师修改并指导的小话剧，经校文工团演出后受到欢迎好评。丁校长找姚老师谈话，要他兼任文学院院长。

姚老师感到为难，但终于吞吞吐吐地表明自己想回老家山西工作的愿望。这个愿望由来已久，早在 1946 年暑假，姚老师回了一次山西，去安葬父亲，漂泊多年的游子就萌生了叶落归根的想法。此时建国后百废待兴的山西大学也在全国到处"挖人"，姚老师听说在白沙国立女子师院的同事和山西老乡历史学家梁园东教授，还有留学过欧洲的老乡历史学家阎宗临教授，都已经回到山大工作，不禁怦然心动。多年的老朋友罗浚当时任教于广州中山大学，也来信说想去山西大学。这更让姚老师情动于中。因为罗先生比姚老师年长十几岁，在重庆白沙国立女子师范学院和贵阳师范学院两度同事，感情很深。罗先生是留美博士，专业为教育学，

1965 年姚先生全家照

在各高校名望很高。他曾有宏愿教遍全国各大学，除了教育外，也可深入了解各地的风土人情。在罗先生推动下，姚老师下了回山西的决心。不过由于广东方面极力挽留，罗先生自己却未能成行，而留在了广州，任中山大学教育学院院长、教务长、广东省政协副主席。

经过一番活动，姚老师终于争得贵州省教育厅和贵州大学校领导的同意，于 1951 年 8 月挈妇将雏返回山西，任教于山西大学中文系。

山西大学有悠久的历史，前身是始建于清光绪二十八年（1902）的山西大学堂，甚至可以再追溯到明代的晋阳学院。山西大学有过辉煌的历史，出过不少人才，在 1950 年代，与全国各高等院校一样，正卷入革故鼎新的大变革中。姚老师来到山大时，主事的常务副校长（校长由副省长邓初民挂名）是中共地下党员赵宗复（阎锡山老师山西省主席赵戴文之子），中文系主任是 1922 年即加入中国共产党的贺凯。姚老师一到山大，被安排教授文艺学，又因为原任课教师陈迩东去北京不归，而接了陈的现代文学课，贺凯又说四年级的文学批评没人上，也压到了姚老师的肩上。这一下，姚老师一人而挑了三副担子，而且都不是自己原来的专业。后来又被委托负责文学院的"教改"，再后又被任命为中文系的科主任。

1952 年院系调整，学习苏联老大哥，山西大学被肢解为各个独立的学院,姚老师成了太原南郊新校址山西师范学院(地址即今山西大学)的教师。此后就是一场接一场的政治运动:批判电影《武训传》,批判俞平伯,批判胡适,批判胡风反革命小集团,肃清反革命运动。在"肃反"中,姚老师当年与柏逸荪参加抗日游击队的事也成了"历史问题",山西师范学院揪出了"柏姚特务集团",姚老师被隔离了起来接受审查。而到了1957年,又被错划为"右派"。一直到1978年后改革开放新时期的风风雨雨,王东满先生著《姚奠中》有详细记述。

姚老师于1942年4月在大别山时就写过一篇《关于屈原的有无问题》(发表于《中原》杂志),1951年5月在贵州时写了《屈原其人其赋》,1984年4月写了《关于屈原的存在与否和评价》,是对过去观点的系统论述,此外还有一篇学术讨论会发言稿《迈向屈原研究的更高层次》。在"肃反"被隔离时期,则把《诗经》中的一百首诗歌翻译成白话文,1956年3月写了《〈国风选译〉试评》,此外还有一篇讲义性的《〈诗经〉其书》。

《诗经》与《楚辞》是中国两大文学源头,前者偏重写实,后者多想象瑰奇。自"五四"始大规模输入西学后,搬用欧美和苏联的思潮术语成为风气,《诗经》与《楚辞》就成了所谓"现实主义"和"浪漫主义"的渊薮,而《楚辞》最主要的代表作家屈原则成了中国第一个伟大的浪漫主义诗人。其实对《诗经》和《楚辞》、屈原的研究自汉代以来就代有学人的各种述作点评咏叹等,早已汗牛充栋。但自晚清以降,受新的时代风气影响,也是世界文化大交流大碰撞后的必然产物,各种新鲜甚至离奇的说法时有发声。

晚清廖季平(廖平),这位既勤奋又好标新立异的今文经学家,就提出许多耸动耳目的新说。其中一个就是屈原并无其人,认为"《史记·屈原贾生列传》不可靠"、"《离骚》首句'帝高阳之苗裔兮',是秦始皇的自序。屈原的作品,大半皆秦博士所为"等。而胡适在《读楚辞》(《胡适文存》二集卷一)中,也认为《史记》本来不可靠,《屈原贾生列传》尤其不可靠。此后以顾颉刚为代表的史学"疑古派"更是张皇发扬,把中国的古老典籍大多否定,说中国历史多是"层层累积"的伪造。这些"新说",由于新奇而以"学术"的面目出现,曾长期流传,发生很大影响。

从幼年即熟读诸子经典而浸淫其中的姚老师，当然不能接受这些"满纸荒唐言"。《关于屈原的有无问题》就是针对廖季平和胡适的观点驳论，从史料上历历举证，从逻辑上层层辨析。而《屈原其人其赋》则是针对当时连载于《光明日报》的朱东润的《楚辞探故》，以及孙次舟、闻一多、林庚等人关于屈原一些说法表示不同意见。

朱东润把《离骚》、《九章》和《招魂》这些传统上属于屈原的作品都归到了汉代淮南王和他的手下，而《天问》是"战国时楚人的作品"，《远游》、《卜居》和《渔父》是"西汉后期的作品"，《九歌》大部分"作于汉武帝时"。姚老师在做了简明扼要的反驳后，说："我绝对赞成把文学史上的伟大作家和作品，重新考定，但朱先生这里所论到的，我认为是不妥的。因为朱先生不对前人和时人对此问题已有的主要理论和证据加以批判，而只是抽作品或史料中一二点和己意相合的来建立论点，单看起来，似乎也有道理，也引证了许多，但一追实际，就可以发现新说漏洞百出，尤其是断章取义、曲解附会的地方，叫人怀疑朱先生是否忽略了'实事求是'而有意'矜奇立异'？"

对于孙次舟、林庚、闻一多三人的新说，即孙说屈原是"文学弄臣"，林说屈原是"人民诗人"，闻说屈原是"民族诗人"，姚老师也逐一作了讨论，认为："屈原不是'文学弄臣'。""我们若遍检屈原的作品，可以充分地看到他怀才不遇的愤恨，和对楚国统治将要崩溃的痛惋，而很少注意到人民。……闻先生的说法，我们是可以理解他的心情的，而对屈原的评价，则还应该进一步的研究。""称屈原为'民族诗人'，我认为不如'爱国诗人'合适。"姚老师最后总结了自己对屈原的四点评判：一、屈原是优越的政治家。二、屈原人格高尚，感情热烈，富于斗争性。三、屈原是爱国诗人。四、屈原是中国文学史上第一个文学家。

朱东润、孙次舟、林庚、闻一多都是著名的文人学者，大多著述甚丰，但我们对比他们和姚老师的这些学术观点的歧异，不能不承认姚老师的看法更朴实而有说服力，更能经受住历史的检验。发奇论提新说可以在短时期内造成较大的社会影响，朴素的认知则可能没有新闻效应，但真理往往倒在后者方面。姚老师作为一个根基深厚的国学家、朴学家，其为学的态度和风格自然有自己的特色。时过境迁，"疑古派"的大多数观点和一些奇谈怪论都早已被新时代所扬弃而成了历史陈迹，正如姚老师在国际屈原学术讨论会上的发言所云："在近代，在屈原研究中，却出现了非常情况。即一否定屈原的存在；二否定屈原的全部作品。假如这两点中有一点能够成立，并得到公认，就可使'屈学'连根拔起，'会'，当然也不需要了。这，事实上办不到。本来怀疑是科学研究的开始，由怀疑而探讨，而提出新观点新见解，不论对与不对，都有助于问题的进一步深入。但这必须以科学态度为前提，而不是为了哗众取宠或别有企图。"

很遗憾，在商品化日烈的当代社会和学界，"哗众取宠"和"别有企图"的各种"新说"层出不穷而旋生旋灭，"不对前人和时人对此问题已有的主要理论和证据加以批判，而只是抽作品或史料中一二点和己意相合的来建立论点"之浮躁和不诚实的做法成了风气——甚至"窍门"和"捷径"。重温一下姚老师当年的文章和告诫，不是深有意味吗？

1981 年姚先生在永州参加柳宗元学术讨论会合影

汉儒把《诗经》儒家经典化,作出许多"微言大义"的笺解,后来各朝各代的文人学者,也是与时俱进,或守成或标新,积累了丰富的"诗经学"。经过百年动乱而初步统一安定的1950年代,在以"人民性"为指导性思想的大氛围下,开始出现一些把《诗经》、《楚辞》等翻译成白话文的古典文学普及性读物。1955年和1957年陈子展的《国风选译》在上海一版(上海春明出版社)再版(上海古籍出版社),又出版了《雅颂选译》(上海古籍出版社),颇有社会影响。但这种语体的转换,必须以对《诗经》本文有深刻的研究和正确的理解,对"诗经学"也有所了解为基础。姚老师于1956年3月写了《〈国风选译〉试评》,对该书做了批评。

这篇文章分三大节。第一节举了不少例子,结论是:"这本译著,连起码的通顺明白,都很难谈,更谈不到什么'生动流利'、'活泼自然'了。"第二节开头说:"这本选译存在的主要问题,还不在于像上面所举的字句方面,而在于它严重地歪曲诗意,宣传了封建思想。表现在每篇诗的'题解'上,十分明显。"后面也具体举例,然后得出结论:"陈先生是'孔门'、'经义'的继承者,这和马列主义的观点方法所要求的,怎能不背道而驰!由于陈先生和他前边标举过的'历史唯物论'、'辩证唯物论'格格不入,但又不能不用马列主义作招牌,因之出现一些似是而非、不伦不类的话头和不着边际的评价。"

第三节开头说:"陈先生这本书,叫作'选译',但事实上'选译'的部分不到三分之一,全书291面,'选译'用大号字分行排,还不到80面。'题解''注释'用小字密排,占去了200多面。而这两部分的共同特点是'抄'!按他自己说的:在意义上,'或据《毛诗序》,或据三家说,或据朱熹《诗集传》,或据其他成说',而在解说上,又'以《传》、《笺》、《传疏》、《集疏(传)》为主,《正义》、《后笺》、《通释》次之,其他又次之'(并见'导言')。陈先生说:这两部分是'为译文服务'的。但是如果这本书的对象是初学,目的是陈先生所说的'普及',那这样的直抄古书的'题解'和'注释',除引导他们到云里雾中外,还能起到什么作用呢?"

这是相当严厉的批评,体现了当日的社会风气,当然也有某些时代意识的投影,同时说明姚老师有他直率锋利的一面,认理不认人。后面又说："陈先生也许会这样说：我译得虽不一定好，但字字有根据。我以为如果有这类想法是不恰当的。汉以来的经学，每一部分，都有数不清的'家'作过传注，还怕找不到根据！即使最荒谬、最歪曲的说法，也还会很容易地找到根据的。"这样的话，当然是只有对"诗经学"相当熟稔的饱学之士才能说的。

陈本大抄特抄前人笺解成说而已见薄弱，对于阅读古书很少的人特别是青少年读者，能收到一种"拉大旗作虎皮"的"唬人"效果，但对于饱读诗书的姚老师来说，实在只能看笑话了。姚老师在《自传》中说："我的私塾和小学阶段，是在先伯父直接督导下度过的。我和一般同学不同的是，除学完规定的'共和国教科书'外，还加读了'四书'、《左传句解》和部分《诗经》。在高小，则无选择地读了大量旧小说，从《水浒》、《三国》以至流行的低级武侠、鬼怪之类，常读得废寝忘食。初中四年，有两位老师对我影响很大。一位是崇品德、重笃行的平陆李荐公，一位是博学、工诗文的新绛焦卓然。李先生讲历史，远远超过中学历史课本的范围。他从《二十四史》、《资治通鉴》中直接取材，通过史事和人物的具体论述，对学生进行了节义、方正、爱国、爱民的教育。这对十几岁的我，起了很大的激发作用。焦先生的诗文，在河东一带很有名，常以他的新作，作为学生的范

全国唐代文学研讨会上姚先生与代表们同游华清池

本。在他的指引下，我开始走上了博览的道路，读了不少书。诸如《史记》、《十子全书》、《通鉴辑览》、《水经注》、《说文解字》、《薛氏钟鼎款式》、《聊斋志异》、《笠翁六种曲》、《剑南诗稿》、《古唐诗合解》以及《中国大文学史》、《插图本中国文学史》、《天演论》和鲁迅、茅盾等人的新小说、新诗，鸳鸯蝴蝶派的《玉梨魂》、《芸兰日记》之类。虽不成体系，而眼界较宽、知识面较广，却是事实。其中一些自己特别喜爱的像《庄子》、《史记》等书，有不少能够成诵。"更何况后来又去了无锡国学专修学校和章太炎国学讲习会经受专业训练呢！

1983 年 10 月，上海复旦大学出版社，又推出了陈子展的《诗经直解》，在以前两本选译的基础上，变成了全部《诗经》的译本。姚老师把旧文加了一段，说"就'国风'看，没有什么提高"，对《复旦大学学报》和上海《文汇报》对陈著的称扬赞美提出异议，并于 1985 年公开发表。这段轶事在上海方面有何感想和反应，就不得而知了。

也许是有感于对陈译的不满，姚老师在 1956 年因"肃反"而被隔离审查期间，把《诗经》中的一百篇作品翻译成了白话体诗歌，其中《风》七十七篇，《小雅》十六篇，《大雅》四篇，《颂》三篇。在"几点说明"中，表明了

1993 年全国第三届元好问学术研讨会合影

1982年姚先生出席山西高院《红楼梦》学术研讨会

自己翻译的立场和理念：

对各家旧注，主要是利用它的名物训诂，而不为它的陈说所拘。近人的创见如确较旧说允当，即尽量予以采用。

有些诗，旧注新说皆不惬意，便就自己钻研之后另提新解。像《葛屦》《绸缪》《宛丘》《衡门》之类，都是显著的例子。

为节省篇幅，原则上不抄注疏。凡毛传、郑笺、朱集传所已具的注解，一概不录；其他专家的创见，和自己寻绎所得，如训诂易明，即只写直训，如较为曲折，则略作说明，以供读者参考。

译文首先求准确，其次求易懂。为了求准确，就不能不对原诗反复推求；为了求易懂，就必须合于现代语言，必须字句贯串。只有个别字汇，没有相应的现代语，才仍写原词。

在准确易懂的原则下，希望能传达原诗的情感。并且尽量做到口头上的谐韵，但不一定与韵书全合。既要避免多增每句的字数，也力求做到明白流利。

对诗文的解释上比较大胆，但这大胆建立在深入原诗，并须有训诂上的根据。希望能作为新诗读，但也通过译作提高读者阅读原诗的能力。

显然，这种努力也有针对陈子展译本的问题而发者。姚老师的百首《诗经》译诗收录在《姚奠中讲习文集》(研究出版社，2006)第四册，对《诗经》有深入探讨愿望的读者，不妨把姚译和陈译对比阅读，当另有一番趣味。

1984年山西省古典文学学会成立留念

　　如果说诗和骚是中国诗歌的源流,太史公的《史记》则是中国古代叙事散文作品的第一经典。此前的《春秋》固然是"断烂朝报",就是《左传》、《国语》和《战国策》也有许多不足。姚老师写有四篇文章谈《史记》,有考有论,分别是:《司马迁的传记文学》、《司马迁与旅游》、《〈史记〉的〈律〉、〈历〉本为一书说》、《〈史记〉中〈日者〉、〈龟策〉两传中的问题》。姚老师少年时期就通读过《史记》并能对其中某些章节成诵,一旦深入研究,自然驾轻就熟。

　　《司马迁的传记文学》是从文学视角对司马迁其人和《史记》其书的一个全面评价,撰于1956年3月。全文分五大部分,第一部分介绍《史记》基本情况特别是其中的传记和人物,简而得要。第二部分谈司马迁的思想,认为说司马迁是"道家"或"儒家"都失之偏颇:"先秦诸子对他有影响的,绝不止于道儒二家。他是博极群书,无所不读的,他从古代文化中大量吸取他可以吸取的养分来丰富他的思想,毫不足奇。"而司马迁思想的"主导方面",是"唯物的,富有反抗精神的人道主义思想","形成了司马迁传记中一个基本的明显倾向,即:批判指斥统治者、当权者;同情赞扬失势卑微和一切反抗者"。

国学·诗韵·书情
——姚奠中学术评传

第三部分具体论述了司马迁对陈涉、项羽、孔子、游侠、刺客和货殖的歌颂揄扬："司马迁在两千年前,对陈涉、项羽这两个起义失败者,一个列入世家,一个列入本纪,都予以崇高的评价,正确地评价他们在起义中所起的积极作用。""历史上如没有这种肯首义的人,就无法推动当时的斗争。陈涉作了六个月的王,败死。但司马迁重点指出陈涉号召和指挥之下,普遍地燃起了起义的火,结论说:'陈涉虽已死,其所置遣侯王将相竟亡秦,有涉首事也。'这正是问题的关键。""摆在人民面前,摆在起义事业面前的问题,难道还有比打垮、消灭秦军主力再重要的吗?而项羽担当了这个责任。司马迁用兴奋鼓舞的笔触写救赵的战斗。""司马迁对项羽和陈涉,除给予充分的同情和正确的评价外,也很好地写出他们致败的原因。"

而对于孔子,姚老师认为,司马迁特把孔子列入"世家","不能简单地理解为司马迁是儒家的忠实崇拜者;必须注意:他之所以歌颂孔子,主要在于孔子在文化上、教育上的非常作用。他强调'孔子布衣,传十余世,学者宗之',把他和'当时则荣,没则已焉'的'天下君王'相比。他替孔子骄傲,似乎说:贵族统治了政治,而这个'布衣',却统治了文化,而文化正是可以传之久远的……司马迁就是在这个意义上学习孔子,来写他的史记的……他在《太史公自序》中所称道的'发愤著书',和《伯夷列传》中所说'疾没世而名不称',都贯穿着:在重压下绝不屈服的斗争意志。"

对"游侠"和"刺客",姚老师赞同司马迁的赞扬立场:"说明在黑暗的社会里,使遭难与穷苦无告的人们,惟一可以得到一点救助、温暖的,就是'游侠'。""还写有《刺客列传》,描写了那些凭着匕首,把生命置之度外,解决国家重大问题,为知己报仇,对付残暴最高统治者的可歌可泣的故事。"同时,"由于司马迁一贯从专制政权对立面看问题,他进一步发现了社会中的一个力量,可以和政权抗衡的,就是经济。他在《货殖列传》中,不厌其烦地举出古今以货殖致富的人们,指出他们的真正力量:'礼抗万乘','千金之家,比一都之君,巨万者乃与王者同乐',这叫作'素封'。""在这里司马迁有一种矛盾,即一面歌颂像孔子、孟轲、伯夷、叔齐的守仁义,不屈服;另一面却感到这样守义不屈,究竟不容易取得'现实'

的胜利,所以要鼓励人们从经济上争取力量。他把'岩处奇士'(可以守义不屈)和一般贫贱者(应努力改变贫贱地位)分开,而统一在对统治者斗争这一原则上了。《货殖列传》和《游侠列传》一样,体现着司马迁最激烈的叛逆思想。"

第三章的另一部分内容,是论述《史记》中对统治者的描写:"司马迁几乎都从阶级本质上作了鲜明的反映。"特别是对"今上"汉武帝,也毫不"为贤者讳","对这个自以为最了不起的皇帝的愚蠢、盲目可笑的暴露"。"司马迁出色地进行了这个不易进行的战斗"。"由于司马迁对严法酷刑太痛恨了,因而便远追商鞅、韩非、李斯到晁错的'残刻少恩',一起予以非刺。从这里我们还可以理解他为什么反对'法家',而赞扬'黄老'。他是从人民的起码利益出发的。"此外,还论述了司马迁对飞将军李广的挚爱,对靠裙带关系和"自媚"得以升迁的霍去病、卫青的讽刺,以及对张良、陈平等的赞扬。最后做结论说:"我们用整体观念来读司马迁的传记,虽在两千年之后,还是可以感到他所写的那个阴暗的封建压力下的社会各方面的活动情况,因而认识到他所作的批判与斗争。过去统治阶级把他的书叫做'谤书',而稍能注意现实的人,却不能不承认它是'实录'。是的,'谤书''实录',正说明了它的斗争性与现实性。"

第四章论述司马迁写《史记》的创作艺术,集中在"人物形象塑造"方面。细致地分析了司马迁灵活多样的写人艺术,"有些人物通过他们的毕生事迹全面地塑造出统一完整的性格;有些人物通过一二件典型事件也画出了鲜明个性","经常通过人物的生活、活动、事物发展来展现人物性格;也通过客观事物的发展,来写人物性格的发展","善于通过细节,来表现人物或揭示问题","善于抓住细节,但从来不琐碎地罗列事件,而是集中概括地来突出主题","更重要的则是对人物精神面貌的塑造","更重要的是使用语言的朴素与精炼,丝毫不借助于粉饰性的美丽词句"。所有这些写作的艺术特点,都有相应的文例予以支持实证,分析得深入透辟。

第五章是总结:"司马迁的全部传记,有热情的颂赞,有严正的揭发,有无情的鞭打,有尖锐巧妙的讽刺,有轻松的嘲笑,有激愤的不平之鸣,有公正的辩护与表扬。他的笔，饱和着他的情感，使他的散文，具有浓厚的诗的气氛，而结穴于他的叛逆的反抗的总倾向。至于高度的艺术技巧，更使他辉煌地完成了他的创作任务，使他不愧为一个现实主义的伟大的文学家。"

　　这些内容，今天看起来似乎也非惊人的高论，但放在20世纪50年代中期的时代背景下，却是深有意义的，虽然与当时的主流意识形态并不扞格，但也的确十分深入地揭示了司马迁和《史记》的本质特点，太史公的愤激反抗精神，"无韵之离骚"（鲁迅语）的卓绝艺术，是永远不会因各种花里呼哨的"新说"而被掩盖其光辉的。姚老师也正是在那个时期，遭遇政治上的打击磨难，应该说，司马迁的《史记》也是他能够克服磨难而保持不自馁不灰心始终乐观向上心态的一个精神资源。

　　《司马迁与旅游》是介于考证和评述之间的一篇文章，考辨缕述司马迁一生的游踪，得出这样的结论："作为一个史学家和文学家的司马迁，他也是一个游遍了全中国的旅游家，而且是最踏实的旅游家。从这一点我们可以理解他对上古近古以至当时史料访求的辛勤，可以理解他对社会现象、人民生活所作的调查的广泛，也可以进一步理解他的伟大作品之所以伟大。"姚老师在前半生为时局所迫，也是颠沛流离，几乎走遍了

1990年，姚先生与参加元好问学术讨论会的同仁合影

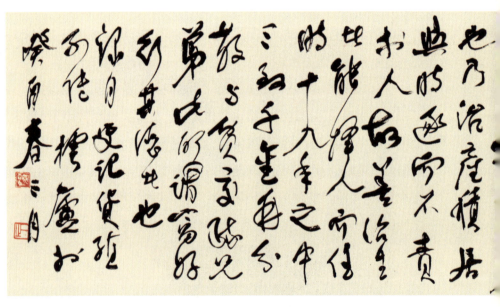

姚先生行书横幅《史记·货殖列传》(摘录)

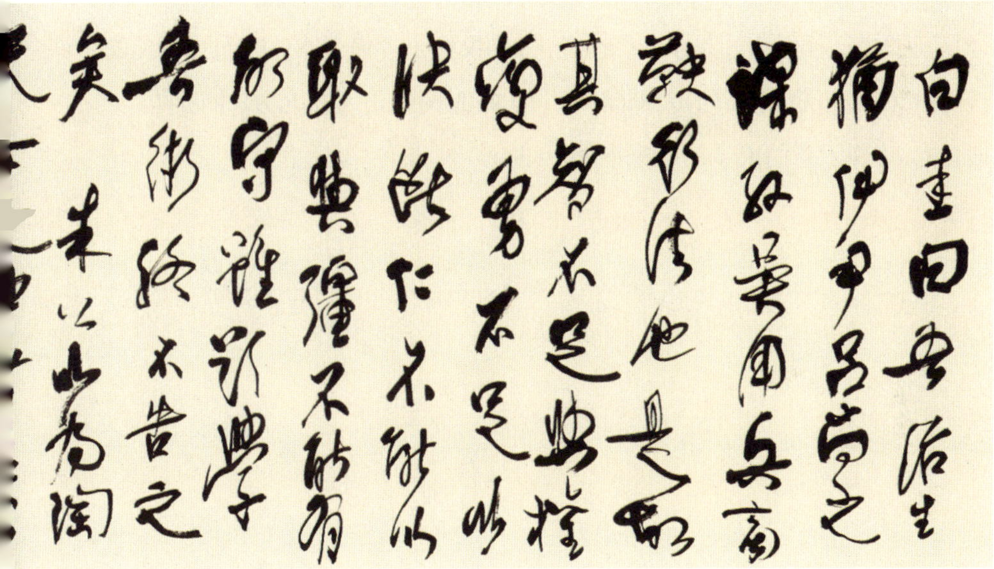

白圭曰吾治
猶伊尹吕尚之
謀孙吴用兵商
鞅行法是故
其智不足以
權變勇不足以
決所以不欲以
取與强不能有
所守雖欲學
吾術終不告之
矣未以此為陶

大半个中国，从前面涉及到的人生轨迹可以看到，而从 20 世纪 50 年代到 70 年代的漫长时间中，却局于一隅，为各种"运动"和"检讨"所困。对司马迁与旅游产生了考察的兴致，可能也和这种人生的体验触发有关吧。

《〈史记〉的〈律〉、〈历〉本为一书说》和《〈史记〉中〈日者〉、〈龟策〉两传中的问题》是两篇纯粹考证性的文章。前者认为"《史记》的《律》、《历》本为一书"，"那么，为什么《律》、《历》分为两书了呢？这是因为《史记》原来的八书缺了《兵书》，后人（也许是褚少孙）就割《律历书》中一部分结合《兵书》的佚文，凑成《律书》，原《律历书》剩余的就叫《历书》"。后者认为："司马迁的《日者列传》，在今本《史记》内，是没有了。而今本《史记》内的《日者列传》，却是《龟策列传》的轶文。"两文都不长，但考辨充分，论证明晰有力，体现了章门弟子的看家本领。

国学·诗韵·书情
——姚奠中学术评传

牛刀小试终堪慰：
姚老师的唐诗研究

论诗绝句十二首

一

六代绮靡随世变，王杨卢骆启新风。
仕途坎坷腰徒折，金马玉堂迥不同。

二

摩诘高名齐李杜，诗仙诗圣比诗禅。
素餐应耻为官隐，好静何妨老辋川。

三

乐府新题与旧题，高岑于此辟径蹊。
黄沙白草阵云暗，诗卷同传名亦齐。

四

纵酒游仙为底情？笔驱风雨鬼神惊。
须从趋舍观行止，不老匡庐乐请缨。

五

能与黎民共苦辛，岂徒诗史见淳真。

致君尧舜诚空想，笔下风雷万古新。

六

篇削空文句尽规，惟歌民病任人嗤。

如何五载洛城住，竟尔闲居作颂诗。

七

二句三年志气消，惟将五字苦推敲。

人间虽广胸怀窄，皇为斯民歌且谣！

八

不见天才见鬼才，诗思驴背锦囊来。

镂金琢玉多瑰异，谁会王孙乐与哀！

九

山石罢歌歌石鼓，雄浑恣肆未曾有。

怪辞惊众亦何为？马异卢仝牛马走。

十

千古诗谜不可疏，绮罗粉黛神仙居。

西郊信有忧时念，何以解嘲獭祭鱼。

十一

绮罗丛里一骅骝，论战论兵谁与俦？

不作西平及定远，却回春梦恋扬州。

十二

嘲月弄花何所施？不关民命不成词。

古来咏菊知多少，争比黄王八句诗。

姚老师作为中国古典文学研究者,特别在先秦诸子和唐诗两个领域作了深入开拓,除了自编的文学史讲义和一些诗词选注本外,有关唐诗的专门学术论文就有上十篇。这一组论诗绝句是针对唐诗一些重要诗家发表评论和感想,囊括了初、盛、中、晚唐几乎所有重要诗人,可视为一种诗体裁的"唐诗史论"。组诗后有跋语交代了写作背景:"此十二首诗并非一时所作。上世纪八十年代初,某大学考研究生,题中有试作论诗绝句二首。此间报考的中文系学生,为此事问我。我颇以从未教过为歉。遂信手作几首为例。后又补作若干首如上。公元二千零四年冬至后二日书竞。樗庐老人冀中记,时年九十有二。"

但姚老师又首先是一位受教于章门的朴学家、国学家,而非单纯的文学史家,从而决定了这一组论诗绝句独特的视角,具有鲜明的个性色彩。章门弟子,愿作学人,而不愿作文人,以思想道德为先,艺术审美为末。此种立场贯穿于本组论诗绝句始终。

第一首所咏是初唐四杰:王勃、杨炯、卢照邻、骆宾王。初唐诗坛,还笼罩在南北朝和隋的流风余韵中,基本特点是偏重于文华藻饰,宫廷化而脱离社会实际, 贞观年间流行的 "上官体"(由高官上官仪应制诗得名),即重视诗的形式技巧、声辞之美,"以绮错婉美为本"(《旧唐书》上官仪本传),而缺乏真情实感。此即首句"六代绮靡随世变"所指。六代指三国的东吴和南朝的宋、齐、梁、陈及其后的隋,而"随世变"即下句"启新风"的铺垫,继"上官体"后,出现了改变风气的"四杰"。王、杨、卢、骆都官小位卑而才华横溢,因此他们的诗作自然要抒胸中块垒,发抑塞之气,作不平之鸣,其"高情壮思"和"风云之气",为歌舞升平的"上官体"所不能有。放在历史的长河里,这也是长达数百年"六代"颓靡诗风的一次突破性变化,意义重大。事实也的确如此,如王勃的《送杜少府之任蜀川》(名句"海内存知己，天涯若比邻"），杨炯的《从军行》（首联"烽火照西京，心中自不平"），卢照邻的《长安古意》（名句"寂寂寥寥扬子居，年年岁岁一床书。惟有窗前桂花发，飞来飞去袭人裾"），骆宾王的《在狱咏蝉》（名句"露重飞难进，风多响易沉"），都是感慨深沉内容厚重的好诗，的确起到了变化一代诗风的作用。

六朝诗和"上官体"为何萎靡不振？四杰又何以能异军突起而振聋发聩？答案是"仕途坎坷腰徒折，金马玉堂迥不同"（"堂"或书作"台"之未简字"臺"）。王、杨、卢、骆正因为"仕途坎坷"，遭受许多"折腰"的痛苦（典出陶渊明"安能为五斗米折腰向乡里小儿"），诗为心声，故作品内容充实，也就感人。六朝诗人和"上官体"高高在上，整日宴会歌舞，纸醉金迷，当然只能无病呻吟，发为靡靡之音。汉朝宫廷有金马门和玉堂殿，后来成了指高官显贵的代语。

第一首开宗明义，揭示了文学的根本规律：生活阅历决定艺术作品的内容和风格。尽管对四杰热衷仕途而"折腰"也有微词，但主要肯定其创作开启了充实刚健的诗风，是唐诗后面大辉煌的一个起点，正如杜甫《戏为六绝句》其二所咏："王杨卢骆当时体，轻薄为文哂未休。尔曹身与名俱灭，不废江河万古流。"

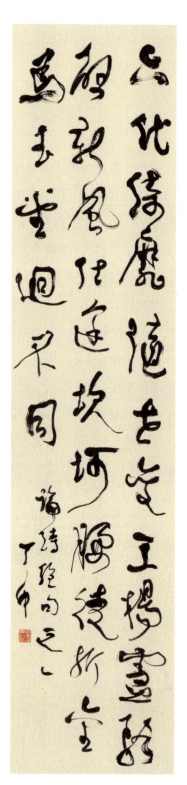

姚先生书《论诗绝句》之一

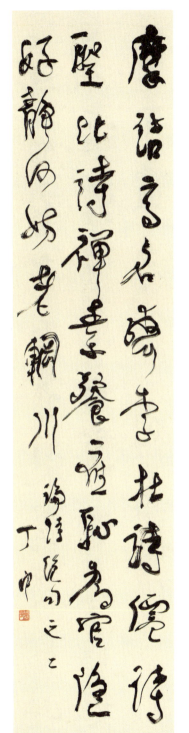

姚先生书《论诗绝句》之二

四杰之后，经沈、宋（沈佺期和宋之问）、陈子昂、张若虚等，就进入了盛唐诗坛。在当时，王维是地位最高名头最响的文坛领袖，他在诗、书、画、音乐等各领域都取得了辉煌的成就，特别是山水田园诗派的领军人物。王维笃信佛教，以禅理入诗，诗境空灵含蓄，兴象玲珑，"诗中有画，画中有诗"，艺术造诣极高。后世称其为"诗佛"，与"诗仙"李白、"诗圣"杜甫鼎足而三。此即第二首"摩诘高名齐李杜，诗仙诗圣比诗禅"所本。王维字摩诘，是从印度佛教故事中著名居士维摩诘之名而来。

王维于唐玄宗开元九年考中进士，任太乐丞，因事获罪，贬济州司仓参军。此后他选择了一种亦官亦隐的生存态度，一方面不放弃仕途，另一方面在终南山构筑辋川别业，与诗友游悠其中，写出了明秀静逸的《辋川集》。安史之乱中曾陷身长安，被迫接受伪职，叛乱平定后因此入狱，由于弟弟王缙等营救，获得赦免，最后做到尚书右丞，史称王右丞。特别到了晚年，王维对公事采取应付态度，退朝后焚香禅诵，六十一岁时卒于辋川别业。

姚老师秉承章门学统，宗旨是"经国"，更自矢"以勇决为行，以用世为归"，当然对王维亦官亦隐的人生态度不能赞同，故而嘲讽他"素餐应耻为官隐，好静何妨老辋川"。素餐即拿着俸禄不工作，光拿钱不干活的意思。

第三首咏高适与岑参为代表的盛唐边塞诗派。高适早年北上蓟门，漫游燕赵，企图从军立功，但仕途蹭蹬。安史之乱后从唐玄宗入蜀，拜谏议大夫，从此官运亨通，到唐代宗时做到刑部侍郎，转散骑左常侍，进封渤海县侯。

高适功名心强，狂放自负，在蓟北之行和河西幕府期间写了不少边塞诗，来自亲身体验，把边塞的见闻、思索、感受都通过诗歌表达出来，苍凉悲慨而又激昂豪放，特别是代表作《燕歌行》，奠定了他边塞大诗人的地位，被称赞为"诗多胸臆语，兼有气骨"（殷璠《河岳英灵集》）。

岑参出身于官宦世家，但幼年丧父，家道中衰，靠自己努力，考中进士，后弃官从戎，两度出塞，因而也写了许多优秀的边塞诗。岑参的边塞诗善于写感觉印象，把西北边疆大漠雪夜风吼飞沙走石等壮丽奇伟风光表现得十分生动，同时洋溢着大气磅礴的英豪气概。其代表作《走马川行奉送封大夫出师西征》和《白雪歌送武判官归京》等脍炙人口，其中"轮台九月风夜吼，一川碎石大如斗"、"忽如一夜春风来，千树万树梨花开"等更是传诵千古的名句。

汉魏乐府中早有"出塞"的题作，高、岑的边塞诗派当然也有所继承，但更做了新的发展开拓，使这一类型作品达到了一个高峰而巍为大观。这在文学史上颇有意

姚先生书《论诗绝句》之三

义，特别是这一诗派风格健朗雄奇，边塞内容又与国家政治息息相关，颇符合姚老师的情怀意向，故予以赞扬："乐府新题与旧题，高岑于此辟径蹊。"后两句说高适和岑参都有好作品传世，是边塞诗派并驾齐驱的双子星座。攫取"黄沙"、"白草"与"阵云"这些边塞诗中常出现的意象，一方面使以议论为主的诗多一点形象感，另一方面也更强调边塞诗宏伟的诗境和昂扬的精神将传播后世，鼓舞人积极向上，值得珍惜。

第四首咏李白。这位名垂千古的"诗仙"是一个不朽的传奇。陈寅恪等文史专家或怀疑他是胡人，或说他是"突厥化的中国人"。他出生于西亚，成长于四川，家资饶富，"五岁诵六甲，十岁观百家"，"十五观奇书，作赋凌相如"。由于蜀中道教氛围浓郁，李白又自幼即受道教影响，"十五游神仙，仙游未曾歇"。再大一些，更"少任侠，手刃数人"，"结发未识事，所交尽豪雄……托身白刃里，杀人红尘中"，在隐居、漫游、寻仙、任侠中度过了青少年时代。此后"仗剑去国，辞亲远游"，与故宰相的孙女结婚，"酒隐安陆，蹉跎十年"，干谒权贵，希望得到引荐，"一跃龙门，则身价十倍"，在政治上有所施展。天宝元年得到机会奉诏入京，供奉翰林，受到唐玄宗的礼遇，但只有两年多就被"赐金放

姚先生书《论诗绝句》之四

还"，重新开始了漫游生涯。晚年碰上安史之乱，李白入永王幕府，慷慨从军，结果卷入唐肃宗和永王李璘争权夺利的内斗中，永王兵败后李白被长流夜郎，中途遇赦，流寓南方，闻知李光弼出征东南，又想从军报国，半道病还，逝世于当涂。

李白的诗歌是他传奇人生的写照，更是其个性与境遇相碰撞而绽放的奇异的文学花朵。浪漫落拓的生涯，大起大落的遭遇，狂放不羁的思想，豪宕自信的感情，纵横恣肆的文笔，磅礴淋漓的气概，催化产生了众多不朽的诗篇，无论乐府歌行还是古风绝句，都达到了空前绝后的高峰。《蜀道难》《将进酒》《行路难》，"飞流直下三千尺，疑是银河落九天"，"两岸猿声啼不住，轻舟已过万重山"，"长安一相见，呼我谪仙人"，"俱怀逸兴壮思飞，欲上青天揽明月"。杜甫对李白佩服得五体投地，由衷地赞美他"白也诗无敌"、"笔落惊风雨，诗成泣鬼神"、"李白斗酒诗百篇，长安市上酒家眠，天子呼来不上船，自称臣是酒中仙"。

但李白精神的核心究竟是什么？李白诗歌的文化遗产中何者最堪珍贵？不同人生价值观的读者会有不同的认同取舍。作为"有学问的革命家"（鲁迅语）章太炎的传人，姚老师更看重李白的，是他在国家危殆时刻舍身赴难急流勇进的思想精神意态。尽管李白参加永王幕府的举动其实不乏政治上的幼稚，李白也不一定真正具有"试借君王玉马鞭，指挥戎虏坐琼筵"的政治军事长才，但这种爱国救国的精神是极其可贵的。所以姚老师在这首咏李白的绝句中认为，李白"纵酒游仙"的豪迈，笔参造化的诗歌创作，其实都是他报国不成之政治情怀的曲折体现。这从他最终的"趋舍"——追求什么，舍弃什么看得最清楚，李白不是从修道养生的庐山上走下来，而投奔入永王幕府去参加挽救国家危亡的战斗吗？这才是最值得后人景仰继承的精神遗产呀。以古人的标准，李白当时的年龄已算老年，但这里却说"不老匡庐乐请缨"，这"不老"是指精神不老，报效国家的雄心壮志不老，一个"乐"字，境界全出。"请缨"即要求接受战斗任务，指参加永王幕府。此种措词，其实也反映了姚老师自己的心声。他青年时期参加过两个月抗日游击队，此后一生关心国家社会，在各种工作中尽诚竭节，对李白内在真正的渴望和激情可谓心有戚戚焉。

姚先生书《论诗绝句》之五

第五首咏杜甫。杜甫比李白小十一岁，生活在唐王朝由盛转衰的转折时期，乃晋朝名将杜预之后，祖父是初唐著名诗人杜审言，奉儒守素是家风，所以杜甫从小就受到忠君爱国仁民体物的思想熏陶。杜甫的青年时代尚属盛唐，也有过南北漫游、裘马轻狂的生活。24岁赴洛阳，举进士不第，在漫游中结识李白，结下千古传颂的友谊。在长安参加一次考试，却是奸相李林甫的骗局，落第后干谒求进徒劳无功，落拓长安十载。这种经历使杜甫体察到了民间的疾苦，社会的隐情，更加强了"致君尧舜上，再使风俗淳"的抱负情怀。安史之乱起，杜甫陷身贼军，历尽艰辛而逃脱，奔赴凤翔肃宗行在，被任为左拾遗，后因疏救房琯被贬为华州司功参军。最后弃官漂泊于西南，穷困而死。

杜甫被后世尊为"诗圣"，他的诗歌则是"诗史"，其人其诗都浸透着深厚的人间情怀，体现了悲天悯人、爱国爱民的精神，而在诗歌艺术上也是千锤百炼。"上薄风骚，下该沈、宋，言夺苏、李，气吞曹、刘，掩颜、谢之孤高，杂徐、庾之流丽，尽得古人之体势，而兼人人之所独专矣。"（元稹《唐故检校工部员外郎杜君墓志铭并序》）无论思想或艺术，都是盛唐诗歌的集大成者，是中国古代诗歌史上空前绝后的美学高峰。"三吏"、"三别"，

《兵车行》《丽人行》《羌村三首》《赠卫八处士》《秋兴八首》……不朽名作多多;"国破山河在,城春草木深。感时花溅泪,恨别鸟惊心","朱门酒肉臭,路有冻死骨","无边落木萧萧下,不尽长江滚滚来","两个黄鹂鸣翠柳,一行白鹭上青天","读书破万卷,下笔如有神"……佳句代代传诵。

对于这样一位诗人,以入世为指归的姚老师当然非常认同。"能与黎民共苦辛,岂徒诗史见淳真。"杜甫的诗歌不是不带感情的"客观"的"史",而是"诗史",也就是用感情浇灌出来的含泪带血的"史"——那才体现了诗人家国情怀的"淳真",也就是与国家共患难与百姓共甘苦的一腔衷情苦心。虽然杜甫的政治理想带有空想性质,没有实现也不可能实现,但他通过诗篇传达出的始终寄情于国家、社稷、人民的仁者之心,却像风雷一样永远震响,撼动、鼓舞着中华民族的灵魂和精神,万古常新。显然,姚老师强调的重点仍然是思想而不是艺术,认为杜诗对民族思想意识的影响最值得关注。

第六首咏白居易。白居易是中唐诗人中的翘楚,与元稹并称元白,他28岁进士及第,一生仕途有黜有升,而在早年担任左拾遗、充翰林学士那段时期,政治热情最高,直面社会矛盾,"有阙必规,有违必谏",指陈时政,揭露朝政弊端,这种情怀在文学创作上则结晶为《秦中吟》和《新乐府》等大量讽谕诗,"唯歌生民病,愿得天子知"(《寄唐生》)。此时白居易的创作指导思想十分明确,《新乐府序》中说:"总而言之,为君、为臣、为民、为物、为事而作,不为文而作也。"后来在与元稹的通信中回顾早年创作,概括为"文章合为时而著,歌诗合为事而作"(《与元九书》)的经典名言。

这就是"篇削空文句尽规,惟歌民病任人嗤"。脱离国计民生而吟风弄月之作,是"空文","规"即规箴,当然是"为时""为事"的宗旨了。"削"与"惟"是两个关键字,说那时白居易篇篇都写关注"民命"的讽谕诗,不写无病呻吟的"空文"。作品锋芒毕露,得罪了宦官等权贵,遭到嘲弄讽刺,但他不管不顾,此即"任人嗤"。

后来经过一些挫折,白居易改变了生活态度,政治热情减退,所谓

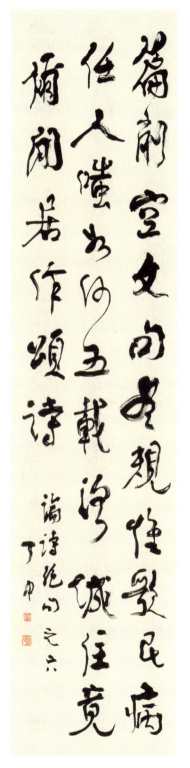

姚先生书《论诗绝句》之六

"直道速我尤，诡遇非吾志，胸中十年内，消尽浩然气"（《适意二首》之二）。反映在创作上，则写了大量的"闲适诗"，其中不乏歌功颂德之作。特别是到了晚年，以刑部尚书致仕，闲居东都洛阳，自号"醉吟先生"、"香山居士"，到七十五岁逝世，长达五年。

这就是"如何五载洛城住，竟尔闲居作颂诗"。白居易自我表白："仆志在兼济，行在独善。奉而始终之则为道，言而发明之则为诗。谓之讽谕诗，兼济之志也；谓之闲适诗，独善之义也。"（《与元九书》）孟子有"穷则独善其身，达则兼善天下"的说法，后世嫌两个"善"字重复，演变为"独善"和"兼济"。今人又造出"儒道互补"的术语，意思差不多，都是说国家社会责任与个人情趣爱好的矛盾和统一。对白居易这样划分自己的人生阶段和相应的诗歌创作，姚老师则予以微词点评，遗憾他没有始终把关切民间疾苦和献身社会改良放在第一位。这自然又和姚老师自己的人生信念有关。

其实，白居易能在诗歌方面与李白、杜甫并肩，主要得力于他创作了《长恨歌》和《琵琶行》两首思想艺术都十分杰出的长篇古风。当年我报考姚老师的研究生，为了考试能出奇制胜，预先针对每个文学史专题都作了一首古体诗，每答完一题即附诗一首。写白居易的那首是："若无长恨琵琶行，李杜岂容兄弟称？童媪能吟新乐府，指摘时政见衷情。"

第七首是说孟郊、贾岛、姚合等"苦吟"诗人。孟郊与韩愈同调，功名心颇强，但由于性格孤傲狷介，为人处世不善变通，一生沉抑下僚，生活困苦，郁郁寡欢。他写过名作《游子吟》，即"慈母手中线，游子身上衣"那一首。贾岛和姚合时间更晚一些，已近晚唐，也属于一生不得志的诗人，如贾岛早年为僧，终身未中第。这些诗人生活面狭窄，境遇不佳，思想格局小，诗艺追求在字句上雕琢"炼字"以出奇，往往有句无篇。苏轼用"郊寒岛瘦"评价孟郊和贾岛，又有人称他们为"诗囚"。

如贾岛与韩愈之间发生过有名的"推敲"故事，贾岛吟成"鸟宿池边树，僧推月下门"，又想把"推"字改成"敲"，一边走一边斟酌，拿不定主意，以至无意中冲撞了韩愈的车驾，问明原因后，韩愈说敲字好，二人遂成知契。宋代魏泰《临汉隐居诗话》记载：贾岛云："独行潭底影，数息树边身。"其自注云："两句三年得，一吟双泪流，知音如不赏，归卧故山秋。"这一派诗人"苦吟"的夫子自道还有姚合：

姚先生书《论诗绝句》之七

"欲识为诗苦，秋霜苦在心。"卢延让："吟安一个字，捻断数茎须。"方干："才吟五字句，又白几茎髭。""吟成五字句，用破一生心。"

这样的诗人当然对社会生活国家政治等不太关心，胸襟思想也不广阔，更不可能有什么经国安民的宏大志愿。这与姚老师的立身处世有很大距离，所以说他们"志气消"、"胸怀窄"、"皇为斯民歌且谣"。"皇"是语气虚词，"哪里还能"的意思。"斯民"即人民。

第八首咏李贺。李贺字长吉，是中唐元和诗坛的怪才，因父亲名李晋肃，"晋"与"进"音同，"肃"与"士"音近，就以有讳父名遭人议论攻击，不能参加进士考试，27 岁便夭折去世。这个短命的天才身体羸弱，却以"壮士"自称，胸怀大志而遭遇挤压，心情极度压抑苦闷。怀才不遇的痛苦，病态的身体，敏感的心灵，全部寄托于诗歌创作。李商隐《李长吉小传》中说李贺经常带一个书童，背着古锦囊，骑驴游走苦吟，有了奇思妙句就写下来投入锦囊中，晚上回家，他母亲见锦囊诗句很多，感叹说这孩子真要把心血都呕出来才罢休。《小传》又说李贺临死时有绯衣天使驾着赤龙而降，对他说天帝刚建成一座白玉楼，召李贺去作白玉楼记。

李贺的诗确实想象丰富而偏于怪诞，遣词造句追求奇特陌生化，诗歌的境

姚先生书《论诗绝句》之八

界则幽奇冷艳，多用质地锐利、脆硬甚至有些狰狞的物象，"鬼魅"、"坟墓"等字眼经常出现，传达出一种另类的情怀，成为唐诗中一道别样的风景，被号为"鬼才"。如这样的句子："秋魂鬼唱鲍家诗，恨血千年土中碧"、"百年老鸮成木魅，笑声碧火巢中起"、"昆山玉碎凤凰叫，芙蓉泣露香兰笑"、"老兔寒蟾泣天色"、"老鱼跳波瘦蛟舞"、"黑云压城城欲摧"，他重视内心世界的挖掘，主观化的幻想，突出体现真正的诗人气质。

姚老师诗作的前三句，即咏叹其"鬼才"特点，骑驴觅句，呕心古锦囊，绝笔白玉楼，赞赏其奇丽"瑰异"。但画龙点睛却在最后一句"谁会王孙乐与哀"。李贺是没落的李唐宗室后裔，在诗中经常以"皇孙"、"宗孙"、"唐诸王孙"自称，表明他其实极有抱负，想在政治上有所建树，"报君黄金台上意，提携玉龙为君死"，谁知现实却那么严酷地扼杀了他的雄心壮志，使他只能成为一个"鬼才"诗人。

姚老师的言外之意，读者更应该从这个角度来理解李贺内心真实的"乐"与"哀"，这才是李贺那词采纷纭"瑰异"眩目如"镂金琢玉"表象后面的本质。为使这种意思更明确，后来"多瑰异"改为"藏微旨"。

第九首咏韩愈。韩愈是唐宋八大家之首，古文的成就更突出。作为诗人，韩愈和比自己年长17岁的孟郊形成"韩孟诗派"，从而在唐代诗坛独树一帜，"苦吟"诗人们是其后劲。韩孟诗派有明确的理论主张，首先是"不平则鸣"说。不平之鸣当然更倾向表现生命经受磨难困苦的状态，风格奇崛，崇尚雄奇怪异，追求"笔补造化"，因此常以散文化词汇和句法入诗，赋、比、兴三义中多用赋法，创造险怪意象，有时显得幽僻塞涩。

韩愈的代表作是《山石》和《石鼓歌》，都是长篇古风。"山石荦确行径微，黄昏到寺蝙蝠飞，升堂坐阶新雨足，芭蕉叶大栀子肥。僧言古壁佛画好，以火来照所见稀。""张生手持石鼓文，劝我试作石鼓歌。少陵无人谪仙死，才薄将奈石鼓何？"虽然后面也有一些生僻的字眼和拗散的句法，但总体来说磅礴雄健，古朴瘦硬，是成功的杰作，被选入蘅塘退士的《唐诗三百首》。故而姚老师赞以"雄浑恣肆未曾有"。不过韩愈追求险怪也产生了不少弊病，有的作品让人不能卒读。特别是这一派诗人的末流，如马异和卢仝，没有韩愈的大才，一味求险逐怪，其作品就更滞涩难读了。"牛

姚先生书《论诗绝句》之十

马走"一词来源于太史公司马迁的《报任安书》，本是自谦语，在这里就是后学之辈等而下之的意思。

姚老师的这首诗前两句肯定韩愈对诗作的贡献，后两句指出其缺点。本诗是十二首论诗绝句中惟一用仄韵的作品，暗合了韩孟诗派滞重的风格特点。

第十首咏李商隐。李商隐字义山，号玉溪生，父亲早逝，家世多艰，使他性格感伤，而又"悬头苦学"，企图通过科举一振家声。他受到大官僚令狐楚的赏识，聘入幕府，并受助得中进士，但后来又入泾元节度使王茂元幕府，并成了王茂元的女婿。当时朝中党争激烈，令狐楚令狐绹父子属于牛（僧孺）党，王茂元则属于李（德裕）党，令狐绹认为李商隐"背恩"。李商隐为党争所害，终生沉沦下僚，辗转于各处幕府，加以妻子病故，子女寄居长安，使他内向型的性格和敏感的心灵更具有了悲剧性。

李商隐是关心现实和国家命运的诗人，也写了不少优秀的政治诗、咏史诗等，但在文学史上，他最具个性特色并获得不朽声名的，则是情感复杂意象幽眇朦胧多义优美绮丽的"无题"七言律诗。"相见时难别亦难，东风无力百花残。春蚕到死丝方尽，蜡炬成灰泪始干。""锦瑟无端五十弦，一弦一柱思华年。庄生晓梦迷蝴蝶，望帝春心托杜鹃。""重帏深下莫愁堂，卧后清宵细细长。神女生涯原是梦，小姑居处本无郎。"他写诗作文都喜欢用典故，并善于对典故内涵加以增殖改造充实，传达其纠结葛藤的内心世界。由于这种写作特点，对李商隐的作品，特别是"无题"诗，就有多种不同的理解阐释，有说爱情的，有说政治的，众说纷纭，几乎成了"诗谜"。

"千古诗谜不可疏，绮罗粉黛神仙居。"就是指李商隐诗歌创作的这种特点，其诗作遣词造语，意象经营，满目"绮罗粉黛"的香泽之态和"神仙"一类典故神话，造成后世聚讼不已难以疏解的猜"谜"公案。作为推崇"政教中心和现实主义"的姚老师，对李商隐凝聚着孤独、飘零、惆然、无奈、寥落、伤感、迷茫等消极情绪和错综跳跃象征隐喻若隐若现等表现方式的"无题"诗一类作品，兴趣不大，因而措语之间实有微词。

这在后两句中就表现得更显豁了："西郊信有忧时念，何以解嘲獭祭鱼。"李商隐有《行次西郊作一百韵》的长诗，描写抒发安史之乱前后的政治社会历史变迁，表达对人民的同情，对现实的忧虑，如第一段就有"依依过村落，十室无一存。存者皆面啼，无衣可迎宾"的句子。姚老师似乎在问李商隐，你不是写过"西郊"那样关注政治和关心百姓的诗吗？为什么又去写类似于《解嘲》一类堆砌典故的文字游戏呢？"信有忧时念"后改"纵有忧时念"，就使下句的转语之批评语气更强了。后来又书作"洵有忧时念"。

《解嘲》是西汉扬雄写的一篇赋体文章，全文用主客问答形式，共1233字，客问200字，扬子答1033字，共用典故43次。《解嘲》因此成为滥用典故的一个代语。宋词人辛弃疾《卜算子·漫兴》中就有："谁伴扬雄作解嘲，乌有先生也。"

宋代吴炯《五总志》中说："唐李商隐为文，多检阅书史，鳞次堆积左右，时谓为獭祭鱼。"元代辛文房《唐才子传》中则有云："商隐工诗，为文瑰迈奇古，辞隐事难。及从楚学，俪偶长短，而繁缛过之。每属缀，多检阅书册，左右鳞次，号獭祭鱼。"

獭祭鱼是堆积罗列典故的意思。《礼记·月令》："东风解冻，蛰虫始

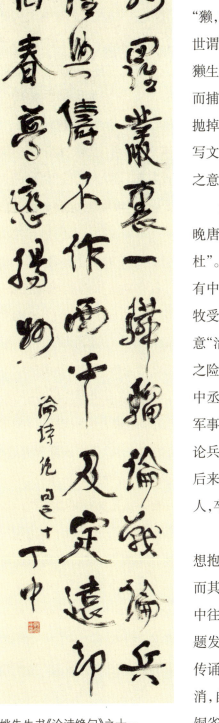

姚先生书《论诗绝句》之十一

振，鱼上冰，獭祭鱼，鸿雁来。"《吕氏春秋·孟春》："鱼上冰，獭祭鱼。"高诱注："獭，水禽也。取鲤鱼置水边，四面陈之，世谓之祭。"据现代汉语研究专家考察，獭生性凶残，吃鱼只吃一两口就抛弃，而捕鱼能力又强，所以每次吃食时都会抛掉许多吃剩的鱼在周围。人们因此把写文章用典过多叫獭祭鱼，取堆积残余之意。

第十一首咏杜牧。杜牧和李商隐是晚唐最重要的两个诗人，号称"小李杜"。杜牧的祖父杜佑是三朝宰相，并著有中国第一部典章制度通史《通典》。杜牧受家风影响，颇有大志，忧国忧民，注意"治乱兴亡之迹，财赋兵甲之事，地形之险易远近，古人之长短得失"（《上李中丞书》），写有《原十六卫》、《战论》等军事政治论文，并多次上书当政者论政论兵。但他仕途并不得意，长期作幕僚，后来担任过刺史等地方官，后迁中书舍人，卒于任，活了 50 岁。

杜牧存诗四百余首，不少诗抒发理想抱负，关心国计民生，慨叹壮志难酬。而其咏史诗数量多，质量高，即景抒情中往往凝聚着深沉的历史感慨，有时借题发挥，表现自己的政治见解，有不少传诵人口的佳作。如："折戟沉沙铁未消，自将磨洗认前朝。东风不与周郎便，铜雀春深锁二乔。"他写景纪游也颇多佳作，如："远上寒山石径斜，白云深处有人家。停车坐爱枫林晚，霜叶红于二月花。"

杜牧作为官宦世家子弟，才气纵横，原不仅是文艺之才，故姚老师咏叹其"绮罗丛里一骅骝，论战论兵谁与俦"，他本来是一匹可以经邦济世的骏马啊。谁知命运不偶，却以诗人留名，也写有轻狂放荡的作品。如名作《遣怀》："落魄江南载酒行，楚腰纤细掌中轻。十年一觉扬州梦，赢得青楼薄倖名。"杜牧三十三四岁时，在扬州为牛僧孺淮南节度使府掌书记，纵情声色，经常流连于妓馆中。这首诗是晚年回顾之作。姚老师的诗后两句"不作西平及定远，却回春梦恋扬州"就此感叹杜牧未能做出"经国之大业"，却回忆风流韵事的"扬州梦"聊以自慰，惋惜中也有求全责备之意。

东汉班超早年家贫，为人佣书，曾投笔长叹，渴望建立功名，后来果然奉使西域，封定远侯。西平是指唐德宗时名将李晟，他平定朱泚之乱，被封为西平郡王。"不作西平及定远"即感叹杜牧未能在政治上建功立业。又西汉于定国在汉昭帝时任御史中丞，到宣帝时做到御史大夫、丞相，封西平侯。但姚老师说，他上初中时，焦卓然老师就讲过陆游咏叹李晟的诗，所以是用李晟的典故。

第十二首咏黄巢。黄巢是唐末农民起义军领袖，出身盐商，科举落第，积财聚众，待机而动。唐僖宗乾符元年（874），王仙芝率盗匪起事，次年黄巢响应。乾符五年王仙芝战死后黄巢被推举为冲天大将军，唐僖宗逃往成都，黄巢自号为帝，国号大齐，后兵败被杀。黄巢有两首菊花诗流传，一首据说是八岁时所作："飒飒西风满院栽，蕊寒香冷蝶难来。他年我若为青帝，报与桃花一处开。"另一首题《不第后赋菊》："待到秋来九月八，我花开后百花杀。冲天香阵透长安，满城尽带黄金甲。"

姚老师的论诗绝句以赞叹黄巢的菊花诗作结，固然有革命意识形态的影响，但主要出于他自己的人生观和价值观，即"不关民命不成词"，把政治关怀放在第一位，突出激励人奋发的精神，而于"嘲月弄花"之类专注个人情趣的作品评价不高。

从情调上说，姚老师喜欢昂扬雄放，不喜欢纤柔婉约，向往英雄气而非文人气,而黄巢的两首菊花诗,豪概干云,意气风发,很符合姚老师的审美趣味。正如唐末诗人林宽诗云:"莫言马上得天下,自古英雄皆解诗。"自陶渊明"采菊东篱下,悠然见南山"以来,历代咏菊花诗很多,在姚老师看来,皆不如黄巢的两首气味相投,豪健啊,让人精神振奋啊!

唐诗研究论文

姚老师到山西大学任教,后来主要讲授唐宋文学,因而有关这方面的论文比较丰富。计有:《李颀里居、生平考辨和他的诗歌成就》、《王之涣的〈凉州词〉考辨》、《兄弟情深的诗文作家王缙》、《杜甫的学习和创作》、《杜甫的服色》、《九世纪的伟大诗人白居易——为纪念白居易诞生 1175 周年而作》、《〈长恨歌〉的主题》、《柳宗元的读书和交友》、《柳宗元的辞赋》、《柳宗元的诗歌》、《柳宗元的文论》、《"古文运动"与"唐宋八大家"》、《从唐诗到宋词的演化》、《绝句和诗歌遗产》、《由词之音律论苏东坡之知不知音》。此外还有几篇唐宋之外的研究论文:《汉代的女作家班婕妤》、《政教中心和现实主义——对汉代诗论的一些探讨》、《董解元和〈西厢记诸宫调〉考索》、《伟大的戏曲家关汉卿》。

这些论文中,《李颀里居、生平考辨和他的诗歌成就》、《王之涣的〈凉州词〉考辨》和《董解元和〈西厢记诸宫调〉考索》三篇,偏重于考据。李颀篇分"里居"、"生平"、"诗歌创作的成就"三大章节。在"里居"一节中,针对"李颀,东川人"的传统说法,考辨"东川"究竟何意,是不是一个具体的郡县名。经过广引典籍,细辨文意,层层剥茧,严密推理,得出全新的结论:"'东川'一说,究竟有何根据?近人一致意见,认为它根据的是李颀《不调归东川别业》一诗。我以为此诗题中'东川'二字,不仅不是郡县的名称,而只指一条普通的小河;更应特别指出的,就是:'东川'二字,不能和'别业'二字分开。'东川别业'只是一个别业的名称。古人的别业或别墅,多用所在的小地名,山水名,或只用概指方向的山水——东山、西林、南涧、北湖之类。"

这种创新之见是否仅仅是一种猜测呢?姚老师给出了丰富的例证:

1982年夏,姚先生与参加全国唐代文学研究会的代表一同游览

王维的"辋川别业"用的是小水名,韦嗣立的别业,在骊山下,不叫骊山别业,而用概指方向的办法叫"东山别业"——《王右丞集》中《同卢拾遗韦给事东山别业》即指其地。后面接着考证李颀"家于颍阳",仔细讨论了中国科学院(20世纪80年代后分出中国社会科学院)编《中国文学史》和谭优学、傅璇琮、马茂元等专家的各种意见,认为皆难以自圆其说,然后仔细分析李颀诗句"十年闭户颍水阳"(《缓歌行》)、"我家本颍北,出门见维嵩"(《与诸公游济渎泛舟》),认为"颍水阳"、"颍北"都不是具体地名,而唐代河南郡的颍阳县,即今河南登封县西境的颍阳镇,它是唐开元十五年才由武林县改名,距离颍水源三十里,根本不在颍水边,当然不能说"颍水阳"、"颍北"。因此:"今存李颀诗中,直接、间接涉及嵩山和颍水的近二十首,可知他住的地方必在嵩山颍水之间,具体地说,就是唐嵩阳县。"这唐嵩阳县在武则天时改为登丰县,沿至于今。在确定了颍阳即今天的登封县后,得出结论:'东川别业'的东川,实即登封县东北十余里五渡河上游的东溪。"并从而纠正了李颀故里的传统说法,认为应书为:赵郡人,家于嵩之东溪。

在"生平"一章中,对李颀的生平交游做了详细考察。元朝辛文房《唐才子传》是有关李颀生平最权威的材料,"后人著述提到李颀的,没有超过辛书范围的"。姚老师爬梳史料,使李颀生平的轮廓更鲜明,内容更丰富,并得出比较可靠的结论:李颀卒年应在天宝十三、十四载(754—755)之间,终年65岁左右。

在"诗歌创作的成就"一章中,对李颀现存一百二十余首诗歌作品做了分门别类的分析、鉴赏和评价,分为酬应诗、边塞诗、音乐诗和怀古诗,如酬应诗:"不在于他对不同境遇的朋友,表达了同情、勉励、安慰、愤激的感情,而在于他能对不同性格、不同风度、不同抱负、不同遭遇的友人,有体贴入微的理解,因而能发出真挚感人的歌声。"每一部分的分析都很具体细致,并举例赏会。李颀这个其实相当有成就的诗人,当时唐诗研究界尚普遍注意不够而比较肤浅,姚老师的这篇论文,使这一情况得到了改变,是对唐诗研究的一大贡献。与此相关,姚老师还把对唐代诗人綦毋潜的一些想法告诉了研究唐诗的研究生傅如一(第一届),他受到启发,回去顺藤摸瓜,查证资料,撰写成一篇考证论文《綦毋潜生平事迹考辨》,通过时任编辑的舒芜先生,发表于1984年第4期《中国社会科学》。

《王之涣的〈凉州词〉考辨》一篇,则着眼于一首著名唐人绝句文本的考辨。"黄河远上白云间,一片孤城万刃山。羌笛何须怨杨柳,春风不度玉门关。"这首几乎家喻户晓的王之涣的《凉州词》却被姚老师发现了问题:"黄河"和"玉门关"其实搭不上边,"即使指银川或兰州的黄河,相去也都差不多有两千里之遥,怎能拉在一起呢?"姚老师经过广泛考察历代流传文本,发现这首诗的流传中,其实存在两个系统的文本,经过考据辨别,确定宋朝纪有功编的《唐诗纪事》中的记载比较靠谱,明朝胡震亨《唐音癸签》就说《唐诗纪事》"收采之博,考据之详"值得称道。根据这个系统,那首脍炙人口的绝句应该是:"黄沙直上白云间,一片孤城万刃山。羌笛何须怨杨柳,春光不过玉门关。"几个关键字的差别,使这首诗解释起来怡然理顺。文章后半部分还对这首绝句的思想意境做了深刻的阐发:"诗人在这里不是一般的简单地反对战争,而更主要的是把目光注射到玉门关隔断的一批批以数十万计的人!玉门关外茫茫的沙漠,寸草不生,一年到头,见不到春光,是大自然赋予的严酷的事实。但在唐统治者为了满足自己的侈心——统治欲,而把被大食、土蕃侵凌压迫下要求归属的中亚各国编入版图后,被派出的广大将士,在艰苦的环境中,不惜流血牺牲,

1982年姚先生参加梆子声腔剧种学术会

维护着民族安定,保卫着东西交通,促进着文化交流,抑制着残暴势力,对历史做出了贡献,却被统治者所遗忘!这些'铁衣远戍'的人们,真和长期置身于沙漠一样,看不到一点春色,得不到春天的温暖!诗人'春光不度玉门关'的结句,正是用双关的手法,寄寓了无比深沉的感慨!这才是这首抒情诗的主旨所在。"

这真是由于考证的突破,而带来义理的更新了,符合姚老师的治学理念,文献考证是为思想义理服务的。

《董解元和〈西厢记诸宫调〉考索》不属于唐代文学范围,但在考辨方面很见功力,一并介绍。这篇不短的文章不仅是深入文献资料,而且结合出土的戏曲文物,考出一直不知名字的董解元名朗,是山西绛州曲沃人。并对《西厢记诸宫调》到王实甫的《西厢记》杂剧的演变从宫调表演等方面做了钩沉索隐。这是一项对金元戏曲文学很有价值的研究。

有关杜甫和白居易的几篇论文,有考证也有理论分析。如《杜甫的服色》一篇,考出为纪念杜甫而画的作者像应该让杜甫穿红袍子。"为何官阶只有从六品,却可以穿五品以上的服色呢?原来唐代的官阶服色虽有一定,但实际上却有不少例外,那就是所谓'赐'。《旧唐书·舆服志》:'开元九年，张嘉贞为中书令，奏：诸致仕终身佩鱼以为荣宠；以理去任，亦听佩鱼袋。自后恩制赐赏绯、紫，例兼鱼袋之章服。因之佩鱼袋服朱紫者众矣。'这里既可以说明'赐赏绯、紫'这一事实已属常见，又可说明'赐绯、紫'即兼赐'鱼袋'，还可说明'致仕'、'以理去任'——不作官后仍可着原官服饰。"后面又引用史料证明"杜甫的红袍，当然也是'赐'"。

不过几篇论文更重要的主旨，是肯定杜甫和白居易关心社会和人民疾苦的"现实主义"精神。"杜甫尽管'不薄今人爱古人'，'转益多师是汝师'地学习前人，而创作则始终面向现实。""从唐代起，杜诗已被称为'诗史'。这个称号，很能说明杜诗的特点。不过我们今天对'诗史'的理解和过去不同。不是说杜诗如实地用韵语记录了历史事实，而是说它通过这一艺术形式，具体形象地反映了当时的历史现实，真实地再现了历史面貌，具有文学上的现实主义的诸特点。同时我们从杜甫反映现实的创作中，又可以充分看出他和人民的感情，这才是现实主义的核心。"（《杜甫的学习和创作》）"总的说来：五十岁以前，尤其是四十岁以前，他是积极的斗士；五十、尤其是五十三以后，他就成了消沉自晦的一流了。……白居易的伟大，还在于他对文学理论的贡献。杜甫可以称为伟大的现实主义诗人，但他没有提出明确的理论。……真能举起鲜明的旗帜，用透辟的言论，阐明现实主义的精神，就只有白居易了。"（《九世纪的伟大诗人白居易——为纪念白居易诞生 1175 周年而作》）

《"古文运动"与"唐宋八大家"》、《从唐诗到宋词的演化》、《绝句和诗歌遗产》、《由词之音律论苏东坡之知不知音》几篇，也无不贯穿着考证和义理相辅相成的治学宗旨，或考辨，或论述，篇篇材料扎实，观点鲜明。姚老师的学术论文，都体现着国学与文学互相渗透支援彼此发明发见的治学理念，关注现实人生，关心国家和人民命运的情怀，和十二首论诗绝句的精神内核一脉相通。当然在论文中，更多的是客观地考索、分析、论证，涉及时代、名物、思想和艺术等诸多方面。而在一些随笔、札记和作品点评中，则记录下许多思想的点滴闪光，虽是吉光片羽，却包蕴着丰富的可以深入扩衍的空间。如王维《九月九日忆山东兄弟》，一般都认为"山东"是指王维的故乡蒲州（今山西省永济县），姚老师则考证说，王维其实居住在嵩山之阳、颍水之北的东溪边上，即河南登封县东北。"忆山东兄弟"乃"在函谷关以东，称为山东，是非常自然而且符合秦汉以来把关东称为山东的习惯"。

又如王昌龄《芙蓉楼送辛渐》中的名句"寒雨连江夜入吴，平明送客楚山孤"，一般认为意思是"写寒雨之夜，诗人陪客人进入吴地，次日清晨客去以后，只见一片楚山孤影而已"（1978年中国社会科学院文学研究所编《唐诗选》）。而姚老师经过认真思索后，则认为："首句'寒雨连江夜入吴'的主语是'雨'而不是人。'连江'形容雨势，'入吴'是'雨'入吴，根本没有谈到人。怎能说是'诗人和友人'一起，还'同舟'呢？或者说'诗人陪客人进入吴地'呢？两说都犯了'增字解经'的毛病。何况王昌龄当时正担任着江宁丞，而送客的芙蓉楼在镇江城西北，镇江和江宁都在吴地，又怎能从吴地'入吴'呢？诗题清楚地指明送客地点是'芙蓉楼'，又怎能把地点移到船上，而且竟送了一夜呢？完全说不通。其实首句只是说：夜来寒雨（这时是秋天，次首诗可证）降落在吴地，弥漫江上。次句'平明送客楚山孤'，'平明'是'送客'的时间，主语当然是诗人，省略了。'送客'地点在芙蓉楼上，由于在楼上，因之，举目遥望，就只见雨霁后的楚山孤影，增人惆怅而已。'吴'、'楚'对言，自然吴指江南，而楚指江北。从镇江北望，仪征、天长间的山，是可以看到的。"抽丝剥茧，入情入理，澄清了对这首名作长期的普遍误解。

姚老师对唐代文学研究的另一大贡献，是一组对柳宗元的研究论文。《柳宗元的读书和交友》详细考察了柳宗元的情况，所谓"欲知其文，就应先知其人"。柳宗元的"读书"："柳宗元的青少年时代，书本知识已积累得相当厚实……于阅读中间，贯穿着批判精神。……而贬谪之后，生活环境、条件的变化，使他的思想深化了，使他的认识提高了；唯物的、无神论的、人本主义的进步思想成为主导，并逐渐建立了进步的思想体系。""柳宗元对待朋友，是既诚挚而又有原则。他对他所参加的政治集团的首领，不但在其初失势时，评价很高，就是到了远谪'赐死'以后，仍没有一句贬词。……柳宗元还有像韩愈一类人的朋友。他对这类朋友，虽也有一定情谊，在某些地方也相互推重；但不是同志。对原则性分歧，绝不

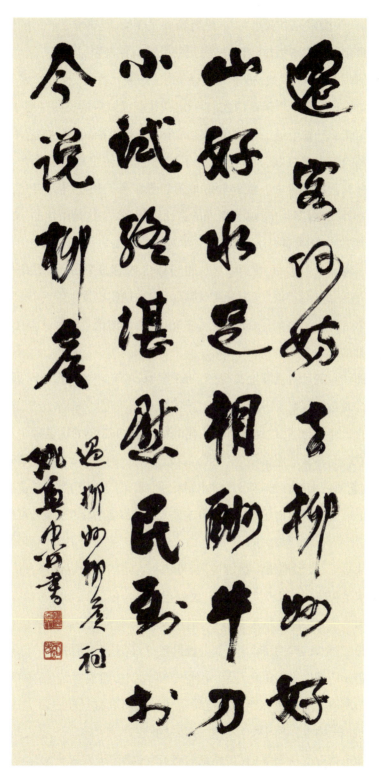

遥窗归妙之柳州好
山好水足相酬牛刀
小试终湛慰民苏
今说柳侯

过柳州柳侯祠

姚真中安书

姚先生行书《过柳州柳侯祠》

调和。……柳宗元对青年朋友,是既谦虚又热情、既热情又严厉的。"这些结论都有具体的事例作佐证,柳宗元的风貌精神得以尽显。

《柳宗元的辞赋》《柳宗元的诗歌》《柳宗元的文论》对柳宗元多方面的文学成就做了严谨而深入的分析。"在两汉以后的长期过程中,辞赋久已变成了一种千篇一律的公式化的东西,很难谈到真正的艺术性;而柳宗元的二十多篇赋,却基本改变了这种情况,使它具有了优秀文学作品应有的艺术感染力,能够较好地为思想服务,使它得到较完美的表现。""柳诗一百多首中,思想性强的占比重相当大。这是由他的'文之用,辞令褒贬,导扬讽喻而已'的进步文学观所决定的。""柳宗元文论中'道'是第一位,'文'或'辞'是第二位;也可以说内容是第一位,形式是第二位。……韩愈用古'道'衡量现实,柳宗元则从现实出发来阐明'道'。故韩愈的论点用在文学上,倾向于复古主义;柳宗元的论点用在文学上,则倾向于现实主义。"

研究柳宗元的几篇论文写于 1963 至 1964 年。柳宗元是个政治上遭遇挫折而被"流放"到永州的文人,他的《永州八记》借山水寓情,抒发被贬谪的压抑和苦恼,达到了出神入化的境界。1963 年的姚老师也许对柳宗元遭贬而不肯屈服的情态特别心有戚戚焉。到了 1981 年改革开放不久,姚老师去永州参加柳宗元学术讨论会,赋有《永州五首》,其首尾二首分别是:"去国投荒柳子悲,文章千古是人知。漫传竹上斑斑泪,细雨迷蒙失九嶷。""子厚行踪次第寻,零陵山水得知音。探幽访胜浑闲事,忧世难忘一片心。"又到柳州参观柳侯祠,再赋一首绝句:"迁客何妨去柳州,好山好水足相酬。牛刀小试终堪慰,民到于今说柳侯。"姚老师对柳宗元"心有灵犀一点通"的情怀跃然纸上,后来又写了一首《题柳集》:"惶惶晋问故园心,游记寓言情意深。卓荦史观封建论,诗文千载有知音。"(《晋问》为柳宗元一篇文章,20 世纪 80 年代,胡耀邦到山西视察,讲话中提到《晋问》,山西有关部门立刻组织姚老师等人连夜将其翻译成白话文,登载于《太原日报》和《山西日报》,当时两家报纸还为谁家抢了先登载而纠纷。又毛泽东曾咏叹柳宗元的《封建论》,有诗句"熟读唐人封建论"。)

姚老师曾亲书十二首论诗绝句组诗,人书俱老,书诗皆豪。(姚老师曾不止一次书写这组绝句,本书所附书法作品是更晚所书。)就论诗绝句本身而言,也足以和杜甫的《戏为六绝句》、元好问的《论诗三十首》并传了。而无论学术、诗词、书法,或者篆刻、绘画,尽管都达到了很高的境界,姚老师却常说是平生余事,也就是真正的抱负并不在此,而是秉承发扬老师章太炎学术的精髓,为民族的复兴而弘扬中华传统文化。

笔削空文句尽规：
姚老师的古代文论

　　姚老师曾说，要举一篇能代表自己学术的文章，那就是《政教中心和现实主义——对汉代诗论的一些探讨》。这篇论文写于1980年10月，发表后曾引起学术界同仁强烈反响。文章共分六大部分，对中国文艺理论中一个最重要的传统做了梳理归纳。第一部分开宗明义："中国古代诗歌理论中，有导源于汉代的几个论点，影响着两千多年的诗歌评论，也指导着两千多年的诗歌创作，这就是所谓'风雅'，'比兴'，'美刺'，'讽喻'。"然后对这几个定义纷纭的概念做了简明扼要的表述："'风雅'是创作的准则，'比兴'是创作的方法，'美刺'是写作的态度，'讽喻'是作品的目的。而这几个论点，又围绕着一个中心——政教，即政治和教育。换句话说，就是诗歌要为政治服务。以政教为中心的原则，假如说还不能概括两千多年诗歌的全部传统的话，那至少代表着总传统中的一个主要传统。"

　　第二部分即追溯根源："以政教为中心的诗论的形成，既源于《诗经》一书的经典化，同时也是以儒家的政治哲学成为统治思想为基础的。"对《诗经》如何被"经典化"和儒家政治哲学如何成了统治思想基础的演变过程做了清晰的论述。

　　第三部分则对汉儒就《诗经》一书所提出的"风雅"、"比兴"、"美刺"、"讽喻"的内涵作了具体的引述分析，然后得出结论："综上所述，可知：汉人诗论，都是就《诗经》一书立论，而实质上则是在作为统治思想的新儒家思想支配下，适应当时政治教育要求而建立的诗歌理论。无以名之，姑

姚先生在学术会议上发言

名之为政教中心。"

第四部分针对《毛诗序》中"在心为志，发言为诗。情动于中，而形于言。……先王以是经夫妇，成孝敬，厚人伦，美教化，移风俗"这一段经典言说，做了客观的分析，指出："汉儒在封建统治思想支配下，戴着有色眼镜来看《诗经》，就不能不有所蔽，因而在《诗经》中具体诗篇的解说上，就出现了大量的牵强附会；但另一面，他们既熟读'三百篇'，终身寝馈于其中，那也就不能不有所见；因而，在对不合自己尺度的诗予以曲解的同时，对合于自己尺度的诗，也会正确地撮其要而会其意。……他们借《诗经》而建立的一些新的诗歌论点，却很有可取之处。"

第五部分将汉儒阐解《诗经》的政教，与"现实主义"联系起来。首先说明"现实主义"的内涵特征："现实的反映，不能成为现实主义；只有自觉、积极地反映现实，才是现实主义的开始。"而"政治在社会中无所不在，是最大的现实，也可以说，政治是现实中的最主要方面，而为政治(包括教育)服务的诗歌，是关心现实，干预现实，积极地反映现实的重要表现。"这样，"从《诗经》、'汉乐府'，以至陈子昂、杜甫、白居易的诗集中，存在着大量的可以称为现实主义的作品……理论是从实践中总结出来的，西方现实主义的理论不也是到了十九世纪才完善起来的吗？"所以，汉以后政教中心思想影响下的作家们,他们高举的理论旗帜,总不出"风雅"、"比兴"、"美刺"、"讽谕"的范围,"把这些论点作为现实主义的先行、或现实主义的基本因素,是可以的"。

第六部分,对政教中心的中国传统之正负面效应,其积极和消极方面分别做了分析和总结。"政教中心的诗论,只代表中国诗歌史上的传统之一,尽管它是主要的。政教中心论本身,还存在着一个缺陷:因为它可以为革命的、进步的政治服务,也可以为反动的、落后的政治服务。就反映现实来说,为了政治目的,可以正确地、真实地反映现实,也可以虚伪地、欺骗地歪曲现实。"并联系刚过去不久的"文革"中极左文艺思想现象说:"我们不是亲眼看见几个把'政治第一'、'政治挂帅'口号喊得山响的野心家,拿文艺当作罪恶活动的武器,对人民进行了空前的迫害吗?"在文章的结尾,又提到了与政教中心并行的几个重要传统理论:言志抒情说,尚辞好丽说,以及从言志抒情说衍申出来的发愤著书说。

这篇论文具有重要的历史意义和理论意义。一个重要的思想背景是,突出"政教"的文艺思想的确对中国文学和艺术的发展产生了极大的影响,塑造了中国文学艺术的基本特征。无论诗歌还是散文或者戏曲和小说,都无不在其笼罩之下,诸如小说戏曲人物的"脸谱化","大团圆"和"光明尾巴"等,都是这种文艺思想的产物。而受苏联影响的中国革命文艺,也在思想本质上与这个思想传统息息相通,从苏联的"拉普",到毛泽东的《在延安文艺座谈会上的讲话》,皆把"政治标准第一"放在了至高无上的地位,而产生了许多问题。其实,20 世纪 80 年代兴起的中国文化大讨论,渗透到哲学、美学和文艺等许多领域,都在反思这个问题,所谓中国传统文化是"伦理本位文化"的说法就是一种理论概括。我在 20 世纪 80 年代初写的《美学史上的一幕悲剧——〈红楼梦〉与中国传统美学》、《〈红楼梦〉的两种悲剧观》等论文也从《红楼梦》研究的角度涉及探讨了这个问题。姚老师的这篇论文无疑也是这种时代反思大思潮中的一朵灿烂浪花。

不过,姚老师的基本情怀,是对"政教中心"和"现实主义"情有独钟的,这在他的全部学术研究乃至人生信念和实践中都表现得很突出。姚老师不喜欢《红楼梦》，对《水浒传》前面的"英雄传奇"热衷投入，对后面的悲剧结局则不以为然，主张电视剧改编应该只到梁山泊英雄排座次为止。在《柳宗元的文论》以及《"古文运动"与"唐宋八大家"》、《九世纪的伟大诗人白居易》、《〈长恨歌〉的主题》等论文中，乃至十二首论诗绝句中，都自觉不自觉地流露了出来。其实，"政教中心论本身，还存在着一个缺陷：因为它可以为革命的、进步的政治服务，也可以为反动的、落后的政治服务。就反映现实来说，为了政治目的，可以正确地、真实地反映现实，也可以虚伪地、欺骗地歪曲现实。"这一悖论，有更深刻的理论拓展空间。

姚先生为本书作者书条幅

无事矜奇自出奇：
姚老师的书法、绘画及篆刻

翰墨师之渊源

　　姚老师的书法是"童子功"。从私塾、小学起始，就在伯父督导下，日课大小楷，下了十年基本功。中学时期开始临法帖，初从元代书法家虞集、赵孟頫入手，后改学颜真卿，兼学魏碑、隶书，并从《说文解字》学篆书，从宋薛尚功《薛氏钟鼎款识》（又名《历代钟鼎彝器款识法帖》，为金石考证汇编，铜器铭文书。临摹古器物之铭辞，收录商周至秦汉铜器铭文四百八十九件、石或玉质器物铭十五件，皆加笺释）摹钟鼎文。考入山西运城菁华中学后，听老师李荐公讲碑帖异同，讲如何用中锋、藏锋，如何入

2009 年 12 月 27 日，姚奠中先生荣获中国书法兰亭奖终身成就奖

笔、行笔、转笔、落笔，如何"一画三换笔"等等，他还邮购了不少何绍基、吴昌硕、赵之谦等名人的各体书法楹联，以及艺术鉴赏社珂罗版影印的名家书画集和碑帖，使学生大开眼界。姚老师特别投入，除了写字，还学绘画、刻印。后来到太原上学，就专攻《石门铭》和《郑文公碑》，并从当时著名学者和书家常赞春教授研习小篆。20 世纪 30 年代初期在太原首次见到傅山傅青主的书法，更为其气概所倾倒。

再往后进入章门，不仅在学术上日进，而且在书法上也眼界更宽而提高了境界。章先生指示门径说：学隶先写《石门颂》放开手脚，再收回来写方正的《张迁碑》，并参以典雅的《曹全碑》。学魏碑要先写《石门铭》，再写圆浑的《郑文公碑》，进一步写方峻的《张猛龙碑》，要能放得开，也要能收得住。学篆书忌圆熟，要先写汉碑头之纵，参以《天发神谶碑》之方，《三体石经》之匀称而出秀。行书则要在楷书的颜体基础上熔篆、隶、魏碑于一炉，吸取其笔意。大师指点，灵窍大开，姚老师书艺自然更上层楼。

姚老师并不特别着意要做书法家，但多年操觚习练，遍临名帖，博采众长，特别是有深厚的学术文化为底气背景，自然而然地成了书法大家。与一般的书家专擅一体不同，姚老师行、楷、隶、篆、草皆能，俱臻高境，形成了自己独特的风格：楷书通透自然，篆书淳朴古茂，隶书质厚端庄，草书奇肆豪宕，而以行书为最，其以颜为体，魏碑为骨，取帖之长，融隶篆笔

2006年,姚先生在中国美术馆举办第二次个人书艺展

意,遒劲奇崛。书法界同行评价说,姚老师的书法是典型的文人字,守正而创新,学者书法与艺术家书法合而为一,体现的美学风貌为正大气象,端庄浑雅,威仪慑人,有庙堂之气。

到了20世纪80年代后,改革开放的形势带来了各方面的机会增多,姚老师的书法作品得以多次参加全省、联省、全国、国际、国外的大型展览,被收入《中国古今书法选》、《中国现代书法选》、《国际书法作品精选》、《中国当代书法大观》、《中国新文艺大系·书法集》、《当代书法名家作品选》、《当代中国书法作品集》以及日本印的三种书法集和多种选集。一些作品并先后被人民大会堂、全国政协、中国美术馆等收藏。2007年2月17日,"姚奠中书艺展"应邀在美国硅谷亚洲艺术中心隆重开幕,中国驻美文化参赞和旧金山市长出席开幕式。2009年12月,更被中国文联、中国书法家协会授予中国书法界的最高专业奖项——兰亭终身成就奖。

姚老师的书法不是追求单纯的书法技艺,而是国学、文学、艺术和人格境界的整体体现。笔者于书法外行,转录一些书法界文化界名流硕学的评价:

姚先生的书法字字纯朴,兼容碑帖。——董寿平

姚先生的书法是对整个传统文化的继承。——金开诚

诗风追八代,笔阵扫千军。——霍松林

学者诗人翰墨师,丹青余事一兼之。——周汝昌

姚先生的字老辣厚重,由于学养的支撑,故而内涵深厚。——张荣庆

姚先生的作品比较彻底地将中国文化展现出来,体现了中国传统文化"天人合一"、"物我合一"的辩证关系。——王元军

像启功先生、姚奠中先生这样的大师,乃是中国当代书法艺术的支撑点。——倪文东

笔下带有浓重的北碑气质,笔墨飞腾而端庄凝重,大气磅礴。——林鹏

行书结构紧密,布局疏朗,意度沉雄,端严中笔势飞动,浑朴中透出一股秀逸之气,显得厚重丰腴,盘礴遒劲,雍容大方,蕴藉含蓄。——田树苌

有一派刚直浑厚之气扑来。在他的书法中没有丝毫俗媚矫揉之态,也没有恣肆轻佻之迹。——张颔

从楷书化出,注入隶、篆、金石,间以草体,成其独特的行草。来自古人,不拘泥于古人;借鉴今人,而不随时俯仰。金文古篆,更是俯仰、方圆使转,无论形体、布局、行笔、用锋以至肥瘦、疾徐,无不尽善。——徐文达

观姚奠中先生《樗庐闲墨》册页,四体皆备。开篇的楷书,写得通透自然,神形兼备;中间的各幅篆书,运用秦汉以来篆隶的淳朴古茂,书写独有的内在感悟,释放于笔法奇肆豪宕中;隶书朴质丰茂,清新自然,通透洒脱;草书笔力雄健,心灵之笔出于人生领悟之后的真情怀,书法线条的舒和与人生帐触天边暗合。这种在册页尺牍中透出的清逸,获得了开悟之后的笔墨解放。其草书用笔老辣,在表面轻松自得中蕴含着笔力的遒劲,在天真烂漫的章法中透出其不争不怨、知足常乐的意绪。——王岳川

2006年，沈鹏先生携夫人到书展驻地看望姚先生

而周汝昌先生则于2005年为《姚奠中书艺》（荣宝斋出版社2006年7月出版）写了一篇文采飞扬而又切中肯綮的序文：

中华古圣贤，其实都是大艺术家。古画表现羲娲，手各执规与矩，可见他（她）是伟大建筑制作大师也。周公多材多艺，列为上圣。观乎孔门弟子三千，而唯身通六艺者七十二人，号称贤人。是则艺者，自古与学、与道并列齐重，而艺、学、道三者似分而实通也。孔门六艺，重在一个通字，何也？学人于此，可不悟乎？于此而能悟，则与中华学术文化之精义思过半矣。

我们素来最重者曰通儒、曰通材。通材者，能精于义理、考据、词章，不如此，仅为偏材而难成大器。例如司马光著书，题曰《资治通鉴》；章学诚著书，必题以《文史通义》；又有《史通》、《风俗通》、《六书通》……举之难罄。艺曰精通，文尚清通……中华文学之重通，其例不可殚举。是以姚奠中先生身为鸿儒，而通于艺者亦造上乘，不问可知。是此所收，足见彩豹之一斑，丹凤之片羽，非等闲可望其项背。

1987 年，姚先生访周汝昌先生

　　于此，我欲再赘一言：中华的文化艺术，总括而言之，贵在于通；分而察之，则学贵在识，艺贵在通，道贵在悟：三者备，是为中华人所独标之"灵性"，其品位凌驾于智与慧之上，而不可以言词形迹表现（如定义，如界说等等）。然太史公所云通古今之变，究天人之际者，盖所究即天人之间感而遂通之理也。两句难分，所重仍在一个通字。唐人孙过庭论书"俯贯八分，旁通二篆"，贯亦通，所微异者只在贯通者为纵向，旁通者为横向。所谓触类旁通，涵义至周矣。

　　姚先生于学具识，于道能悟，于艺亦精亦通。凡我当今与将来的莘莘学子，都可以从他的艺术表现中领会造诣高深的前辈而生敬心，又由敬心而思希风跻古之信念，则薪火递传，光焰永永……

　　荣宝斋出版社出版的《姚奠中书艺》只是姚老师多年法书中很少一部分，当然也还是有相当代表性。而山西古籍出版社所出之《姚奠中书艺》共六册，第一册《南国吟稿》，是姚先生早期诗作的手稿，行楷小字；第二册书章太炎和鲁迅诗，行书；第三册书毛泽东诗词，篆书；第四册《樗庐画稿》，是画作，有花鸟，有竹，有鸡，有山水，率皆写意；第五册《临毛公鼎·樗庐治印》；第六册《论书绝句·论诗绝句》，行草。

论书绝句

一

殷甲周金汉魏碑，钟王以下亦争奇。
工夫端在临池墨，骨力风神各异姿。

二

南帖北碑圆异方，体兼南北出龙藏。
书家欲识河源路，发棹溯流自李唐。

三

笔法二王多要妙，薪传乃自卫夫人。
英才古已称三晋，今日推陈更出新。

四

右军高艺谁能伪？书到兰亭妙绝伦。
堪笑二三疑古癖，成心饰智费精神。

五

入木三分惊骨力，龙跳虎卧见精神。
右军高躅谁能继，尚喜欧虞接后尘。

六

太原公子兼文武，书到贞观接二王。
独喜清臣多骨鲠，柳家瘦劲亦流芳。

国学·诗韵·书情
——姚奠中学术评传

七

苏黄米蔡互低昂，行草酣恣各自雄。
妩媚圆熟赵孟頫，相沿成派女儿风。

八

弱龄即爱米家山，点染烟云溪谷间。
行草风姿谁与比，无双绝艺照人寰。

九

蚕尾蚕头别样工，承先启后各开宗。
柳家新样元和脚，奇巧元从矩矱中。

十

巧媚排除始得真，苍松古柏肖为人。
旁参篆隶知奇变，不与宋元作后尘。

十一

手挽狂澜非复古，山人笔下见新姿。
名公矫枉赓双辑，博雅方能树异旗。

十二

重帖轻碑骨力微，扬碑抑帖亦奚为！
兼收博取形神具，无事矜奇自出奇。

十三

篆隶独擅邓石如，微嫌文字欠工夫。
单从古篆评翰墨，愿向江东看二吴。

十四

吴中才子比风流,近较宋元尚不侔。

魏晋遗踪难梦见,绮罗粉黛喜相求。

十五

丰筋多力卫门风,笔走龙蛇气自雄。

的是承传有典则,耄年更见染翰功。

　　姚老师这十五首论书绝句并非作于一时,最早的作于1962年,也有20世纪90年代的作品,有的是为某书法展览而题,有的是参观古人的书法展览而写,等等,而于2003年秋用毛笔书成行草,共十六首。其中第一首是鼓励后学的,这里未录。

　　《论书绝句》第一、二、三首都作于1962年,一、三首是为山西省首届书法展览而题。第二首乃"为张谦题《龙藏寺碑》"。这三首诗实际上是书法的追源溯流。从殷商的甲骨文,到商周的青铜器铭文,是中国书法的滥觞。后来秦始皇"书同文",结束了春秋战国的书写纷乱局面,秦篆汉隶次第登场。然而,书写逐渐从一种工具性的记录向艺术宫殿升堂入室,追求美愈益超过实用而讲究书之"法",那已经是魏晋时期了。而代表性人物就是魏之钟繇和晋的王羲之,钟繇字元常,颖川长社(今河南长葛东)人,三国时期曹魏著名书法家,也就是《三国演义》中钟会的父亲,据说是他发明了小楷。《红楼梦》里为了搪塞贾政检查贾宝玉的习字作业,众姐妹都替他当枪手,林黛玉让紫鹃"送了一卷东西与宝玉,拆开看时,却是一色老油竹纸上临的钟、王小楷"。这里所说的"钟、王"就是钟繇和王羲之。王羲之是妇孺皆知的中国"书圣",他所书写的《兰亭序》号称中国第一行书。更有《王羲之临钟繇千字文》一帖,由来已久,流传有绪,虽然真假难辨众说纷纭,价值连城是不用说的。"钟王以下亦争奇"——越往后书法就越发展得仪态万方了,后代书家各显风流,当然靠的是多临多写多练,"工夫端在临池墨",然后才卓然成家而"骨力风神各异姿"。

殷甲周金汉魏碑碣王明
下亦争奇工夫端正临池
墨骨刀风神乎异姿

论书绝句
九二老缶

南帖北碑圆异方飞黄南
北出龙藏书家敬诔
题篆禅渊乎自李唐

论书绝句之五缶翁

姚先生书《论书绝句》

王羲之是晋人,而东晋偏安于长江以南,以王家父子为代表的"帖学",和北方的"碑学"逐渐各自分流,成了书法界不同的宗尚和流派。清代阮元著有《南北书派论》和《北碑南帖论》,其要点是:书法"由隶书变为正书、行草,其转移皆在汉末、魏晋之间",自此以后,分为南北两派:东晋、宋、齐、梁、陈为南派;赵、燕、魏、齐、周、隋为北派。"南派乃江左风流,疏放妍妙,长于启牍,减笔至不可失。""北派则是中原古法,拘谨拙陋,长于碑版。"

碑的名称始见于东周,刻文纪事之碑则最早见于西汉末期,到东汉桓帝、灵帝时,建墓树碑蔚然成风。中国石刻发展史一般分三大阶段,即汉碑、魏碑、唐碑。汉碑多波磔奇古,魏碑多瑰丽雄奇,唐碑则秀丽高雅,隋碑正是由魏碑体到唐碑体发展的过渡时期。

再从书写的材质而言,南帖写字讲究清圆流转,这是在绢和纸上书写的特点;而碑上的字是先写了后再用刀具刻到石头上去,比较刚方有棱角,二者的"书法"当然有差异,这就是"南帖北碑圆异方"。但何谓"体兼南北出龙藏"?龙藏寺碑藏河北正定隆兴寺大悲阁东侧,乃隋开皇六年(586)所刻,隋恒州刺史鄂国公王孝仙奉命创立,是为了劝奖州内士庶万余人修造龙藏寺。碑高3.15米,宽0.90米,厚0.29米。碑文楷书共1500余字。无撰书人姓名,欧阳修《集古录》认为书者即碑文的撰写者——碑末署名的张公礼,开府长史兼行参军。

龙藏寺碑向被称为隋碑第一,是由魏碑体向唐碑体转变的代表性佳作。它的字体结构朴拙,方正有致,虽为楷书,仍留隶意,给人以古拙幽深之感,实际上兼有南帖北碑的优点。此即"体兼南北出龙藏"。隋朝短命,很快就是大唐,而唐代的书法是又一个高峰。唐太宗本人就是一个大书法家,他以帝王之尊,独善王羲之而兼掩南北,对此后书法的演变有极大影响,故云"书家欲识河源路,发棹溯流自李唐"。

王羲之当然是帖学的代表书家,他的儿子王献之也翘然挺出,与乃父并称二王。第三首说"笔法二王多要妙,薪传乃自卫夫人",实际上是勾勒晋朝书法的演变。卫夫人,名铄,字茂猗,河东安邑(今山西夏县北)人,晋代著名书法家,卫氏家族世代工书,卫铄嫁与汝阴太守李矩为妻,李矩亦善隶书。据说卫夫人师承钟繇，而她本人又是王羲之的老师。卫夫人的法书被后世评为"如插花舞女，低昂美容"，她还著有书法理论著作《笔阵图》，首倡"多力丰筋"说："善笔力者多骨，不善笔力者多肉。多骨微肉者，谓之筋书，多肉微骨者，谓之墨猪。多力丰筋者圣，无力无筋者病。"卫夫人是山西人，这首诗乃为山西首届书法展览而题，故曰"英才古已称三晋，今日推陈更出新"。

第四首专就王羲之《兰亭序》的真伪发表议论。20 世纪 60 年代，郭沫若在《光明日报》撰文说《兰亭序》非王羲之所作，与高二适、商承祚等展开了一场激烈的学术讨论，往复辩难争鸣，是一场轰动一时的学术公案。周汝昌也写了《兰亭综考》（到 1981 年第 1 和第 2 期《江淮论坛》才发表），不同意郭沫若的说法。姚老师的这首诗当然也是不赞成郭沫若一派"伪作"论的："右军高艺谁能伪，书到兰亭妙绝伦。"（王羲之曾任右军将军，故世称王右军。）

第五首赞美王羲之用笔有力入木三分，行书美妙如虎卧龙跳。梁武帝曾称赞："王羲之书字势雄逸，如龙跳天门，虎卧凤阙。"（萧衍《书评》）唐太宗李世民更亲自为《晋书》

《论书绝句》

撰写《右军传赞》，认为只有王羲之"尽善尽美"，其余"区区之类何足数哉"。王羲之的"书圣"地位是历代公认的。书法史家总结王羲之的行书用笔有六大特点：一曰变方为圆，二曰变长为短，三曰变直为曲，四曰变顺为逆，五曰变断为连，六曰变同为异。王体行书章法也有六大特点：一曰自然天成，二曰首领尾应，三曰和中有违，四曰虚实相生，五曰气势连贯，六曰情字交融。"右军高躅谁能继"？"尚喜欧虞接后尘"——唐朝的欧阳询和虞世南就是接力者。欧阳询学二王及北齐三公刘珉，书法以险劲瘦硬为特色，和虞世南并称欧虞。而阮元《南北书派论》说："至唐初太宗独善王羲之书，虞世南最为亲近，始令王氏一家兼掩南北矣。"虞世南师承笔法于智永，而智永是王羲之七代孙，自然也深得王氏真传了。

第六首的"太原公子"即指李世民，他当然可称"兼文武"。贞观是唐太宗的年号，他深爱王羲之书法，甚至以《兰亭序》殉葬，自然也是一个杰出的王派书法大家。他继承了卫夫人和王羲之的理论，也强调书法的"筋骨"，说"行行若萦春蚓，字字如绾秋蛇"（南宋姜夔《续书谱》），今天太原晋祠还有他亲书的"唐碑"。后面两句即说中唐的大书家颜真卿和柳公权了。颜真卿字清臣，在平定藩镇叛乱中被杀害，他开创的楷书厚重雄强，气势开张，古法为之一变，形成了二王之外的新风尚，世称"颜体"。他是个为国牺牲的烈士，其《祭侄帖》《祭侄季明文稿》泣血泪而成，为"天下第二行书"，人品即书品，这当然更获得姚老师的喜爱，故曰"独喜清臣多骨鲠"。"骨鲠"既是指颜真卿的字，更是说他的人格。柳公权以书法之能在唐穆宗、敬宗、文宗三朝侍书禁中，穆宗问他怎样用笔好，他说："用笔在心，心正则笔正。"被后世传为"笔谏"佳话。柳公权学颜字，但能自创新意，避开了颜字肥壮的竖画，把横竖画写的大体均匀而瘦硬，世称"颜筋柳骨"，此所谓——"柳家瘦劲亦流芳"。

第七首就到宋和元朝了，北宋所谓苏黄米蔡四大家：苏轼、黄庭坚、米芾、蔡襄（或蔡京）。苏轼的《黄州寒食帖》号称天下第三行书。他视书法为求适意、寓意："自乐于一时，聊寓其心，忘忧晚岁。"又认为当变法出新意："颜公变法出新意，细筋入骨如秋鹰。"（《孙莘老求墨妙亭诗》）黄庭坚的书法跌宕变幻，草书比肩张旭、怀素。米芾是"草圣"，苏轼称美他的书

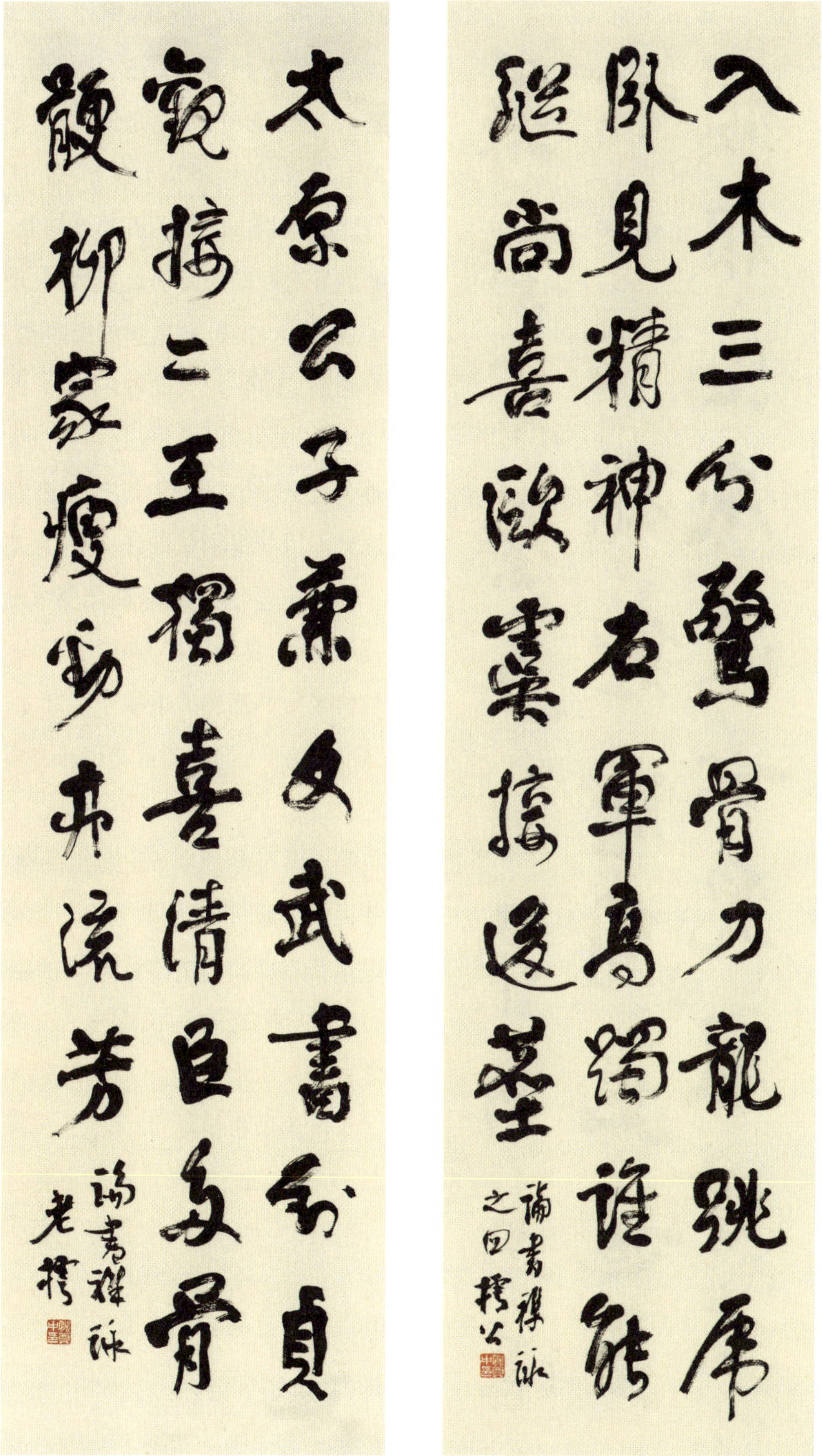

入木三分警骨刀龍跳虎
臥見精神右軍高閣誰能
繼尚喜歐褚擅遺塋

論書襍詠之四
樸公

太原公子蕭又武書勢
氣挾二王獨喜清貞自復骨
馥柳家瘦勁卉流芳

論書襍詠
老樸

《论书绝句》

苏黄米蔡互低昂，纵一代雄姿媚圆熟赵孟頫相沿成派文儿风

谭君雅诗
老樗

《论书绝句》

法："风樯阵马，沈(沉)著痛快，当与钟、王并行，非但不愧而已。"蔡京因是奸佞，书法再好，也不足论，故为蔡襄所取代，他的年辈其实在苏、黄、米之前，是宋朝书法新潮流的开拓者。蔡襄倡导"神气"说，同时也以书艺予以实践，后人评其书"笔势如绵裹铁，如锥画沙，圭角外呈，锋芒内敛"。此即"苏黄米蔡互低昂"也。赵孟頫以宋王孙而仕元，内心矛盾痛苦，自然在书法上不可能是刚猛雄壮一流，而追求"清新俊逸"。他博采前辈书家笔意，形成了自己的风格，婉媚而秀润。这与姚老师的理想追求相差甚远，故曰"妩媚圆熟"，学赵者自然也只能成为"女儿风"。

第八首是参观米芾纪念馆所题。米芾祖籍太原，也算山西老乡。他善于以水墨点染山川枯树竹石，云烟连绵，林木掩映，疏秀脱俗。其子友仁承家学，并在山水技法上有所发展，米家父子所画山水被称为"米家山"。米芾的书法篆、隶、楷、行、草等书体皆擅，笔致浑厚爽劲，自谓"刷字"。姚老师说他二十岁左右(弱冠)就很喜欢米芾的书法和绘画，有一次游览杭州遇雨，从虎跑下山，见云雾中山水树木酷似米家笔墨，顿悟米氏师法造化之秘，后来自己画山水，也多烟云缥

缈，迷离瀚郁，重在表现笔墨的层次和韵味。

这首诗"烟云溪谷"指画，"行草风姿"指书字。米芾并著有《书史》、《画史》、《海岳名言》等著作，他自己说写字画画全凭贮满天趣的心灵："心既贮之，随意落笔，皆得自然，备极古雅。"（《海岳名言》）堪当"无双绝艺照人寰"的赞誉。

第九首作于 1996 年 10 月，题为《论书》。"蚕尾蚕头"从"蚕头凤尾"和"银钩蚕尾"拆合而来。书法点画撇捺的起笔多圆浑，故曰"蚕头"，收笔重按挑起，比为"凤尾"。同时草书的笔法，有所谓"银钩蚕尾"，即出笔或连笔遒劲如"银钩"，收笔纵横狂肆如蚕尾——蚕指蝎子一类有毒的虫，一般多足。"蚕头凤尾"带有隶书遗痕，"银钩蚕尾"则具草书特征，"蚕尾蚕头别样工，承先启后各开宗"，是说各种书法体式都有人承传开拓创新。同时，柳公权的书法也曾被刘禹锡评为"蚕头燕尾"。

"柳家新样元和脚"是一句旧诗，唐刘禹锡《酬柳柳州家鸡之赠》中有句"柳家新样元和脚"，柳柳州即柳宗元，他在柳州为官，被如此称呼。元和是唐宪宗的年号。后来这句诗被借用来比喻柳公权的书法，进一步衍化为新鞋样和旧脚是否搭配适应即旧瓶新酒一类意思，且多用于柳姓人身上。如苏轼《柳氏二外甥求笔迹》中有"君家自有元和脚，莫厌家鸡更向人"，陈寅恪有"正始遗音真绝响，元和新脚未成军"的诗句。姚老师这里的意思是各种创新都不能违背书法的基本规律，不能为求"奇巧"而乱来。柳公权的书法就是一个既有创造又不乱来的佳例。当代为"求新"而搞"鬼画符"的各种"书法"很多，姚老师是不赞成的。故曰"柳家新样元和脚，奇巧元从矩蒦中"。"矩蒦"即各种规矩、法度。

第十首的咏叹对象是傅山。傅山字青主，山西阳曲人，明亡后坚决不肯仕清，是极有民族气节的志士。他博通经、史、诸子和佛道之学，既懂医学，又擅书画，笔墨雄奇逸宕。这样的人格风骨，在书法上也特立独行："宁拙毋巧，宁丑毋媚，宁支离毋轻滑，宁直率毋安排，足以回临池既倒之狂澜矣。"（《作字示儿孙》自注）这样的审美追求，直接针对宋元以来日渐柔弱的书风，特别是赵孟頫"妩媚圆熟"的影响。姚老师非常赞赏故里先贤傅山，称赞他的字和人互相映照，是"苍松古柏"一流的落落高致，说他能把篆、隶等写法都融合到行草的书写中，正如傅山晚年丧子的《哭子诗》中称赞其子傅眉学书："小篆初茂美，嫌其太圆熟，石鼓及峄山，领略丑中妍。"

第十一和十二首乃于 2003 年所写。"手挽狂澜非复古，山人笔下见新姿"。这还是歌咏傅青主的力挽颓风。傅山不满到处风靡的董其昌书法风格，在《家训》中訾议其"好好笔法，近被一家弄坏"，批评董书仅得清媚而无颜、柳那样的刚劲之气，廊庙之风。"赓双楫"指清末康有为著《广艺舟双楫》（又名《书镜》），这本书法论著是接续包世臣撰《艺舟双楫》的（"广"就是扩大的意思）。康有为这本书是当时最全面最系统的一部书学著作，体例严整，论述广泛，从文字之始，书体之肇开始，详述历朝迁变，品评各代名迹，其间又夹杂考证指法，腕法，可谓一部杰出的书法史。此书中明确提出"变"的思想，强调以"变"来求得事物的进步。说："变者，天也。""书法与治法，势变略同。周以前为一体势，汉为一体势，魏晋至今为一体势，皆千数百年一变；后之必有变也，可以前验之也。"能达到这样的高水准，当然和康有为一身而兼经学家、改革家、学者等深厚的学养分不开。此即"名公矫枉赓双楫，博雅方能树异旗"之所咏。

著录《艺舟双楫》的包世臣是嘉庆道光年间人，乃扬碑抑帖的著名书家，康有为更格外"尊碑"，《广艺舟双楫》是碑学理论的集大成之作，全书广征博引，并吸取了清代金石考据学的最新成果，北碑凡稍有一点名气的都搜罗无遗，予以详细评论。康有为在京师时，几乎把当时所有碑刻拓本和藏家名迹都全部过目，从北碑研究的广泛性和全面性来说，前所未有。但过犹不及，难免有偏颇之处，有时对碑书评价偏高，如列举了北碑五大优点，认为唐宋两代无此境界，尤其是极力抑唐。姚老师取辩证的立场，说"重帖轻碑骨力微"，但"扬碑抑帖"也不好，只有"兼收博取"才能形神俱佳，不要特意矜奇，才能达到真正的创新。

第十三和十四首乃 2003 年 10 月《论书绝句续》，与前面两首相承接，都是评论明清两代的书法演变。生于乾隆嘉庆年间的邓石如出身寒门，学习书法下过苦功，早年即好刻石，"仿汉人印篆甚工"。他曾寄居江宁（南京）梅家，梅家收藏秦汉以来金石佳拓极富，邓石如得以广泛观摩

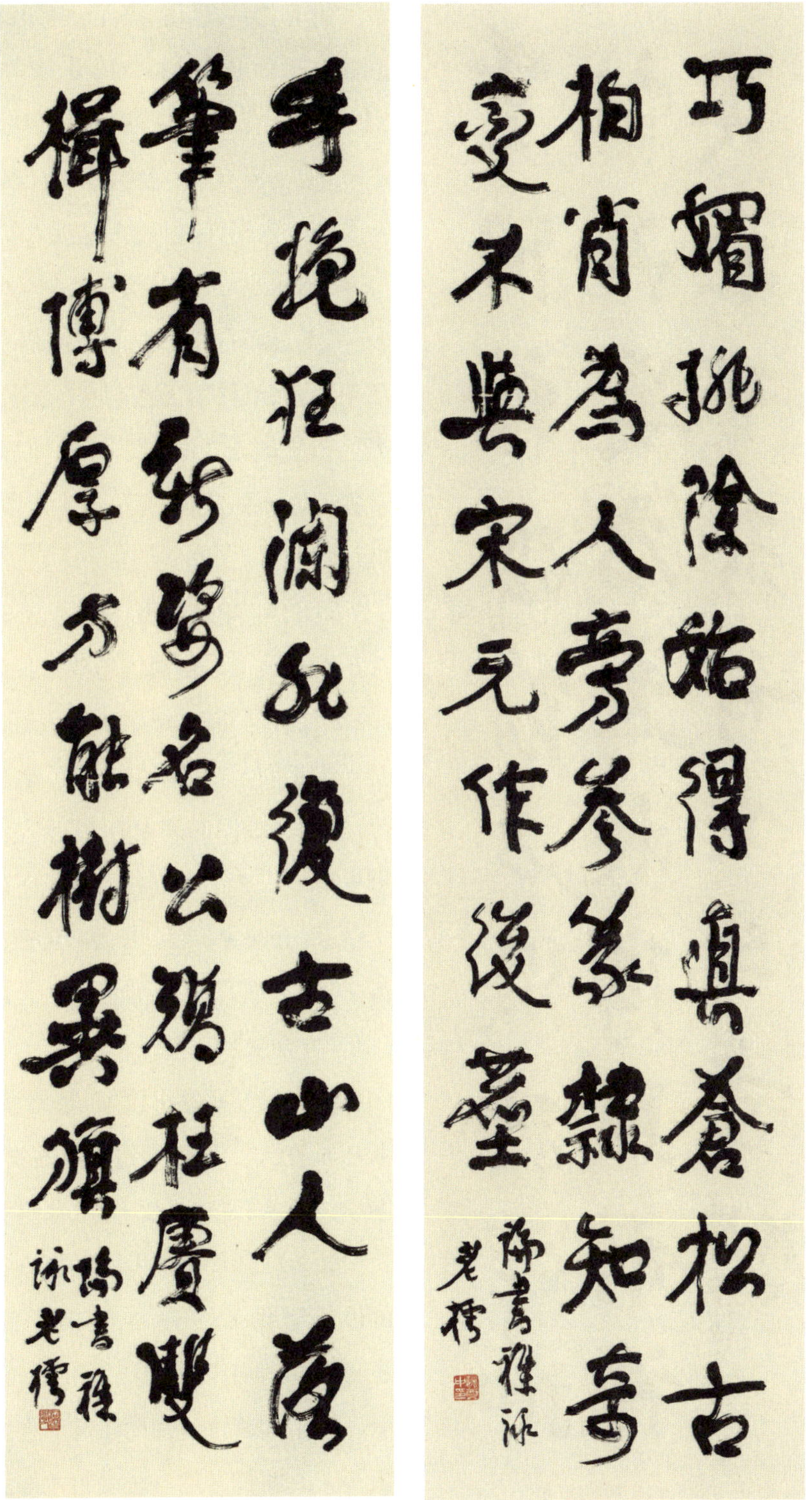

巧媚揪陰始得真
蒼松古柏肯為人
夸參篆隸知字
變不興宋元作後塵

論書雜詠
老缶

手挽狂瀾死復古山人潑
肇有軒豁名公稱雄俊
揮傳厚乃能樹異幟

論書雜詠
老缶

《论书绝句》

《论书绝句》

鉴赏研究,努力精进,终于使篆书衰落数百年后重放异彩,康有为赞之为"篆法之有邓石如,犹儒家之有孟子"。他不但能"隶笔为篆",且能以篆隶笔法入楷,越过唐人直接六朝,"一洗圆润之习,遂开清一代碑学之宗"。不过邓石如一生为布衣,落拓江湖,前人或评其"胸中少数卷书",书艺似乎缺乏"书卷气"。此即"篆隶独擅邓石如,微嫌文字欠工夫"之寓意。

后两句"单从古篆评翰墨,愿向江东看二吴"是指清代书法家吴大澂和吴昌硕。吴大澂生活于清道光至光绪年间,江苏吴县人,本名大淳,避穆宗载淳讳改大澂,官至左都御史及广东、湖南巡抚。他是著名文学家、书法家,工篆书,著有《愙斋诗文集》《愙斋集古录》《古籀补》、《恒轩吉金录》等著作。

晚清吴昌硕是书画家、篆刻家,浙江吉安人。其楷书始学颜真卿,继学钟元常;隶书学汉石刻;篆学石鼓文,参以两周金文及秦代诸刻石的体势笔意,凝炼遒劲,貌拙气酣。显然,姚老师对二吴的篆书评价很高。

第十四首评述晚明唐寅、祝枝山等人。明代早期书法受赵孟頫影响,盛行工稳平正的台阁体,缺少个

姚先生行书《题卫门书法》

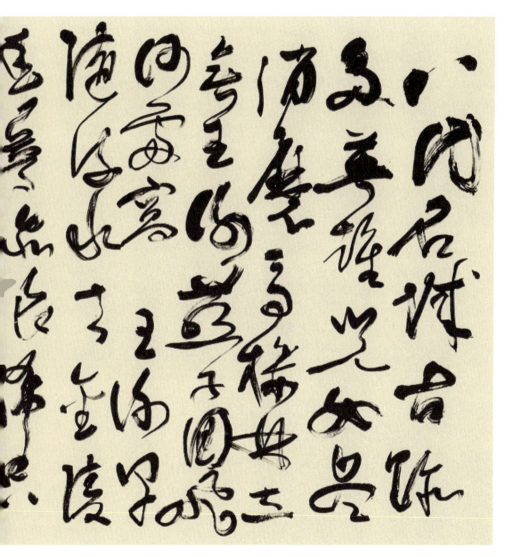

姚先生草书《南京》三首

性。到明中叶,苏州一带的文人雅士形成"吴门书派",虽有所成,但不能应时而变,难免抱残守缺。江南的才子们毕竟偏向"风流",气骨较弱,还赶不上宋元的时代水平。故说"吴中才子比风流,近较宋元尚不侔"。至于更为远古崇高的魏晋书法的境界,就相差得更远了,所以说"魏晋遗踪难梦见"。那么他们追求的是一种什么样的风尚呢?——"绮罗粉黛喜相求",这样的生活情调和审美旨趣,当然不可能孕育出雄健的书风了。

最后一首是1997年为书法界友人卫俊秀书法题作。卫是山西襄汾人,擅行草、大草,陕西师范大学教授,曾因"胡风分子"、"历史反革命"等罪名遭受多年磨难,著有《傅山论书法》、《卫俊秀书法集》等著作。因为姓氏与卫夫人相同,故姚老师以"丰筋多力卫门风,笔走龙蛇气自雄"予以幽默的赞扬。卫先生比姚老师年长三岁,当时已到耄耋之年,而寄情书法且颇有所成,故以"的是承传有典则,耄年更见染翰功"相勉励。作为论书绝句组诗的末一首,当然也可以视作对所有书法爱好者的鼓舞了。

姚老师后来又不止一次书写这组绝句,个别字会有小异,以上所配图片就是更晚时候重新书写的,书法作品与这里写的,也许不能一一对榫。

姚老师对中国书法的传承演变了然于胸,多有心得,虽以书法为余事,但毕生操觚染翰,人书俱老,自达高境。曾有习书者向他请益,姚老师除了强调要加强自身文化修养培育气质外,也以具体笔法金针度人:中锋逆入,关键在转折。不在转折之处用力,便不能保障中锋用笔。笔到力到,不能浮,不能飘,不能涂,不能揉,不能抹。正身悬腕,使全身之力注于笔端,如此才能免于流俗。"入木三分"或者夸大,"力透纸背"倒是真情。请益者体会说,先生强调用笔的中锋逆入,更强调在转折处用力是关键,意思是若不能在转折之处簇住锋,聚住笔,即不能保障用笔的中锋,也不能写出有骨力的笔画和字来。观赏先生书法作品,确实做到了粗画雄健,细画圆劲,笔笔势尽力收,字字神完气足。

谈到书法的境界,姚老师有一段精辟的论述:昔日刘彦和(刘勰)说,观山则情满于山,观海则意溢于海。就是说要把个人投入到山水中去。再高一层,则如庄子所说:与天地精神相往来。"物化"就是个人与自然溶为一体。其实就是强调人的内在修养。绘画如此,书法也一样。当文字脱离直接的象形,经过字体演变,成为名家的法书以后,法书就形成了各自的具体形象。对具体形象和对具体事物一样,通过观察、分析综合和形象思维,体味其神理,融会贯通,然后传之笔墨。不在于一笔一画像古人,而在于传达其精神风采。不如此,就只能叫书工,不能称工书。

书法序跋与绘画治印

姚老师书法名家,德艺双馨,因此有不少书家结集出书或编著书法资料时倩姚老师题签和撰写序言。这方面的文章计有:《丹涯书论》序、《傅山书法艺术研究》序、《大学书法教程》序、《宝贤堂集古法帖及释文》序、《林鹏书法集》序、《赵望进书法作品集》序、题解小青书艺、题《贾起家书长卷》。

这些作品当然大多秉"君子成人之美"的宗旨,但也不乏姚老师的某些书学心得和见解,以及学习书法的历程见闻。例如:

> 关于傅青主的书法,我在三十年前就接触到了。1933年至1934年间,我在太原求学,常有机会看柯璜(定础)先生作草书。他用铜锅煮墨,以大楂笔蘸之,一连书几张宣纸而墨不干,很是惊奇。后来在一位前辈家里看到两幅傅青主的草书,觉得与柯先生所作大有不同,但也难言其故。1935年至1936年间,我在苏州"怡园",见到水榭后壁上核桃木刻的四幅大屏,所刻正是傅青主草书,一下子被它的气概所倾倒。那时,我正就学于章太炎先生之门。在每次听了章先生讲《古文尚书》之后,常同几位同门到"怡园"这个水榭相互研讨,整理笔记。"怡园"有藏书可查,有茶可饮。所以工作间隙,我们便一面品著,一面观玩那几幅草书。我们几个人中,有的学魏碑,有的学钟鼎,有的喜篆隶,但对傅青主的草书,却一致赞叹不置,认为三百年来无第二人。
>
> ……直到五十年代初,返回太原,才先后看到了傅青主的

包括各体而以草书为主的书法墨迹与复制品。深感他的草书：圆转之中富于顿挫节奏，笔力苍劲，气势逼人。以为自赵松雪、董玄宰、王梦楼一派名家，以妩媚风流称者，皆难以望其项背。以邓石如之专攻，郑板桥之奇趣，被书法界推为佼佼者，比之傅青主，真不啻瞠乎其后。我以为宋元以来，堪与比肩者，唯有王铎而已。

——《丹崖书论》序

由于傅书真、草、行、隶、篆以至绘书、刻印，无不兼善，因此就不能不从各方面进行探讨；由于傅山是多方面的大学者、思想家，就更不能不从宏观上综览全局进行论述。这本书稿正是从傅山的人品、学术思想开始，然后论列美学思想到书法艺术风格；从篆、隶、魏碑、正楷到行、草，然后推及篆刻、绘书，都作了各体分论，既全面又系统。特别值得指出的是，作者积十余年的努力，在广泛收集傅山作品的同时，又收集了三百多年来可见的有关的傅山的资料，并撰写了年表和作品编目。即于此基础上进行探索，提出自己的见解。用力之勤，内容之富，论述之宏，都非常突出。

——《傅山书法艺术研究》序

再一点是碑刻插图多，这也是这本书的特点与优点。康有为为所谓"穷乡学子"开列了三国至隋的碑刻一百九十八种（还不算云峰山石刻的四十二种），秦及汉没有涉及。说是"凡所著述，约之已甚"。实际是大话、空话！除过宣扬他自己的渊博而外，实用价值很少。试问他所列的二百多种碑刻，有几人能看到！何况还没有提甲骨、金文之类呢！时人启功论古代字体，举有图片九十五，使读者通过图片多少看到一些字体拓片，比较有用，可惜他没有什么说明。承楷此书，插印碑刻图片凡120幅，又都是和论述结合在一起的。该有释文的都释文，该解释的有解释。这就大大加强了指导意义,尤其是在论述中举例分析的字,更切实际,这一特点,是其他类似著作所缺乏的。

——《大学书法教程》序

林鹏同志自谓:"看清了傅山研究书法的途径和过程之外,还发现了学习书法的基本方法,即'由近及远,溯流而上,同时辅以深入的研究学问'。"他觉得"非常宝贵"。认为:"这个方法,不仅是合理的,正确的,而且是有普遍意义的。"(《丹崖书论》十七)林鹏同志是这样做的,而且把"研究学问"扩大到更广泛的领域中去,完全是傅山的传统。

——《林鹏书法集》序

原来他在山大学习之初,是以临摹"毛体"出名的。我不以为然,告他:临摹是必要的,是基本功,但只临一种不行。再好,也不能成为家。必须取法乎上,转益多师。他于是从《石门铭》开始,学隶书,很快就有可观。……而书艺的进步,和他对书艺事业的热烈追求,又逐渐把他推上了书法界的领导岗位,由市书协副主席到省书协主席。……他既出身于大学中文系,受中国传统文化的熏陶,应该比一般人为深。因之,在字体规范上,在书辞的选择和创作上,都应起着扶持正气的作用,使完美的墨迹,成为促进精神文明的载体。

——《赵望进书法作品集》序

孟子有云:"大匠诲人,必以规矩,学者亦必以规矩。"小青学书,取法钟王,循规蹈矩,早露头角。勤奋有年,得心应手。故能不骄不躁,从容自如,有典有则,风姿绰约。假以时日,参之以甲金篆隶,傅青主所谓"正入"、"变出",变化见妙者,当可预期也。

——题解小青书艺

姚先生画作

万顷浩渺风正帆悬 庚午夏日丁邦荣

姚先生画作

起家书《离骚》长卷,为近年力作。他以"人一己百,人十己千"的精神,临《兰亭》、临《玄秘塔》,得其精髓。路子正,功夫深,得心应手,笔笔沉着。圆润而不软媚。从容自如,稳重秀逸。以视矜奇立异,猎名市场者,其高下不可以道里计也。

——题《贾起家书长卷》

　　而在为自己的书法作品选集《姚奠中书艺》所写跋文中,姚老师不仅回顾了多年习书和学画治印的历程,而且把毕生习练书法的深刻体会和盘托出。他说:"我以为汉字从造字之始,就具有具象与抽象两方面的特点,也即具有再现与表现两个方面。……画家的基本功是素描、写生(包括临摹名画家作品),而书法家的基本功是摹碑、临帖(包括名家墨迹);画家的所画对象是山川景物,而书家所写的对象只是古今文字。素描写生功夫不行,而要成为有所创造的画家很难;临摹功夫不够,而要成为形神具的书家也不可能。画家头脑中经常揣摩思考的,是客观存在的形形色色的'物',而书家经常揣摩思考的,则是现存碑帖中的字和名家墨迹。画家作画,尽管主要是再现物象,但不妨、而且必然同时表现主观的思想感情;书家书法,尽管也再现字象,但也必然要表现他个人的思想感情以至精神面貌。惟其如此,故艺术作品的高低,不仅决定于作者的艺术修养,还进一步决定于作者的知识水平、文化修养和品德修养。画如此,书法尤其如此。这是由于它和中国传统文化的联系更为密切之故。"这真可谓提纲挈领,将不传之秘数语揭示。

　　为《宝贤堂集古法帖及释文》写的序,更是一篇学术性颇强的书法文章。内容涉及北宋一代汇集历代法书所刻丛帖等,可见姚老师书法修为之深湛,然内容专业,非笔者所敢置喙。好在这篇文章已经选录本书,读者自可领略赏鉴。

　　一路引录而来,姚老师书法的追求和真谛已经水落石出。书品即人品,风格即人格,书艺以中国传统文化为根基,而傅山傅青主就是最值得学习的楷模。1993 年,姚老师的书法艺术和印章绘画艺术在中国美术馆展览,我曾撰写一篇短文,名曰《大质朴才有大辉煌》(《人民代表报》1993年8月18日),现在看来,也还不过时,亦转录于下:

在中国美术馆俯仰流连,我若有所思。"姚奠中书艺展"所呈现的松柏姿质、天海境界让人沉浸在一种精神氛围之中。这些千姿百态的横竖点捺结构得多么巧妙又多么自然。你仿佛走进一片枝柯纵横的森林之中,只感到远近高低,触目俱是"风景",一派气象萧森。我忽有所悟:大质朴才有大辉煌。

姚奠中先生已届80高龄,是著名的中国古典文学研究专家、山西大学教授,出版有10余种著作,培养出20名研究生。他的"书艺"(包括书法、绘画、治印)自称是生平"余事",却达到了专业书法家们都难以企及的高雅境界。姚先生一生经历目睹了20世纪中国历史的一次次沧桑。早年亲炙民主革命家、国学大宗师章太炎先生耳提面命,不仅获得学术真传,也感染了民族文化精神的高风亮节。此后投身于中国传统文化的教育和学术研究事业,贡献了毕生的精力。

姚先生做人做事都一丝不苟,极其认真,从不赶潮流、趋时髦,而按照自己的理想和信念坚持下去。其一生行止,光明磊落,严己宽人,以中华文化传统中的"圣贤"境界自期自律,而完成了自我的人格。这种人格精神贯注于书艺,平生思致、襟抱、执持、阅历,俱融化体现在铁勒银钩之中,被专家称为"九曲回肠的用心",故而随意挥洒,俱臻佳境。

不正是大质朴造就了大辉煌吗?

姚老师从十二、三岁时已经开始绘画、刻印,那时有空就画,主要画人物,从各种插图中摹画,家乡村子里遇红白喜事有需要画的,中学生姚老师常被请去作业。家里有《芥子园画谱》木刻彩印,还有《点石斋画谱》,题材丰富,成了学习的范本。16岁上中学后,不仅画画,又学习刻印,那时教图画课的是一位张老师。

陈耘斋印

但求备用

康之

人之生也固若是茫乎

知非室

姚奠中印

家居汾水之阳

姚先生自刻印

姚

毋为天下先

河汾姚氏

风物长宜放眼量

河汾间人

稷山人

奠中二十后以字为名

姚先生自刻印

在菁华中学学习四年中，姚老师有一个要好的同学王学祖，是湖北郧西人，两人被选入学生自治会，王学祖是总干事，姚老师是宣传干事。有一年暑假，姚老师逃避包办婚姻，王学祖因为路途遥远，都没有回家而待在学校。有一天姚老师去找王学祖，见他不在家，而桌子上铺着一张没有画完的山水画稿，就拿起画笔接着点、皴、勾、勒，润色敷彩，予以完成。有个"湖南老头"是画商，原来找王学祖画画，现在又发现了一个，就连吹带捧，让姚老师和王学祖仿造名人书画替他牟利。当时两个年轻人也没有感觉这样做不好，但可见姚老师那时的绘艺已有相当水平。这时，一个偶然的机会，姚老师得到了恽南田的孙女恽冰的一件花卉折页共八幅，爱不释手，反复临摹，画艺又提高了不少。恽南田名格，南田是号，明末清

姚先生画作

初著名书画家,没骨花卉的发明者。

姚老师后来虽然没有成为专业画家,偶然兴动或有机缘,也涂抹丹青以遣情寄意,妙笔生花。如 1940 年在安徽为友人新居画《龙门图》中堂,1944 年在四川白沙女子师范学院画《骏马图》。前些年还发生一件趣事,有人在太原古玩市场偶遇一件四条屏山水画,署名姚豫太,觉得古雅超妙,就当作"古画"高价买下。后经人鉴定,方知是姚老师的作品,上门求教,姚老师见是自己 23 岁从南方回家度寒假时,为族叔所绘。

姚老师从 20 岁左右对治印入迷,日积月累,熟能生巧,印艺日进。俗言先篆后刻,七分篆三分刻,篆刻的水平很大程度上依赖于篆文书法。姚老师书艺精深,自然铁刃耕青田,方寸见大千。治印之艺术,起源很古,但是在明代方升堂入室,文征明的儿子文彭是开拓者,创立"吴门派"。姚老师则取法汉印之高古,平实浑穆,布局精妙,稳重中流露逸趣。他说:"初无师承,受一位老先生的启发,专学汉铜;后到西泠,吸取了不少教益,才有所变化。1947 年在昆明,曾继闻一多之后,挂牌治印。"今存治印上百方,《姚奠中书艺》(山西古籍出版社 2006 年版)第五册就展示七十二方。姚老师多才多艺,印从书出,书从印入,书法多写自己的诗词作品,发展出诗书画印熔于一炉的高境界。

1993 年,除了上录那篇短文,我曾赋三绝句恭贺姚老师书艺印艺画艺的展出,对姚老师多方面的学术和艺术成就,或者也算一个侧面的点评吧:"书印画诗留代华,无心插柳绿天涯。石门风骨真山笔,遗教河汾又一家。"(石门指《石门铭》,真山是傅青主傅山的号。)"不解呻吟不语私,柳州风调几人知?论书咏史传佳句,儒者襟怀学者诗。"(姚老师有咏柳宗元遭贬诗。)"独许庄生最有情,人间着意育精英。明时肯假十年早,政教宁空纸上成?"

姚先生 23 岁时画山水四条屏

序跋岂是寻常事：
姚老师的序跋

2008 年 11 月 18 日,姚先生为年轻教师讲国学

　　前面已经综述过姚老师和书法有关的序跋,其实为一些文史著作写的序跋更多。计有:《中国短篇小说选》前言、《中国历代诗词酒令荟萃》代序、《诗词格律与写作》序、《山西历代诗人诗选》前言、《咏晋诗选》前言、《石头记探佚》序、《中学语文三十六篇赏析》序、《词谱范词注析》前言、《雅颂新考》序、《初中古诗文赏析》序、《河东史话》序、《历代诗歌译注》序、《中国文学古籍博览》序、《比较文类选》序、《元好问全集》(点校)序、《元好问研究文集》前言、《赵武灵王评传》序、《元好问词注析》前言、《梦在真假之间》序、《元好问论诗三十首集说》序、《温子昇集编年校笺》序、《王褒集校注》序、《资治通鉴校补》序、《章太炎学术年谱》序、《痛史》和

1985 年，姚先生与参加元好问学术讨论会的专家讨论石刻史料

《九命奇冤》序、《王用宾诗集》序、《曾国藩家书全译》序、《二马心声集》序、《飘萍集》序、《阎宗临史学文集》序、《元好问研究论略》序、《元好问集》序。

这是按照写作时间先后排序的，按内容分，则有这样几类：一是和元好问及北朝文学有关的整理笺注及研究的著作，二是偏重于山西地方文学和文化的文献和著作，三是弟子学生的研究成果及某些熟人朋友的著作。这些文本所涉及的内容十分庞杂，年代上纵横古今两三千年，题材上涉及诗歌、散文、辞赋、小说，还包括现代文学、历史和宗教。而姚老师写序跋的宗旨，一定要言之有物，确实能提出有价值的看法和意见，而绝不写那种只是虚美浮誉的应付应酬文字。所以，这些序跋对于认识姚老师学术的"功底"和"素养"是十分重要的，能在如此广泛的领域游刃有余，遇到什么就点评什么，而且能说得头头是道，岂是腹笥寒俭之辈和靠粉饰吹嘘自己而撑门面的一些所谓"学者"能够做到。更不必提一些"大名人"，其实只是在原作者自己写的序文上冒了名而已。

元好问是金元之际的大文豪大诗人，也是地道的山西老乡，其在文学史上的地位十分重要。山西的学者们研究元好问自然是题中应有之

相念我处高邱亮暮景闲
虹收行雨云开出青山

元遗山山居杂诗

方外人长乐山中
百年梅福隐等
古谪仙游

元遗山杂诗

姚奠中

姚先生书元好问诗四条屏

义。姚老师主持了《元好问全集》的点校，提供了一个比旧刻读书山房本《遗山集》更为完备的文本："在散文方面增补了 11 篇，连同《续夷坚志》的 3 篇共 14 篇，诗方面增补了 20 首，删去了过去和今天已发现误收的 7 首。"在序言中，除了交待点校的基本情况外，对元好问的生平和创作做了评价，历数从金代到近代前贤对元好问的月旦，从郝经的"上薄风雅，中规李杜，粹然一出于正"、"歌谣跌宕，挟幽并之气"，缠缠而下如贯珠。

对几本山西学人所写研究元好问的著作，姚老师都给出恰当的褒扬，并指出不足之处。如果没有对元好问至少是宏观上的把握和洞见，这当然是不可能的。姚老师对元好问的关注，更出于一种高屋建瓴的学科建设的考量："金代统治地区，略与北魏相当，前后达 120 年之久，其文化、文学直接承受唐、五代、北宋而有所发展。本应予以重视，而过去研究却很不够；元代由于戏曲的全盛，研究的人较多，而传统文学的研究却只像蜻蜓点水。北朝、辽、金、元之所以不被重视，一个重要因素，可能由于它们皆系少数民族所建立的政权之故。实际这种偏见，应该予以彻底纠

1985 年，姚先生与参加元好问学术讨论会的专家合影

国学·诗韵·书情
——姚奠中学术评传

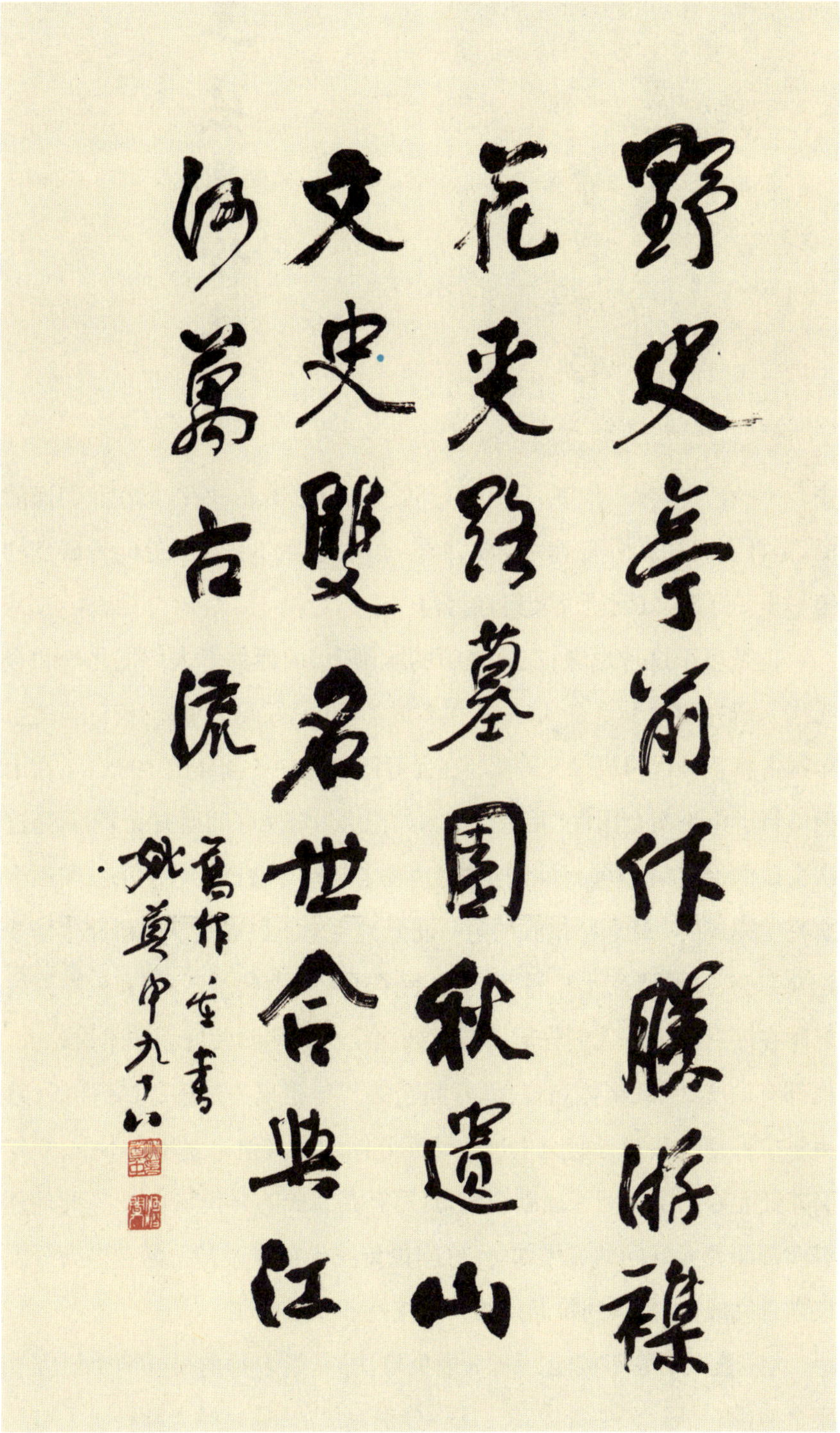

野史亭前作膜游襟
花史名墓园秋遗山
文史双名世合与江
河万古流

　高作生书
姚莫申九十八

姚先生书法作品

正。……在辽金元三代中,只有元好问一人为总代表。所以摆在我们面前的,是补上文学史研究上的空缺,而金元时代,则不妨以元好问为研究的第一步。"(《元好问研究文集》前言)

正是出于这种思考,在姚老师的统帅下,山西的学人们把北魏和金元作为研究的两个重点,取得了很多成绩。《元好问全集》的校订获得了全国古籍整理优秀成果三等奖。在元好问诞生 795 周年的 1985 年,在山西举行了第一次全国性"元遗山学术讨论会"。《元好问研究文集》就是这次会议的论文集。《元好问词注析》是姚老师指导自己招收的第三届硕士研究生完成的。姚老师招收的第一届研究生李正民教授从作研究生毕业论文起,就开始研究元好问,后来出版了研究专著《元好问研究论略》,姚老师在序言中说:"我们先后召开过四次全国、国际元好问学术讨论会,他都有论文参加;集体点校《元好问全集》,他也出力最多;又评注了《续夷坚志》;帮助我指导研究生选注了元好问词。其他论著还有不少,今年又兼任元好问学会新一届副会长,真可算是元氏的异代知音了。"此外还有多部研究元好问的成果如《元好问论诗三十首集说》等,是省内高等院校学者完成,也都得到姚老师的大力支持和积极鼓励。

《温子昇集编年校笺》和《王褒集校注》是姚老师的另外两个研究生康金声(第一届)和牛贵琥(第二届)分别完成的,这是姚老师科研大布局中"北朝文学研究"的成果。姚老师说:"对温子昇的研究,首先是给被长期忽视的北朝文学、北魏文学的研究打开一个缺口,为进一步研讨开了先路;其次对仅存的温氏作品进行批判的总结,以吸收其有益的营养,也十分必要。"(《温子昇集编年校笺》序)"在中国几千年的文化史研究上,有两个时期比较冷落:一个是北朝,一个是辽金元。……'江左宫商发越','河朔词义坚刚'虽不一定能概括其全面,然亦足见其各自不同的特点。到了庾信、王褒由南入北,遂兼南北之长,令人耳目一新。……现存的王褒诗文散见于各种类书总集之中,总数远较庾集为少。牛贵琥同志对此进行了详尽的收集、考订与校勘。"(《王褒集校注》序)

辽金元文学和北朝文学两大块研究,取得了许多成果,开拓出新局面,姚老师作为这两大科研的"总司令",厥功至伟。

辽金元和北朝的文学和文化,相当程度上也就是山西本土文学文化的组成部分。而《山西历代诗人诗选》和《咏晋诗选》就是姚老师指导的第一届研究生在读研期间所完成,既出了人才,又出了成果。姚老师为这两部书撰写的序言更是两篇杰出的科研论文。《山西历代诗人诗选》共分五大章节。第一章综述自史前到秦的山西诗歌,从《大章》、《大韶》、《大夏》等上古乐章,到《诗三百》。《诗经》中属于山西地区的"《魏》、《唐》二风的存在,为《诗三百》争得光辉"。第二章追溯从汉朝至南北朝时期,《乐府诗集》中"修长城的'太原卒'和家乡妻子在无尽的劳役下的绝望的呼声,是晋地民歌,不是陈琳的作品"。"太原孙楚,颇能卓然自立。他的诗虽然存世不多,但'零雨之章',屡被称道,其名也列入《诗品》。他的四言《反金人铭》,还更值得重视。'江左文士,以孙绰为冠'。孙绰是孙楚的孙子,是永嘉以来'玄言诗'的代表"。还有闻喜郭璞的"游仙诗",祖籍太原的温子昇。而由北齐入北周到隋的汾阴(今山西万荣)人薛道衡,更以"入春才七日,离家已二年。人归落雁后,思发在花前"的《人日思归》而"睥睨齐梁"。第三章是唐诗。从王绩的"牧人驱犊返,猎马带禽归"到宋之问的"阳月南飞雁,传闻至此回"、王勃的"海内存知己,天涯若比邻",从"诗佛"王维到"诗家天子"王昌龄,还有"白日依山尽,黄河入海流"的王之涣,乃至王翰、卢纶、畅当、柳宗元、薛能、温庭筠、聂夷中、司空图,等等,群星灿烂,长明于晋地。第四章为宋元。北宋的司马光、赵鼎,特别是金的元好问,元

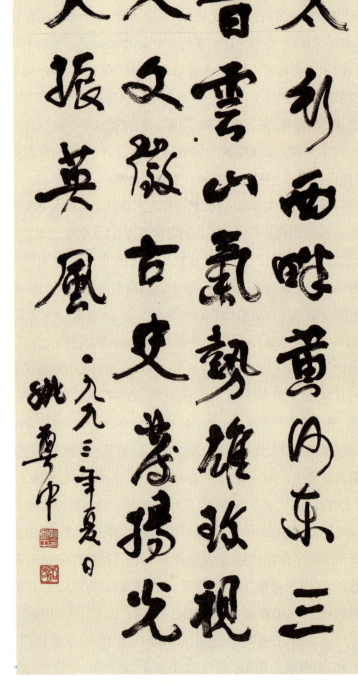

太行西峙黄河东，
晋云山气势雄。
人文渊薮古史长，
大振英风。

一九九三年夏日 姚奠中

姚先生书法作品

代的郝经、萨都剌,都翘然挺出。更有辉煌的元曲,关汉卿、白朴、郑光祖和乔吉,几大家都是晋人。第五章为明清。薛瑄,傅山,魏象枢,夕阳晚照,余晖袅袅。

《山西历代诗人诗选》和姚老师的序无疑是山西地方文学的一次大展示。当时刚刚从"文革"进入改革开放时代,全国许多古代文学研究专家都忙于搞那些大作家大作品,如杜甫和《红楼梦》等,那显然更能占领"山头",扬名立万。姚老师却领导我们搞山西本土文学,编完《山西历代诗人诗选》后又编《咏晋诗选》,可谓别有怀抱。《咏晋诗选》共选收 383 首诗歌,涉及全省一百多个县,选得精,注得明,非常不容易。而姚老师写的《咏晋诗选》序文,更是对山西地理文化的一次大巡礼。这篇序言一开头就气势非凡:"'晋国天下莫强焉!'这句话是战国中期的魏惠王在孟轲前对旧日晋国的怀念,也是作为'三晋'之一的魏国君主的历史自豪,尽管他已有感于今不如昔。"当时负责编辑出版的出版社编辑任兆文先生曾对我说,这个开首真是"凤头",对姚老师佩服无任。

在此基础上,姚老师对山西的历史文化有了更系统的梳理,后来撰有《略谈三晋文化的特色》一文,对山西文化有了更精确的认识。如:

> 汉兴,"改秦之制",曾用黄老之术"与民休息"。到汉武帝"罢黜百家,独尊儒术",实际上却是阳儒阴法。法家与儒家合流,成为统治阶级统治思想的重要组成部分。而历代的政治家、改革家,也只在儒法之间畸轻畸重上选择,没有超出这一范围的。而作为学术思想,三晋法家对中国文化作出了更大的贡献:他们所提出的一些规律性的东西,至今仍有参考价值。对三晋地区的社会文化传统,也有不可磨灭之处。其影响于人民性格品质的,有遵法守纪、勤劳俭朴、重视现实、富于献身精神等好的一面;也有保守落后、迂谨迟钝、少想象少追求、缺乏开拓精神等坏的一面。尽管时与境迁,变化不少,但从民族气质来看,仍随时会隐隐地显露出来。

佛教的兴盛……法显是平阳(临汾)人,他是第一个去"西天"(印度)取经的人,比玄奘早二百六十年。……他的《佛国记》,记述了佛教历史和中印间的交通史料,千百年来为世界学术界所重视,曾被译为多国文字。……慧远是雁门(代县)人,他是前秦时佛学大师道安的徒弟,曾从道安 25 年,后来被派往南方,集合一百多名名士和信徒,结"白莲社",宣传佛教。……雁门又降生了一位名僧昙鸾(476—542),他对儒道经典,都潜心研习,曾到建业(南京)和梁武帝萧衍进行过辩论。归返北魏后,住汾州玄中寺(在今交城),著书布道,弘扬净土法门,被称为"净土宗"。……这一地区存在于地上的宋金以前的古建筑,占全国百分之七十以上,而佛教建筑约占其中百分之八十。三晋佛教盛况,可想而知。而佛教文化,普及到社会各个阶层。在学术上丰富了哲学思想;在群众中增加了宗教生活。

学生弟子的专著,我写的《石头记探佚》是第一本。姚老师和周汝昌先生分别赐序。周先生是酷爱《红楼梦》的,对我大加揄扬。而姚老师的序言,开头第一句话就是"我不喜欢《红楼梦》",后面却对我的研究成绩给予科学而崇高的评价,并以此为机缘,与周汝昌先生由本不相识结为好友。当年周先生看了姚序,十分感动,既在给我的信函中提及,后来又当面对我说,对姚老师的学术胸怀和识见深表感佩。这成了一段学术史上的佳话,直到 2010 年夏,美学家李泽厚先生还在电话中对我说,你的老师支持你搞他自己不喜欢的研究,真了不起!

还有一篇《梦在真假之间》序,也是为我的书所写。《梦在真假之间》是我继 1983 年版《石头记探佚》后,从美学、文化角度继续深化红楼探佚的系列论文,本来计划单独出版,故请姚老师和周汝昌先生再次各赐一序,两位老师都很快赐下。但后来把这一组论文合并到《石头记探佚》中而出了新版,"梦在真假之间"成为该书的"思理编",原有的文章成为"考论编",两篇新序文就都没有用,倒成了姚、周两位老师扶持后学的历史见证了。

刘毓庆师弟的《雅颂新考》，所研究的内容是姚老师的本行，为其写序言当然更有一份亲和感，说的话也更能知微知彰。"在'雅'、'颂'研究上，作者用力最勤的是对周族和周代发展史的探讨。他因诗求史，以史证诗，史明了，诗也透了。而他所用的史，绝不限于传统的历史书籍，而是包括神话传说、古文字、考古文物在内的丰富而复杂的史料。试看他文中的子目之一：《姜原即月母即西王母考》，初看起来，会感到离奇怪异，几乎出于人们的想象之外，然而经过他的旁征博引和交互错综的论证，却终于令人信服地拨开迷雾而见到原始传说所反映的历史真实。"姚老师并引用司马迁的名言"非好学深思，心知其意，固难为浅见寡闻者道也"，说"予于刘生亦云"。不过在序的结尾，姚老师也指出某些不足而需要继续努力之处，说："对使用的资料，不在于能使用对自己有用的材料，为自己的论点服务，还要使用自己不利或相反的材料也无碍。绝不能各取所需，各是其是。"这不仅是做学问的严肃立场，也是教育学生的诚恳态度。

《中国历代诗词酒令荟萃》代序和《词谱范词注析》前言等，涉及的都是相当专门的研究领域，而《中国文学古籍博览》序则范围甚广，《中学语文三十六篇赏析》序、《初中古诗文赏析》序等却又是某种普及性的课题，但无论何种题目，姚老师写序时都如数家珍，娓娓道来而又深入具体，显示姚老师之博雅专深，良非虚语。

《阎宗临史学文集》序，和为我主编的《梁园东史学论集》写的前言《梁园东教授传》，是姚老师为老朋友遗著尽绵薄之力，不仅表达了一份友谊深情，而且都能知人论学，谈言微中。这更显示姚老师绝不是只局限在狭窄"专业"范围内的"专家"，而是会通文史哲的鸿儒通人。

《曾国藩家书全译》序，把曾氏这个颇有争议的历史人物，看作中国传统文化的一个实行者和体现者予以月旦。姚老师说，曾国藩所选编的《经史

百家杂抄》，与《昭明文选》和《古文辞类纂》不同，"绝不是选文范围广狭的问题，而是基本方向之异。因为曾氏着眼点，不是为文而文，而是以经世致用为主旨。以经世致用为主旨，《文选》和《类纂》之不足，就很显然了。"这正是姚老师自己对中国传统文化的理解和人生追求。姚老师对曾国藩的评价另具眼光也就顺理成章："自周秦以来，以孔、孟为中心吸收了历代其他各派的优秀传统文化，是中华民族几千年历史中政治、经济、军事、伦理的经验总汇。其中有不少规律性的东西，可供后世遵循或借鉴。然而储存于圣哲著述中的言行、教诫，不但历代儒者很少能付之实践，即使有才有识有学有位的历史人物，也很少能见诸行动而收到实效。而曾国藩却能学用结合，在很大程度上把前人停留在纸面上的，一一予以实行。从这个角度上看，可以说他是前无古人的。……曾国藩的成功之处，首先在于他的品德修养和实践精神。"

这又让我们想到姚老师制定的"蓟汉国学讲习班教条"了："以正己为本，以从义为怀，以博学为知，以勇决为行，以用世为归……"

序跋岂是寻常事？姚老师的人品、学品、风神、贡献，尽在其中了。

作育英才情意深：
姚老师的教育之道

　　这一节的标题，乃姚老师奉答周汝昌先生诗作中的一句，是赞美周老对我的奖掖提携。当然，这也是姚老师的衷抱情怀。姚老师从入章门而开始代课（1936 年，时年方 24 岁），后来辗转多所高等院校，教了一辈子书，是个实至名归的"老教师"。

　　王东满著《姚奠中》第三章有一节的小标题是"第一次登台讲课"，其中附录有"章氏国学讲习会预备班第二期课程表（1936.9—1937.1）"，其中姚老师担任"文学史"课的讲授。此外有龙榆生讲"韵文史"，汤炳正讲"文字学"、"声韵学"等，一共 13 位任课教师。传记中说："虽然一周只有两节课，姚奠中却不负章师母厚望，他非常认真地写了厚厚一本《文学史讲义稿》，而且经章师母和教研组的先生们共同审定后予以油印成册。因为是第一次上讲台讲课，第一次写讲义，这份《文学史讲义稿》也就深深地印在他心里，成为他日后撰写《中国文学史》最早的伏笔。从学生到先生，姚奠中迈出了执教生涯的第一步。作为教授、教育家，执教章氏国学讲习会预备班，是他平生第一次登上讲台亮相，也从此开始了他漫长的教学生涯。"章太炎一生讲学，每次都以"讲习"为名，2006 年出版姚老师的各种作品文集共五大册，最后就定名为《姚奠中讲习文集》。

　　1938 年抗日战争逃难期间，参加抗日游击队解散后，在安徽泗县中学任国文教员，教初中三年级的国文课。当时战争期间，风气败坏，为人师表的老师们，却请客吃饭并借机赌博、抽大烟甚至嫖妓。听说临海关来

时\日	一	二	三	四	五	六	日
八至八·五十	毛诗　诸左耕	文课　汤志堂		学术文　金黻建	学术文　金德建	诸子通论　沈延国	声韵学
九至九·五十	模范文　孙鹰若	经学史　潘石禅	诗词课　龙榆生	文学史　姚豫泰	文学史　姚豫泰	庄子　马宗霍	史通　黄耀先
十至十·五十	文字学　汤炳正	左传　王心若	尚书　诸左耕	周易　沈延国	诸子通论　沈延国	文字学　张梨卿	书法　郑梨卿

（纪念日休假）

章氏国学讲习会预备班第二期讲程表（民国廿五年九月至廿六年一月）

按，朱谠先即朱希祖，汪旭初即汪东，诸左耕即诸祖耿，孙鹰若即孙世扬，徐士复即徐复，黄耀先即黄焯，姚豫泰即姚奠中，潘石禅即潘重规，龙榆生即龙沐勋。

章氏国学讲习会预备班课程表（姚豫泰为姚先生曾用名）

了几个女道士，年轻漂亮，满县城哗然，学校里的校长、教导主任和一些老师也嚷嚷着要去看，还拉姚老师前往。但姚老师不吸烟，不喝酒，不打牌，不肯前往，让大家很扫兴，就嘲讽他是"圣人"。从此"圣人"成了姚老师的外号。"姚圣人"对学生循循善诱，教学认真负责，深受学生尊敬。但为期只有三个月，因战争升级，又开始逃难。在朋友高铸九的帮助下，逃到了洪泽湖中的土沙岛，做了岛上草头王"杨区长"两个孩子与两个兄弟的家庭教师，孩子们非常喜欢年轻的姚老师，不仅上课，还一起乘船去洪泽湖上游玩。

1938 年冬天，时局变更，姚老师返回泗县中学教国文，不久却又不得不逃难到大柏圩投奔老同学柏逸荪。就是在这里，姚老师和柏逸荪创办了"莉汉国学讲习班"，招收学员，弘扬国学，并制定了十条"教条"。姚老师住在学校，窗外有几十根竹子和一棵梧桐。传说神鸟凤凰非梧桐不栖，非竹实不食，是传统中高风亮节的象征。姚老师课余时间挥毫画竹，并在一幅画上题一联："孤桐能引凤，修竹可栖贤。"

但这种短暂的平静生活很快又被打破，战乱连绵，又不得不逃到大别山。转辗流离途中，遇到了弘一大师的师弟弘伞法师，他挂着全国赈济委员会委员、皖赣两省特派员的名衔，帮助姚老师和柏逸荪去立煌师范教国文。立煌师范实际上是抗战时期国民政府在大别山创办的临时简易师范学校。但在这里也只教了三个月，因在上课时与突然闯进课堂颐指气使的省教育厅长发生冲突而离校，去了安徽省第一临时中学任教。到校第二天，就接了两个高三班、一个初三班的国文课，还有两个高二班的历史课，一周共二十四课时，还兼职导师（班主任）。工资只有一百二十元，待遇低，担子重，但姚老师却欣然接受，感到国难期间，不应该讲条件，要尽心为国效劳。在与柏逸荪唱和的三首五言古体诗中，其第二首如是吟咏，足见当时情怀：

> 尊兄明达者，葆真能外形。
> 我则抱块垒，遥遥向途程。
> 精神永相结，推爱及众生。
> 聊尽所能耳，遑为问重轻。

可是，后来换了校长，培植私人势力，姚老师受到学生欢迎，却遭到校长私人的忌妒，姚老师留下辞职信想不辞而别，又被工友发现，从而引发学生闹学潮。校长谎称有人煽动学生暴乱上报，全副武装的国民党军队开进了学校，抓走了住在姚老师隔壁的历史教师李莞民。姚老师也终于离开第一临时中学，去了安徽政治学院（后改安徽师专）任教。后来知道李莞民是共产党员，姚老师写了一首诗怀念：

> 一去流坡礓，长怀李莞民。
> 水牛知性格，栀子比清芬。
> 未变风云色，已栖囹圄身。
> 山花如有意，胡不早回春！
> （流坡礓是第一临时中学所在地）

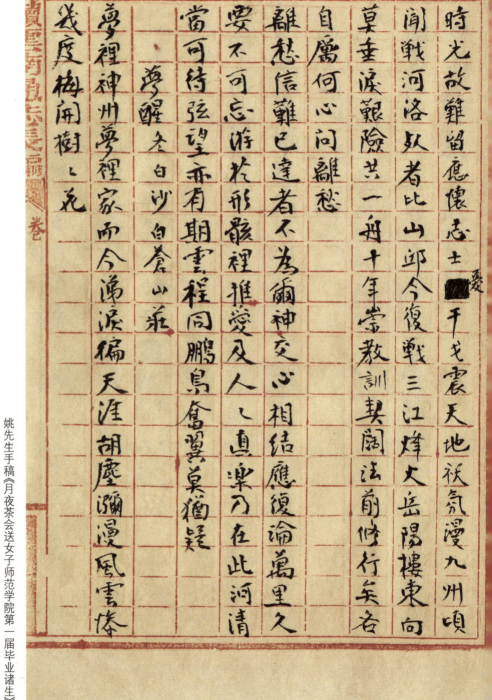

時光故難留應懷志士憂 干戈震天地祆氛漫九州頃
聞戰河洛斯者比山邱今復戰三江烽火岳陽樓東向
莫垂淚艱險共一舟十年崇教訓其闊法前修行矣咨
自屬何心問離愁
離愁信難已達者不為爾神交心相結應復論萬里久
要不可忘游花形骸裡推愛及人人真樂乃在此河清
當可待弦望亦有期雲程同鵬鳥奮翼莫猶疑
夢裡神州夢裡家而今滿淚徧天涯胡塵瀰漫風雲慘
夢醒冬白沙白蒼山莊
幾度梅開樹上花

姚先生手稿《月夜茶會送女子師範學院第一屆畢業諸生》

月夜茶會送女子師範學院第一屆畢業諸生 卅三

年間甲月
十五日

中天懸明月照我白蒼山茲山豈獨好廣場羅長筵

延何簇々笑語動空谷高論與四座琴韻相肥逗更有

嫘颭歌縊以月光曲即此是仙鄉大地銀光浴四野久

寂寞寧此情猶不足

不足當何如別意滿襟裾皎々七十子親愛在離居四

載新橋路師友共朝暮一旦各分飛煙雲迷津渡仰觀

團團月俛聽溪水流誦舍一若畫高下列層樓稚樹饒

姿態襟花艷新丘嘉會散何急時光故難留

姚先生到山西大学师范学院（今太原师范学院）书法系讲课后合影

　　此后姚老师先后于西南地区各高等院校任教，白沙国立女子师范学院，贵阳师范学院，云南大学，直到 1950 年代返回老家，任教于山西大学。无论在哪一所学校，姚老师对教学工作都认真负责，受到学生欢迎，有时还兼职一些行政工作。而从 1950 年代到 1980 年代的新时期开始之前，姚老师则处于一种"夹缝"中，一方面政治上受到歧视压制，另一方面在教学上又常被"重用"，所谓"一边整我，一边请我"、"重担一肩挑"，讲课，教改，下乡，都被推上第一线。这在《姚奠中》里有细致的叙述描写。

　　姚老师在不同时期教过许多学生，都情缘不浅。如后为北京师范大学教授的钟子翱，远在美国的丁玉麟，是立煌师范初一的学生，也在美国的马继先兄弟是安徽政治学院的学生，姚老师教他们的时间都不长，却情谊长存。钟子翱在 20 世纪 80 年代见到姚老师的研究生，还亲切地说："我们都是姚门。"丁玉麟 2011 年春节还给姚老师寄来贺卡。此外如重庆出版社的石琼生，是贵阳时青年军校的学生，已经八十多岁，最近还把姚老师在贵阳时作的诗写成书法寄来祝寿。

1978年以后，姚老师的黄金时代到来，不仅在教学和学术上充分发挥出所长，在政治上也出人头地，先后担任九三学社山西省主任委员、山西省政协副主席、全国政协委员等职务，迎来了充实而忙碌的年月。在1979年12月应有关方面要求所写自我情况介绍《满腔热情培养接班人》一文中，对1950年代以来自己多年在逆境中努力工作的情况有所总结："当时除兼任系务外，在教书范围内，需要开什么课，就开什么课，一门、二门、三门、四门，从不说难；额外的政治任务、社会工作，有时身兼四、五项，从不推辞。当然也曾是入党的培养对象。但在后来的几次政治运动中，却成了打击的对象！尤其是1957年毫无道理地被扣上右派帽子，从此取消了政治上、学术上的发言权。虽然在1961年摘掉帽子，1962年重新负责教研室工作，政治上仍然低人一等。文化大革命中，当然被揪斗、关牛棚、监督劳动。1972年大学重新招生，我也恢复了工作，但直到1978年11月的落实政策，才把我1957年的问题改正了，历史档案中塞进的

姚先生与师生合影

姚先生在山西大学师范学院书法系讲课

不实之词和文化大革命的诬陷，都推翻昭雪了。我真得到了双重的解放！我更可以挺起腰杆为人民工作。三十年来，我开过的课在十门以上，包括中国文学和文学史方面、古代哲学和古代史方面，以及文艺理论方面；编印过的教材，也在百万字以上。而这些，有一半是在政治重压下进行的。我始终抱着为人民负责的态度，所以无论受到怎样的挫折，处在怎样的环境中，从来没有消沉过。"

对 1978 年开始的工作，姚老师在上述文章中总结为"愿挑重担"和"不怕任务多"两个方面，所述皆实，只有遗漏而毫无夸张。笔者正是 1978 年考入山西大学随姚老师读研究生，亲历亲见亲闻，可以作证。从教育思想上总结，姚老师培养学生特别是研究生，以"通"为最高宗旨，在"通"的基础上才谈"专"。这当然既和姚老师受教于章门的学统有关，也和他前半生任教时经常变换学校，随时接受新的教学任务有关。就笔者亲历而言，姚老师为我们设计了古代学术思想、文艺理论、古代文论选、古代文学史、古文字学等课程，特别还有一门科研实践课，就是编选《山西历代诗人诗选》和《咏晋诗选》（还有部分同学编写了《中国古代文学家年表》）。除古文字学另请一位有专长的老师授课，文学史与几个教师一起上外，其他课都是姚老师亲自讲授全程负责。其中古代学术思想以《汉书·艺文志》为教材，实际上就是后来风行全国的"中国传统文化"。姚老师可谓先知先觉，究其实那本来就是章门的学术传统，也是很自然的。

我们毕业后，姚老师又招收了三届研究生，教材和课程设计稍有变化补充，但大的宗旨始终没有变。我们都是在最后一年作毕业论文时，才随所选论文题目而确定了研究方向。而在此后的治学生涯中，也绝不局限于所谓"研究方向"。出于姚门的研究生，后来都成了各个工作单位的骨干力量。

在情怀上"以用世为归"，在方法上通而后专，由博返约，以小学等考证为基础，着眼于文化的大视角。这就是姚老师的教育之道，也是治学之道，立身之道。同时，姚老师另一个显著的教育思想，就是因材施教，转益多师，充分发挥学生自己的主观能动性和创造性，而不以教师本身的好恶倾向为规限。我们第一届研究生共十一个同学，最后分别作不同的专题研究，从《诗经》到汉赋，从陶渊明到唐诗，从元好问到元曲，从明朝的高启到清朝的《红楼梦》……可谓五花八门。而姚老师不仅全部亲自指导，也鼓励大家向其他专家学者请教。笔者研究《红楼梦》而成为周汝昌先生的私淑弟子，姚老师不仅毫无芥蒂，相反是喜出望外，积极支持，前已述及，不再赘言。

此外如刘毓庆（第一届）的论文，也受到戚桂宴和胡念贻等校内校外

1993 年，姚先生接待日本原田观峰书法代表团

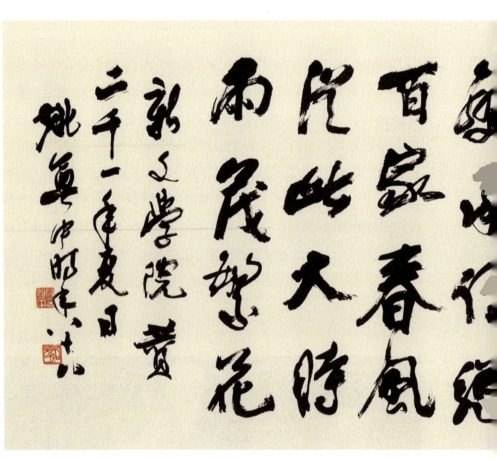

姚先生书《新文学院赞》

世界中文
熱文明文
化除道延
今鳥域魂
路古希拉
倉每馬平

1995年，山西省政协常委会在大同召开期间为当地幼儿园题字

专家的指导，姚老师同样欣喜鼓舞。再如朱琦（第二届），聪明灵活，虽然后来又随北大陈怡焮教授读了博士，却并不想深钻学术，而喜欢搞一些泛文化的写作和活动，成了美国旧金山地区一个活跃的文化人。姚老师对朱琦却时时关念，朱琦在《姚奠中先生的文化精神》一文中，深情回忆和姚老师的师生之谊，其中有这样的话："我学古代文学是因为从小就喜欢，却几乎对所有古代的文学家都有些怀疑。甚至连屈原和杜甫那样的忧国忧民，陶渊明和苏东坡那样的豁达通脱，都觉得有些玄虚，不近真实。后来在姚门熏陶得久了，渐渐的信了。这不仅是因为他把古人写得精辟，说得真切，还因为他身上处处体现了中国传统文化的精神。他几次对我说，当为的就要为，不当为的就坚决不为。我想人要真如此，就得相当地理性，相当地执着，并且具备孟子所说的'浩然之气'，而他正是这种在传统美德上接近完美的人，或者说接近传统意义上的圣人。"姚老师晚年的助手、秘书、私淑弟子们近在身边，那感触就更丰富了。

"论文兼史哲，游刃五千年。攻错他山借，神明万古传。""识广胸怀阔，静观气自平。纷繁元历历，化育赞生生。"这两首五言绝句是姚老师在不同时期和场合写的，并非专论教育或治学，但诗无达诂，意在言外，也可以看作是本章的一个小结吧。

章太炎先生像

兴王名世皆尘土：
章姚一脉谛何缘

　　姚老师对自己的业师章太炎先生，一生萦念，家中常年悬挂着章先生的画像。姚老师是硕果仅存的章门弟子，不过在一些论述"章门"的文章著作中，却基本不提姚老师，这其实也是一种学术上的"势利眼"。其一，姚老师是章太炎最后招收的学生，仅历一年章就弃世，时间短；其二，姚老师僻处山西，在学术上又以"通"为尚，没有在某一个专门领域一竿子扎到底，拿出煌煌巨著。这在看重形式上的"成果"，以"社会影响"衡人论学的学界风气中，就难免青白眼了。

　　但姚老师在访谈中却这样说到自己对章太炎先生的理解和承传（《文艺研究》2005 年第 8 期）：

　　　　在文化、学术方面，先生最大的特点，应该说是面对社会不断前进。这和他的革命精神是相一致的。对于传统文化，先生反对因循守旧，而是要发扬光大。对于传统学术的研究，先生力主和现实联系，有利于社会进步。在这方面，能够继承先生精神和作风的人不多。比如对小学的研究，他的学生就不及他进步，像黄侃，他的名气很大，有人把章、黄合在一起称"章黄学派"，其实章和黄不是一回事。黄侃研究古韵有创见，被先生肯定，但没有进一步开拓，较窄，而章先生则向语言学发展，他以统一全国语言为目标，首创了拼音字母，后来叫做注音字母。这对汉语言学的发展贡献很大。再如对诸子,一般朴学家都是考证、注释,像他的学生刘文典研究《淮南鸿烈》,名气很大,可还是老一套。而他却搞哲学,且与印度、西方哲学相印证,可以说是朴学家中第一个对诸子进行哲学思想研究的。同样他的革命精神,能够继承的人也很少。辛亥革命后,先生从事民主革命任务画上了句号,后来军阀混战,他也无可奈何,留在人们心中的只有他的革命精神,而真正贯彻先生革命精神的只有鲁迅,不过先生是旧民主主义革命思想的代表,鲁迅则是新民主主义思想的代表。所处时代不同,精神却是一贯的。

先生有一种积极进取的精神,绝非后来人想象的老夫子。前几年有个笑话,有人写文章说,先生结婚是长袍马褂的旧式婚礼。这完全是瞎想,我曾撰文反驳,并附上照片,他穿的是西装,孙中山、黄兴都参加了,主婚人是蔡元培。有人想当然地认为研究国学者必然守旧,但实际上先生对于传统文化是要"恢弘而光大之",为时代需要服务。

想起来章先生对我印象深刻的,是他对国家、对民族、对民族文化的使命感、责任感。先生在同盟会初期就写有《革命道德

1936年,部分章门弟子合影于苏州公园

论》。认为参加革命而无道德就是投机。他始终以国家民族利益为重，"自任以天下之重"。肩上负担着社会革命和文化传承两副担子，他在上海狱中写的"自记"中就明确提出来了，我曾把他的话写成篆字条幅悬于座右。

对声韵、训诂等，我不是不重视，而是不专研，我偏重诸子。谈国学而不懂声韵、训诂，是不行的。我重在用，即用专家的成果为研读古书服务。我在各校教书，只开过文字学课，没开过声韵学。到章门后，发现章先生就是重视诸子，更坚定了我的信心。章先生文章中有两段话，现在抄给你们——

一段是先生在写给《国粹学报》主编邓实的信中提到的："学问以语言为本质，故音韵训诂，其管籥也；以真理为归宿，故周秦诸子，其堂奥也。"

另一段是先生在《菿汉微言》中提到的："自揣平生学术，始则转俗成真，终乃回真向俗，世固有见谛转胜者耶。后生可畏，安可质言？秦、汉以来，依违于彼是之间，局促于一曲之内，盖未尝睹是也。乃若昔人所诮，专志精微，反致陆沉，穷研训故，遂成无用者，余虽无腆，固足以雪斯耻。"

所以，我的研究方向，就定为诸子，而以庄子为重点。我把诗、书、画、印作为"国学"的一部分来对待，目的在于对中国传统文化的全面继承和发展，同样体现着一种使命感、责任感。从教后，书、画、印都作的少了，只是遇到同好和朋友，才相互切磋创作。诗，在初中时写七言歌行，订成一本。到高中，转写五古，发表过几篇，抗战初才写五、七律、绝和词，功夫不深，不过都是属于感时抚事，很少风花雪月。喜欢旧小说中常说的"怎见得，有诗为证"，就是作诗证事的。只偶尔作一两首，自己刻有一图章，文曰"未能高咏"，不敢以诗人自居。

我认为诗、书、画、印作为中国传统文化的一部分，既能体现中国文化的博大精深的一面，同时也能表现中国文化的"中和"为美的基本思想，从中可以陶冶情操，使人格得到升华，丰富内在的精神世界。孔子说:"古之学者为己,今之学者为人。"所谓"为己",就是指"因心以会道",完善自己的人格。这种东西西方没有,可以说是中国的"国粹",是人类非常宝贵的一份精神财富,无论如何都应该重视。如果没有一些热心于文化事业的人,而一味追求经济利益,我真担心"此道绝矣"。到那时,那将是全人类的遗憾!

西方文化关注点主要在物质利益上。追求利益,自然首先考虑的是自己,这必然会产生相互竞争,出现不和谐。中国传统文化关注点主要在伦理道德方面,重在培养君子人格。《论语》中的孔子,便是中国人的人格楷模。孔子说:"君子喻于义。"

姚先生书章太炎先生诗《艾如张》

"义"是什么？义就是正义，是一种伦理规范，在行为上就是人间一种正气的表现。心中有个"义"字，便会行得正，站得直，把自己的利益搁在一边。中国的君子考虑的不只是自己，而是自己周围的人，或者周围的环境，考虑如何营造一种心情舒畅的环境，让周围的人感到温暖，感到自己存在的意义。君子不是为自己活着，多半是为了自己所依附的群体，如家族、乡里、民族、国家等。所以古人又说："利物为义。"从道德评价上说，中国文化肯定的是君子，君子的行为是高尚的；西方文化肯定的是利益争夺，按中国传统观念说，这是小人的行为。孔子说："小人喻于利。"小人的行为是庸俗的。

但科技与经济,偏偏是在庸俗中发展的,是在人的征服欲与占有欲极度膨胀的状态下发展的。君子的高尚带给社会的是快乐,是精神上的舒畅,而不是经济的发展。社会经济不能在"高尚"中发展,"现代科技"的飞船只能在庸俗、丑恶、贪婪的跑道上起飞。然而人类的和平、安宁、幸福与快乐,能在庸俗、丑恶、征服欲与占有欲的无限冲动之中找到吗?从表面上看,物质利益比伦理道德更实惠,因而人们就感到中国文化不如西方文化先进。但是请问,在日常生活中,谁愿意跟唯利是图的小人交往呢?与小人交,时时刻刻要提防给坑;与君子交,则大可放心。人们尽管可以让自己成为"小人",却非常愿意周围的人是君子。君子人格只有中国文化才能培养出来,以利益为目标的西方文化,与君子是无缘的。正是因为人们认为君子好,君子受人尊重、钦佩,所以才出现了"伪君子"。简单地说,西方文化重物质,中国文化重精神;西方文化认可竞争,中国文化注重和谐;西方注目于个人的小团体的眼前利益,中国文化则是要为人类开万世太平。"为万世开太平",就必须搞和谐。

姚老师撰有《章太炎传》、《试论章太炎先生的诗》、《章太炎学术年谱》和《山西的几个章门弟子》等论著。《章太炎传》长达五万字,分为八大章节。第一章"时代、家庭和家庭教育",第二章"学术上所走的道路",第三章"和改良主义的合作与决裂",第四章"和保皇党的斗争",第五章"和立宪党的斗争",第六章"反孔与反复辟的斗争",第七章"由政治向学术的转变",第八章"坚定的爱国主义"。这是对章太炎一个相当全面又简明扼要的勾勒评述。作为曾经亲炙馨咳的入室弟子,所记所述所评自然与一般靠收集资料敷衍成文的情况不同,而真能"一语道着"。比如:

我们看章太炎的学术道路,不只是看他和前人方法上的"同",更重要的是要看他们观点上的"异"。他指出:"清代的经学家除今文外,大体与汉儒绝异。"因为汉儒拿经典来"明治乱"，为复古倒退服务；而清儒则长于"求是"，作为学术研究，"夷六艺于古史"即把六经降低到古史地位，不谈什么"（圣人）吐言为律"，而古代社会兴衰的事迹却大体可知。以此为基点，作贯通的研究，"则可以明进化"；作断代的研究，"则可以审因革"。至于诸子、古史的研究，同样是为了"观世知化"，即观察社会，懂得变革。也就是以研究社会历史为目的，而不是以"经世致用"为目的（上引并见《清儒》）。这段话是对清儒的评论吗？不是。因为清儒没有也不可能有这样的觉悟。即使他们不着重宣传孔孟之道，但其思想绝不会超出儒家的范围。至于章太炎，则在时代号召下"趋时，而且造反"（鲁迅《趋时与复古》），这就使他对同样的古籍作出全新的看法。像"明进化"、"审因革"、"观世知化"等概念，已充分具有了晚清时期的时代精神，不但和朴学家异趋，而且和封建史学家也大有不同。从此，他摆脱了前人的羁绊，走上了自己找到的道路。从此，儒家的经典，只成了掌握的史料的一小部分，而他把他所该读的大量史籍，和社会现实密切联系起来，逐渐使学问为现实服务。

对孔子的评价，当时章太炎和康党有了很大的差别。他认为孔子在历史上应该是个"良史"，和司马谈、司马迁父子、刘歆差不多；他说孔子死后，"名之足以抗者，汉之刘歆"（《订孔》）。刘歆在西汉末年整理群书，写成《七略》，和传说中孔子整理"六经"情况正同。

章太炎认为学术的目的，不过"求是"、"致用"两条路，而两者又是相互为用的。"求是"就是"实事求是"，"致用"就是为现实服务。他反对玄学家那种"专志精微，反致陆沉"和一般朴学家那种"穷研训诂，遂成无用"（《菿汉微言》）的现象。在这种思想指导下，他的学术成就就往往超越前人，代表着学术发展史的一个新阶段。

在史学上，清代学者也诚然作出了不少成绩，考证、补改、校释、述评，各方面都有不少著作。章太炎则在他们的基础上，扩大了史学的领域，明确了读史的政治目的，而其功夫则在于贯通古今，基本上走的古为今用的道路。如果说他的小学，已体现了"求是"、"致用"两原则，则他的史学更充分发挥了两原则的作用。章学诚提出"六经皆史"的口号，但在实践中经自是经，史自是史，丝毫没有触犯经的神圣地位，章太炎则从实践上合经于史。……他认为小学的对象——语言、文字，正是史的内容之一，他要人们爱惜汉族历史，首先就是"语言文字"（《欢迎会演说词》）。他认为诸子是汉族历史的精华所在，"周秦九流，则眇尽事理之言，而中国所以守四千年之胙者也"（《自述学术次第》），"管、庄、韩三子，皆深知进化之理，是乃所谓良史者也"（《与吴君遂书》）。可见他所谓史，几乎包括了整个文化。

章太炎认为读史的目的，决不是为了"敦（厚）古"，更不可泥古，因为几千年来"政俗迭变，凡诸法式，岂可适于晚近"（《与人论朴学书》）。学史的目的一是为了培养爱国主义精神，他说"人不习史，爱国之念薄"（《蓟汉微言》）；二是为了经国，他自己就是由于"不忘经国"、"寻求政术"，因而"历览前史"（《蓟汉微言》）的。他认为读史必须看史事的本质而不是看文辞。

章太炎在治史的方法上，还有一个最大的特点就是贯通。他总是考古论今，旁及欧美；上自社会制度、刑法、政治、经济、文化的研讨，下及一名一物、一人一事的考证，都是以贯通为其特点的。也就是他所谓："泛览典文"、"兼综古籍"（《自述学术次第》），而要在"观其会通"（《蓟汉微言》）。因此，他的成就既非"笺疏琐碎"者可及，也非囿于"一曲"的学者可比。

看了这些论述，我们当然可以明白姚老师所继承的"章门"治学的精华究竟何归何属了。

《试论章太炎先生的诗》贯穿着对太炎先生精神境界同样的领悟和理解："那些论体分派，矜奇立异，寻章摘句，分题日课之类的诗人们，与章先生就更不相干了。然而章先生的诗，却具有一种独特的感人力量。人们一读起来，就会感到一种逼人的气势；再读三读之后，更会因其深厚的内涵和真挚的激情，而为之心魂震荡，不能自已。所以他的存诗不过百首，而其多数篇章对读者精神上的震撼，却绝非一般诗人所可企及。""章先生的五言古体，存三十几篇，在存诗中比例最大。除《东夷诗》十首是写在日本的见闻外，大部分都和中国革命进程联结在一起。题材上虽有咏史，有怀旧，有纪闻，而中心主题却只有一个，那就是抒写忧国忧民之情。其艺术风格，不在于清辞丽句，文采斑斓，而在于自然浑成，风韵遒上。置之佚名古诗和曹、刘、阮、左之间，毫无愧色，而思想内容却远非前人可比。"（"佚名古诗和曹、刘、阮、左"，指古诗十九首、三曹、刘桢、阮籍、左思。）

这种对章太炎诗歌思想、艺术和风格的评析，其实也就是姚老师自己写作诗词的特点，真可谓有其师则有其徒。

姚老师对章先生终身深切怀念，不能自已，总想把老师的学术发扬光大，而中年时境遇坎坷，没有条件，到 20 世纪 80 年代后却又被各种教学任务、政治事务、学校和社会的纷繁活动等缠身，忙得不可开交，又是那种不管什么事总要尽心竭力干好而不会投机取巧忙里偷闲的性格，弘扬章先生的心愿一直难以了却。后来第二届研究生董国炎，在姚老师指导下，完成了《章太炎学术年谱》（405 千字，山西古籍出版社 1996 年出版，2001 年第二次印刷），姚老师于 1993 年 5 月 10 日欣然作序，缕述了自己多年来渴望完成这一工作的迫切心情和某些前期努力，对最后终于实现夙愿感到欣慰："我自念年老、事烦，精力不足，也挤不出完整的时间专心致志地考索，于是全面工作就不得不由董国炎一人承担下来。我只参与商讨，聊备咨询，我的《章太炎传》原稿，也只作为参考资料之一。到今年初，

● 姚奠中 董国炎 著

章太炎学术年谱

山西古籍出版社

杭州"章太炎纪念馆"章门部分弟子照片

近40万字的《年谱》稿,终于由董国炎全力完成了,其用力之勤,令人欣慰,而我也颇有如释重负之感。"

姚老师在1980年代以后,曾前往参谒章太炎先生故居和茔墓,直到2006年,还在山西大学组织召开纪念章太炎先生的学术讨论会。其对章先生的一往情深,十分感人。

为国为民轻九死,文明文化重一肩。

兴王名世皆尘土,尽瘁竭忠薪火传。

——余杭章太炎先生故居

西子湖边日正薰,南屏山下拜师坟。

钱塘江水浪推浪,学派承嬗代代新。

——谒章先生墓

五十年来世变频,学术功烈谁能论。

人生代代无穷已,死而不亡是国魂。

1986年，与同门汤炳正等在章太炎墓前
——章先生逝世五十周年学术讨论会

高山仰止拜师门，非为师承定一尊。
革命未成常忘死，学术奥衍与谁论。

龙战玄黄惊世变，低回往事记犹新。
眼中磊落二三子，趋步终当叹绝尘。
　　　——谒余杭章先生苏州故居二首

永记元戎飞羽檄：
姚老师的政治情怀

香山有怀

西山古墅对朝霞，劫火生民亿万家。

永记元戎飞羽檄，直追穷寇到天涯。

且从小苑参苍柏，不向荒郊数暮鸦。

眼底几多忧国士，春寒催发玉兰花。

　　此诗前面有小序："1989 年 3 月 28 日。全国政协七届二次会议期间，余寓香山饭店。寓后半山有双清别墅，为党中央 1949 年 4 月后驻跸之处，亦即指挥百万大军渡江解放全中国处也。"姚老师于 1983 年 4 月山西省政协第五届全会上当选为副主席，6 月担任全国政协委员，出席全国政协六届委员会大会。1988 年 3 月再次当选为全国政协委员和山西省政协副主席。1989 年 3 月参加全国政协七届二次会议，寓居北京香山，3 月 16 日写给夫人李树兰的家信中有云："16 日晨 6 时 20 分准时到京，7 时 30 分到住地香山饭店，住 232 号房间。"此诗作于 28 日，乃会议期间"忙里偷闲"参访毛泽东等中央领导旧居双清别墅而吟咏抒怀也。

　　每一代人都有自己的信仰和情怀，而这种信仰和情怀的形成，青年时期的遭遇感受起奠基作用。姚老师出生于 1913 年即中华民国二年，青少年时期历经长期的国内动乱，特别是 19 岁那年发生"九一八"事变，日本帝国主义大举入侵,八年抗战后接着三年国内战争,历尽颠沛流离挣扎抗争,对国家统一和社会安定渴望之强烈,成长于和平时期的后代人难以有那种切肤刻骨之感。毛泽东为领袖的中国共产党最终统一了中国,并在很短的时间内肃清了长期以来的社会不安定因素,使国家走上了和平建设的轨道。尽管此后有各种曲折,甚至十分严重的挫折,但对姚老师那一代人来说,对政府、领袖和执政党确有一腔发自内心的深厚衷情,特别是"文革"后迎来改革开放的新时代,对国家的前途充满了信心和希望,作为全国政协委员和省政协副主席,面对双清别墅这样富有历史意义的革命古迹,感慨激动,发之于歌咏,乃真情实感,而非趋时"颂圣"。

　　这首诗分前后两段,前四句为第一段,乃怀古;后四句为第二段,是感今。首联"朝霞"和"劫火"是两个关键词,前者是 1949 年国家终于统一的象征,后者是此前三四十年长期动乱的喻指。双清别墅正是由动乱而统一之重大转变的历史指挥所,亲履其地,怎能不回想起当年运筹帷幄的领袖之雄才大略呢?

　　1949 年 4 月, 毛泽东正是在双清别墅发布《向全国进军的命令》,4 月 23 日解放军就渡过了长江占领了南京的总统府, 国民党残余势力只好逃往台湾岛。毛泽东就是在此后 4 月某日创作了《人民解放军占领南京》七律,其中有"宜将剩勇追穷寇,不可沽名学霸王"的名句,此即"永记元戎飞羽檄,直追穷寇到天涯"的出典。当年国民党曾幻想隔长江而搞南北朝,而毛泽东为首的中共中央坚决果断,以雷霆万钧之力,一举统一了中国大陆。从历史的长河鸟瞰,这固然是狂风暴雨月落日升的大观,作为当代人则因经历立场的差别而心感迥异。海峡那边的龙应台痛慨"大江大海"之颠覆涂炭,而当时对国民党政府早已绝望而急切渴望统一并亲躬其遇的姚老师,面对重要遗迹,回首往事,则有一份非亲历者所能体会的兴奋与沧桑感。

　　后半"且从小苑参苍柏"由历史的缅怀回到了现实,"小苑"指双清别墅,"参苍柏"表面上是说欣赏别墅周围的松柏树,而一个"参"再加一个"苍"字,就和上半首的历史风云自然联系了起来。"参"者"参悟"也,"苍"

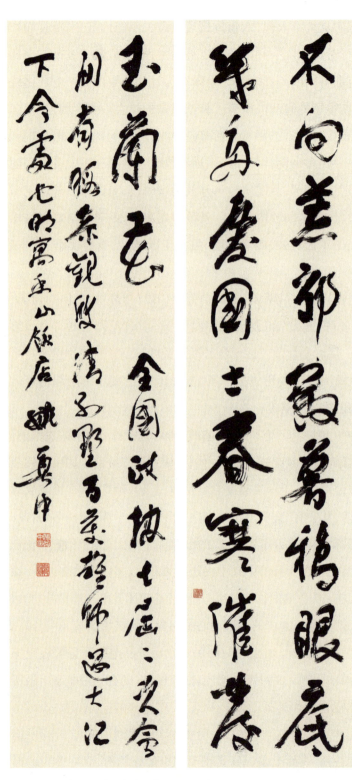

姚先生行書四條屏《香山有咏》

钟山古垒望孤云

大志良德善家永记元

我飞狗檄立追穷寇玉

天涯且送小苑秦苍柏

者岁寒然后知松柏之后凋也,其间寓意颇深。而"不向荒郊数暮鸦"则是姚老师一贯的"向前看"积极进取人生观的表达。此年他已经77岁,是"暮年"了,却老骥伏枥,意气风发,关心国事,哪里有丝毫"荒郊数暮鸦"的颓唐呢! 1989年3月末,正是改革开放初见成效后新的矛盾酝酿丛生已颇尖锐的时期,当时全国各种思潮涌动,议论纷纭,作为参政议政的全国政协会议,当然也有反映。此即"眼底几多忧国士"之时代背景。而最后一句说"春寒"反而"催发玉兰花",固然也是香山实景,但更是以景喻意,面对复杂的现实,传达对客观形势的一种主观情绪,基调还是乐观的。"发"原作"绽",从音韵而言,"发"和"花"音近,似不如"绽",但从意思来说,"发"则更有一种内在的驱动力量。玉兰花绽发作结句,从诗艺言,仍是"以景结",形象感强而有馀味。

本诗是步李商隐《隋宫》原韵。李诗是:"紫泉宫殿锁烟霞,欲取芜城作帝家。玉玺不缘归日角,锦帆应是到天涯。于今腐草无萤火,终古垂杨有暮鸦。地下若逢陈后主,岂宜重问后庭花?"韵脚响亮,对仗工稳,意象繁复,但传达的情绪是慨叹隋朝毁灭的历史兴亡感,压抑低沉。姚老师的诗则昂扬向上,朝霞,玉兰花,亿万家,元戎,苍柏,多用靓词大词,造成意象明亮、声调铿锵、气势开阔遒劲的意境,"挥羽檄""到天涯"一联为流水对,更增加了一种舒宕雄放之气概。这自然是不同时代和作者的差异。

1999年12月8日,我已调大连,曾步姚老师诗原韵芹献一首:"千秋风雨几朝霞,谁向神州忆故家? 庄子多情体道语,右军绝艺富生涯。长悬绛帐栽桃李,不上迷楼点鹊鸦。独在蓬壶得意处,当年立雪笑梅花。"或者也有助于鉴赏姚老师的大作吧。

百年忧乐联华夏

为周汝昌先生写传记,记述到周老悼念周恩来、毛泽东、胡耀邦等国家领导人的诗作,以及当选为全国政协委员而赋诗等情况时,我曾这样评述:"据说陈寅恪本来写有庆祝国庆节、欢呼中国原子弹试验成功等诗作,后来在编辑陈的诗集时,这些作品都被编辑者删弃了。这其实也是一种遮掩历史真相的不尊重历史之举。老一代知识分子有他们特定的经历、处境和思想感情，是不应该脱离时代背景的真实而将其人为地'塑造'成所谓纯粹的'自由主义知识分子'一类'形象'的。"周老还写有建国十周年的套曲，其中有颂扬当时"大炼钢铁"等情况的句子，有人于21世纪也过去了10年的时候撰文讽刺，说什么"绝世才子的政治盲区"。这种"事后诸葛亮"、"站着说话不腰疼"的"高明之辈"，如果真的身处当年的历史境遇中，其表现恐怕也不敢恭维吧。

姚老师的诗作中，这种情况也大量存在。如1958年写有《太原西山七首》和《西山炼铁用毛主席〈送瘟神〉韵二首》。《太原西山七首》标题下有说明："1958年10月，山西大学师生分批到西山开矿炼铁。我随中文系大队前往。"这些诗作当然不可能是对"大炼钢铁"的反思批判，而是："运煤健儿知何似，二郎(读朗)担山赶太阳"、"熊熊炉火兼明夜，炼铁员生未肯休"、"好乘卫星观故国，熔炉千万正燃烧"一类。同样，1976年，姚老师写有《悼周恩来总理三首》、《悼毛泽东主席》、《西江月·斥"四人帮"》等作品。20世纪八九十年代，也写有如《为淮海战役三十五周年纪念书》、《为上党战役四十周年书》、《为"延安文艺座谈会讲话"五十周年书展书》、《为全国纪念毛主席书画展书》、《颂邓公》、《建国五十年感时》以及其他一些"应景"作品。

说是"应景"，但对姚老师来说，又的确是发自内心的真实感情。姚老师的人生观，愿意"向前看"，是"体制内"而非"体制外"，因为他们那一代人，通过1949年以前半个世纪的国家之动荡、战乱、分裂、外侮等亲身经历，是实实在在认同中国共产党统一中国的伟大历史作用的，是实实在在认识到并没有别的取代力量的。对1949年以前的国民党政府之腐败无能，也是感同身受的。姚老师并没有参加共产革命，却是"爱国"的。"爱国"超越一切，只要对国家好，即使个人遭遇一些不公正，也要从大局出发。通过前面几章涉及到的姚老师1949年前不断"逃难"之各种艰辛困苦的遭遇经历，"知人论世"，应该可以理解。

当然讲到诗词艺术价值本身，学术诗如论书法论唐诗等之外，我更喜欢1949年以前的作品。如1938年参加抗日游击队时写的《泗县感

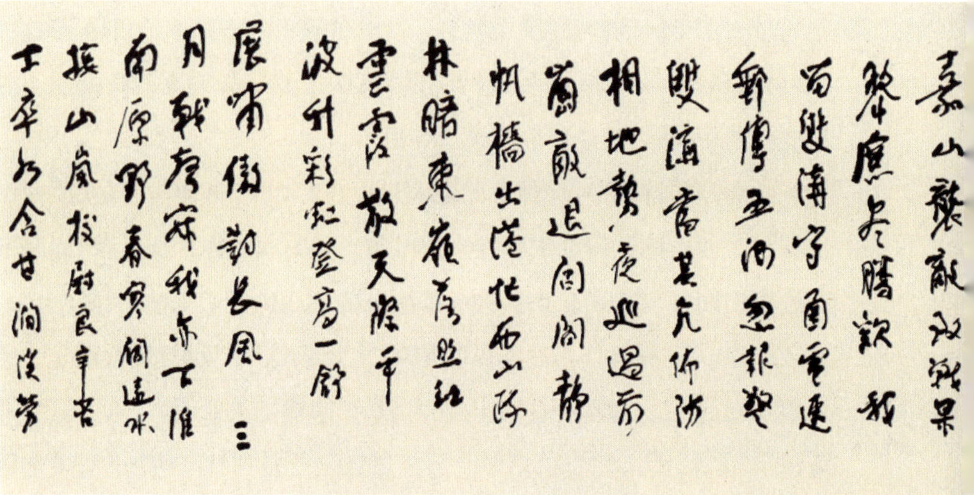

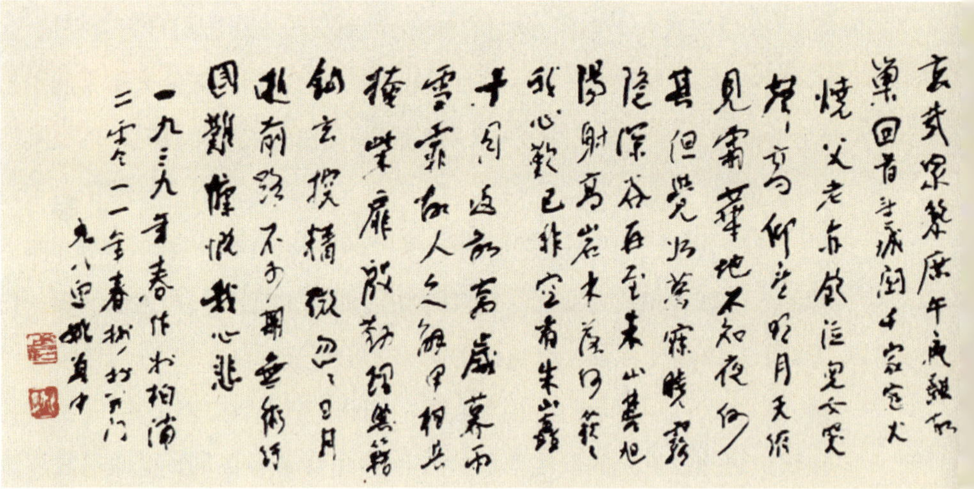

《一年纪事》行书长卷

一年纪事

壬午元旦月阳
颜驰泗城之胡
为者投笔奋戎
行路出朱山崖
振衣陟峰踪北
风何凛冽飘云
山头横雁阵阵
入云我马脱风
鸣引莫延伫
超会诸弟兄心
赴园觐誓繁相
悦偸一旅雄寰岣

军爱执干戈歇颓隔
游大马李闲根勃貌
戎五河教学且自慰
北志眼惰磨荆棘塞
广路安得有岂柯玉
月笙如雨避地陟险渍
草色遠天碧春夭千峺
新嘉偉同世如征调安
野人不倦烟火何一
不復艺烟蒿但见禾
縱長蓋华共蓁二七
月洪浑波横侍在斯若
坐。天风雨居民生为
鱼浩。後陵之彼客阶
于西延学宫宸闰月。
未阑同心香聚芳午
夜漠洇阔流足征句若

时》，稍后的《一年纪事》，特别是本书开头就引出的《过庄子庙》。而前文已经提及的弘伞法师，姚老师写有《疯人歌赠弘伞法师》，也是一首优秀的长歌：

昔年胜事不可寻，疯人欲诉声已喑：
"流光如驶过骎骎，三年战血满江浔；
满江浔，台阁入山林；入山林，
君子卧云岑，且看峦峰之岖嵚。
富贵正足念，有酒当满尊。
千百同胞火薰薰、雨淋淋，
听唱《最后胜利》虎啸龙吟。
有兵还自伐，有官但爱金，
敌骑来犯，勇气顿消沉。
空闻广播传佳音，坐令敌寇自成擒！"
我闻此语往告和尚去，满怀悲慨溪壑深。
中情欲哭和尚笑，一笑转觉更伤心。

通过如泣如诉的描写刻画，一个爱国和尚的悲怀愤慨和诗作者自己的忧忿心情都跃然纸上。正是"有兵还自伐，有官但爱金，敌骑来犯，勇气顿消沉。空闻广播传佳音，坐令敌寇自成擒"的当日之残酷现实，使广大的爱国人民特别是青年对执政者失望，而认同并接受了后来在内战中胜利的一方。这也可以说时耶命耶运耶，是不能假设的历史选择。

姚老师于1944年写过一些情词，记录下一段恋爱经历，《姚奠中》里面有记述。在此引录一阕，以见一斑：

孤馆凄清，闲愁如织，那堪往事从头记。蔷薇天气恼人时，
两情脉脉才相识。　　过尽骄阳，秋风初至，别来幽恨殷勤寄。
月明柳暗影迷离，依稀印入相思字。

——踏莎行叠二首之一

纵有豪情似旧时
花开花落两由之
无端闭户听风雨
寥廓江天入梦思

牛棚寄兴 老枵叟年九十

姚老师和周汝昌先生那一代人，最强烈最浓郁的是家国情怀，抗日战争的胜利是最大的喜悦。姚老师写有《闻捷》，乃"1945 年 8 月 10 日，日寇请降，9 月 3 日签降书"：

> 夜幕沉沉渐次开，一天曙色自东来。
>
> 十年泪尽苍生血，万里江山此日回。

1949 年以后的诗作，有两首诗值得一提，一首是"1969 年 4 月'牛棚'"中所作《剥鲁迅诗》：

> 纵有豪情似旧时，花开花落两由之。
>
> 无端闭户听风雨，寥廓江天入梦思。

另一首是"1978 年 4 月 22 日,校党委在大会宣布给我的冤案平反"所作《有感》:

> 二十年来几是非,晦明风雨梦依稀。
> 荆山献璞成和刖,鲁酒无醇致赵围。
> 青眼时蒙多士睐,黄牛一任路人讥。
> 天回地转开新史,铩羽苍鹰尚可飞。

此后的姚老师,就是大鹏展翅,奋力而飞了,无暇他顾,当然也无暇"反思"。得耶失耶,外人是不能置喙雌黄的。姚老师说,自己年轻时写《〈礼运·大同〉辨》,对儒家的"大同"理想十分向往,但也感到有点遥不可及,邓小平同志提出并设计而带领人民奔"小康",是比较现实的。

1993 年,姚老师奉答周汝昌先生贺书艺赴京展览诗作,吟七绝二首:

一

> 转益多师是我师,或通或否两由之。
> 平生文史余宏愿,性癖雕虫不可医。

二

> 少贱多能鄙事通,依仁游艺蕴其中。
> 百年忧乐联华夏,纵使箪瓢未解穷。

或通或否两由之,百年忧乐联华夏——这就是姚老师政治情怀的本质。

令德合高寿：
姚老师的人生境界

姚老师和李树兰师母一生伉俪情深，携手走过风雨人生，育有三子一女，俱成材成栋。李树兰师母先姚老师而去，但也享高寿。《姚奠中讲习文集》第 5 册中，有姚老师出差时给李师母的信札多封，虽然只是报告行程关问家事一类琐琐闲话，但娓娓道来，情感真挚。2004 年 10 月 2 日姚老师赐笔者信函中，有这样的话："老妻今夏弃世，活了八十七岁，病中一切医疗，护卫方尽了努力，最后以心肾衰竭不治。无痛苦，无遗憾。友生关切之情，在山大所有逝者中，绝无仅有。也有不少相知，以未得通知为憾。"这倒让人想起《庄子》中所记载的妻子去世后，庄周鼓盆而歌的故事了。姚老师喜欢听音乐，青年时代在西南，与友人、著名音乐家杨大钧在一起工作，常常听他吹

1978 年，姚先生与夫人合影

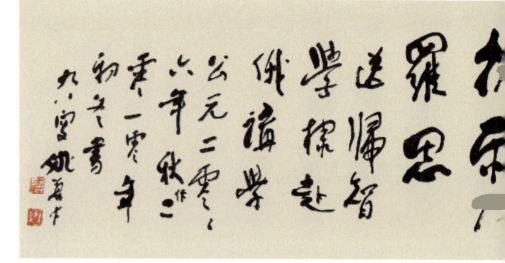

姚先生送本书作者赴俄讲学诗并书

拉奏弹而自娱自乐。"那很好啊!"姚老师和我说起过那种情景,由衷向往的追忆表情至今如在目前。"至人惟寂寞,庄周独多情。隐词皆感激,高歌同哭声。"信乎!

1999 年 8 月,我从太原的山西大学调往大连的辽宁师范大学,姚老师赋七绝送别诗赐下:"海畔名城景色殊,忘言得意即蓬壶。太行挥手遥相送,咫尺天涯德不孤。"我奉和敬答:"白羽凌波意态殊,荣枯万象贮玄

2010 年 5 月 21 日,姚奠中国学教育基金会第一次理事会合影

鹏飞九万竟何之？落日浮云别意滋。不北去胡南走越，和风挟雨入罗斯。

壶。蜃楼缥缈情犹在，如缕名泉幻绝孤。"其后阎凤梧先生以及同门师兄弟李正民、康金声、傅如一、刘毓庆、牛贵琥、董国炎等俱步韵唱和，亦一段佳话也。

　　2006年，我去俄罗斯圣彼得堡国立大学东方文化系讲学工作两年。到俄国不久，就收到通过电子邮件传来的姚老师赐诗："鹏飞九万竟何之？落日浮云别意滋。不北去胡南走越，和风挟雨入罗斯。"并有注解："李

2010年12月26日，山西省姚奠中国学教育基金会成立大会召开

一七一

2010 年 12 月 26 日，山西省委常委宣传部长胡苏平、省委常委副省长高建民为山西省姚奠中国学教育基金会揭牌

白《送友人》：'浮云游子意，落日故人情。'"（姚老师写为法书时文字略有小异）

我后来也有《步赐句原韵奉姚师》："人瑞天福信有之，高原立雪草丰滋。夜归犹记推敲外，月影星光梦若斯。"亦加注解："1978 至 1981 年予就读先生门下，常于周末至先生家中观看电视节目，观毕出门每星月交辉，人影在地，今忆之如梦矣。推敲，用贾岛韩愈故事，时在姚师家观看节目，亦时与老师及师母交流观感，切磋文艺，或偶发争论也。"

2010 年 12 月 26 日，山西大学举行"山西省姚奠中国学教育基金会"成立大会，姚老师为基金会捐资 100 万元，儿女亦各有捐赠。山西省各界贤达共襄盛举，俱有贡献。姚老师已经高龄 97 岁，仍然身体康健，与会议代表合影留念。笔者曾赋七律一首，用《诗经》典故，并步杜子美《蜀相》诗原韵，以表祝贺之意：

崧高维岳万千寻，振鹭于飞韵逸森。

献豆尊笾礼至味，敲钟击磬乐韶音。

章门历历传文脉，姚老拳拳奉素心。

有凤来仪报吉信，彼汾一曲快披襟。

姚老师的女公子力芸女史读后，说这是"颂诗"，不够亲切。笔者乃于 2011 年 1 月 14 日再赋《辛卯元旦恭贺姚奠中老师福寿康宁》三绝句：

2012年4月6日，光明日报社与山西大学联合召开"姚奠中先生国学思想研讨会"

一

一脉汾流润物滋，尼山气象几人知？

松龄犹自添薪火，家国情怀最可思。

二

铁画银钩赞大家，谁知余事写云霞？

锺情最是栽桃李，教化功成乃可夸。

三

绝学章门续旧缘，滔滔难老沃新泉。

流芳长在晋源水，星斗耀如花竞妍。

听说姚老师阅后说这三首诗写得还不错。要是简明概括姚老师的学术风格和教育精神，窃以为"博通简要"四字比较恰当。2012年，姚老师就庆祝百岁寿诞了，这本小小的学术评传，就作为一个弟子的微薄心意奉献吧。

2012年6月6日,章太炎、姚奠中师生书艺展开幕式

2012年6月6日,章太炎、姚奠中师生书艺展开幕式上姚先生致答谢词

2012 年 6 月书展期间姚先生欣赏章太炎先生书法作品 （王一娟　摄）

2012 年 6 月 6 日,章太炎、姚奠中师生书艺研讨会

附录一

2012 年 3 月 31 日,姚先生摄于家中小院

关于奠中先生二三事

鲁迅先生写有一篇《关于太炎先生二三事》,纪念他的老师章炳麟。

我把鲁迅先生的题目借来,为我的老师姚奠中先生写一点文字,以表示一个弟子的微意。我之所以这样"斗胆",是因为这里存在一种"因缘"——姚先生是章太炎晚年在苏州创办国学讲习会而招收的研究生,他是亲炙了太炎先生耳提面命教诲的真正的"门墙桃李"。而我,虽不才,却也有"际遇"——是姚先生在十年"文化大革命"后招收的第一批研究生之一员。论起传承来,我竟是"太炎先生再传弟子"呢,至于贤或不肖,那又是另一说了。依照老传统,我不该在文中直书姚先生其名而该用字或号的。姚先生本名豫太,奠中是字,今以字行。我也算没有错了"规矩"。

就读姚门,三年时光。那时候百废待兴,一切都有"草创"的意味。从右派戴帽到"文化大革命""住牛棚",姚先生劫后余生,一下子招了 11 名研究生。他很久以前可能培养过一两个研究生,但事隔多年,忽然招来一个"班",怎么个培养法,不但姚先生,全国的老专家、老教授,在 20 多年

1992 年，姚先生出席傅山碑林开幕式

的"左"倾影响下，都有点摸着石头过河，各出机杼呢。除了外语、哲学等公共课及另请一位先生开古文字课外，姚先生亲自开了中国古代学术思想、文艺学和古文论、中国文学史专题和科研实践等课程。学术思想以《汉书·艺文志》为基本教材，梳理学术传统的渊源流变，是一门融文、史、哲为一体的课。现在回想起来，也就是四五年后人人都在讲谈的"文化"。文艺学和古文论打通现代和古代的文艺思想，使学生获得高屋建瓴的视角。文学史专题从《诗经》、《楚辞》、司马迁到李杜、苏辛、《红楼梦》，理清了两千年文学发展的脉络。结合讲授，先生让我们把几种不同的文学史读本对照细阅，参校同异，作了详细笔记。科研实践课则培养动手能力，先生亲自带领我们选编了三部书稿。这样不仅使我们参与了选、编、注、写的全过程，熟悉了各种工具书、原始资料的使用，掌握了作科研的基本方法，而且实际搞出了好几项科研成果。这一套设计方法，真是事半功倍，既出人才，又出成果，充分体现了姚先生教育思想的"活"和教学方法的"巧"。在当时"紧箍儿"欲除未除的时代背景下，这一点是很突出而不同凡响的。当时曾有个别同学不理解先生的"路数"，抱怨读文学史的研究生怎么不多讲读具体作品呢？毕业工作以后，经过几次成功与失败，才悟了过来。不开拓思路，不理会"门径"，就是读上几十篇、上百篇诗文，终究还是在"门外"转悠。

据说有些研究生导师"门禁森严"，不让研究生听其他学者的课，更不准接受与己意不合的学术观点，否则就是"背叛师门"。思想活跃、不拘一格的学生要是遇上这样的导师，那可就"别扭"了。姚先生指导我作毕业论文时，为教育史提供了一个教育思想开放豁达、因材施教的动人"公案"。

姚先生是朴学大师，治学从小学（文字、训诂、音韵）和学术史角度入手。先生特别专精的是先秦诸子和诗词考评。对明清小说，涉猎广博而未专治。我出于自己的气质、经历和读书背景，不知怎么一来，一下子钻进了《红楼梦》，搞起了"探佚"这个有点"歪门邪道"的研究。可是，我写的第一篇论文《探春的结局——海外王妃》立刻就得到先生的肯定和支持。此后我写了一系列探佚论文，又得到著名"红学家"周汝昌先生的热情鼓励。对此，姚先生不仅没有丝毫芥蒂，而且由此与周汝昌先生从不相识而结为学友。后来我的论文结集出版，周、姚两先生分别写了《序言》和《前言》。周先生是"酷爱"《红楼梦》的，姚先生则在《前言》中一开头就说："我不喜欢《红楼梦》……"相映成趣，成为学坛佳话。姚先生尽管自己"不喜"《红楼梦》，可是仍然在《前言》中客观、准确、科学地评价了我的研究成绩。后来周汝昌先生来信，对姚先生的气度和识解极表感佩。我在北京见到周先生时，周先生又一次和我谈到，像姚先生这样阔大实在难得。周先生把自己咏"红"的诗写给姚先生，姚先生也写了一首绝句奉答：

证梦当年苦用心，雪芹异代得知音。

读君佳句见怀抱，作育英才情意深。

以"作育英才"为人生追求，这确是姚先生的卓荦之处。姚先生在给周先生的一封信中谦说自己著述不丰，周先生回信说，您是一位了不起的朴学家、教育家，岂必"著作等身"才算对人类有贡献呢！

其实姚先生出版有论文集，发表过论文百余篇，编写过十多种著作，在诗词创作、书法、绘画、篆刻诸方面都有很深的造诣，是一位多才多艺、学养极为深厚的人。我听到过这样的"轶事"：先生蹲"牛棚"、烧锅炉时，

2011年9月，《姚奠中》一书首发式暨座谈会

有人拿《康熙字典》上查出的难字来"考"先生，却没有能难住他，可见功力之深。先生曾不无得意地对我说过，他烧锅炉和从事其他劳动时都是一把好手，常被工人师傅"重用"！先生说，什么事只要肯动脑筋，就能找到诀窍。

就我多年的接触感觉，姚先生是一位"用世"之心极强烈的人，对社会的责任感总是萦绕于怀。因而不管逆境顺境，无论是教学、行政，还是社会活动，只要做一件事，就全力以赴，从没有"偷闲"的自私打算。我个人的看法，虽然姚先生对庄子深有会心，但主要是看重了庄子不计较个人得失的"豁达"那一面，本质上，姚先生实在是一位很纯粹的"儒者"，颇有孔子救世的情怀，连庄子也给"儒家化"了，常常是只问耕耘，不问收获，只求此时心安，不管身后名业。这种格局的"儒道互补"自然是很感人的，因而先生的精神状态总是那么昂扬向上，从不叹老嗟卑，就是在境遇最"逆"之时，也能保持乐观，为社会尽力所能及的责任。但因此，各种学术之外的活动也就过多地侵占了他的时间，许多颇有创见的学术见解不能深化为宏大的体系——发表出来而成为沧海遗珠。历史上有一些绝顶聪明的人，当逍遥派，满腹经纶，为己自娱，无名利之想，亦无刻意之求。因此，他们往往带走的多，为后人留下的少。历史上还有一些人，关切世事，总是难以忘掉社会苍生，因而为许多具体的事情耗费了自己的精力和才智。他们也往往是带走的多,留下的少,因为他们的许多好见解没有机会被筑成杰构。姚先生是后一种人,虽然别人感到遗憾,他自己也许是"求仁得仁"吧。姚先生"不喜欢"《红楼梦》,对"个人主义"的作家不如对关切社会的作家更有兴趣,原因可能在此吧。我曾经代一位朋友向姚先生求字,那位朋友是个浪漫派,想让姚先生写一张"开辟鸿蒙,谁为情种"的条幅,姚先生不肯写,说我的字得代表我自己呀。最后姚先生写了一幅鼓励积极向上的字给他。

我最赞赏姚先生青年时代过蒙城庄子庙写的几首五古中几句:"至人惟寂寞,庄周独多情。隐词皆感激,高歌同哭声。"姚先生独许庄周"多情"而扬弃了他的虚无悲观,这就是我前面所说的把庄子思想"儒家化"。姚先生因此对社会"多情",对朋友"多情",对学生"多情"。凡出自姚门的弟子无不具"如沐春风"之感,有许多师生情谊的"故事"。著名历史学家、原山西师范学院(山西大学一度被取消,改此名)院长梁园东教授是姚先生的老朋友,20世纪50年代初姚先生就是应梁院长之邀从南方回山西执教的。梁先生受"左"倾路线之害,1957年被划为"右派",1968年被"遣送"回乡而含冤去世。姚先生对老朋友始终未能忘情,亲自主持,并一再督促我跑遍北京、上海各大图书馆,把梁先生三四十年代发表在各种刊物上的学术论文一一查出,复印拍照,终于选编出版了《梁园东史学论集》,使学海沉珠,再现光华。姚先生亲自撰写了《梁园东教授传》

姚先生书《八十抒怀》

冠于书前,对梁先生的生平和学术作了详尽的介绍和科学的评价。姚先生促成此事,实在比出版自己的论文集要热心得多。尽管梁园东先生是我的岳祖,扪心自问,没有姚先生的鞭策,我恐怕缺乏足够的热情和韧劲玉成其事。

正是这段对社会对人间绵绵不断的情,构成了姚先生人格和风格的核心,并映射到他的学术、诗词、书画等各个方面。尤其书法,姚先生虽以其为"余事",实已达到很高的境界,在社会上有崇高的评价。

我的私意,姚先生将以一位成就卓著的教育家、颇有建树的社会科学家、入贤入圣的书法家和尽诚竭节的社会活动家而名世。许多年前我刚入学受教于姚先生时,曾写过一首小诗芹献于先生,自以为能得先生之神。就录下它作为本文的结束吧:

风骨形神百炼成,人间炉火自纯青。

冰心犹比童心炽,一泻丹崖春水生。

(《山西文学》1993 年第 1 期)

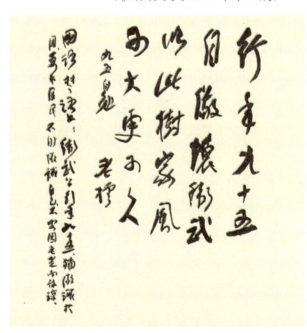

姚先生书《九五自勉》

附录二

我的两位导师

《石头记探佚》是我做硕士研究生时的毕业论文,后来出版,书前冠有两篇序文。一篇是周汝昌先生写的,另一篇是姚奠中先生写的。姚先生的序开头就说:"我不喜欢《红楼梦》,尽管它是中国文学以至世界文学名著。"而周先生,众所周知,是"酷爱""红楼"的权威"红学"专家。这样两篇序相映成趣,形象地折射出我与姚、周两先生的师生情缘。

我是"文革"后恢复招收研究生制度而入学的第一届研究生。1978年考入山西大学中文系古典文学研究生班,师从姚奠中教授。姚先生是章太炎创办苏州国学讲习会时收录的唯一也是最后一届研究生,可说是章门的嫡派传人。我入学后,亲炙章门学风,领略了以小学(文字、训诂、音韵)和学术史为主的治学门径,获得了很大提高。同时,姚先生的思想生动活泼,不拘一格,很鼓励我们吸收各种新思潮,自闯新路。

作毕业论文时,我出于爱好和阅历背景,既偶然又必然地搞起了《红楼梦》"探佚"研究。对我写的第一篇探佚论文《探春的结局——海外王妃》,姚先生很赞赏,但对我进一步深入开拓这一领域,姚先生表示了一些疑虑,说自己对"红学"没有兴趣,言外之意是希望我改一个选题。可是我既然已经上了道,兴趣正浓,怎肯轻易改弦易辙?我自作主张,把第二篇论文《史湘云嫁贾宝玉说》寄给了周汝昌先生审阅。素昧平生的周汝昌先生很快就给我回了信,对我的尝试性研究给予了极为热烈的肯定。我把周先生的回信拿给姚先生看,姚先生不仅不以为忤,而且哈哈大笑,首肯了我就循此路作毕业论文。从此,我每写出一篇探佚论文,都既送给姚先生看,也寄给周先生看。《石头记探佚》就这样在两位导师的指导下写成功了。记得我刚开始标名"考佚",姚先生建议说,"考佚"不如"探佚","探"里面既有考证,也有分析和论述,涵盖性强。而周先生在给我的书写序时,就触发灵感,发明了"探佚学"这个概念,"红学"中因此就多出了一个分支学科。

姚先生和周先生本来并不相识,由于我"转益多师"的因缘,两位先生彼此赋诗唱和,互赠墨宝和著作,成了好友。姚先生有一首绝句赠周先生:"证梦当年苦用心,雪芹异代得知音。读君佳句见怀抱,作育英才情意深。"说起来不好意思但也有自豪感,周、姚两先生"作育"的"英才"就是指的我呀。

毕业留校任教,我和姚先生同校教书近20年,也和周先生通信论学近20年,一个面聆馨咳,一个墨缘情深。检点周先生的来鸿,已经积得一百多封了。这些信谈学论艺,其实也就是新时期"红学"发展史中一个"追踪蹑迹"(《红楼梦》第一回语)的侧面。特别使我感动的是两位先生对我的期许之殷和情谊之厚。山西大学的许多同事说起姚先生,都笑说:"只要一提他那几个研究生,姚先生的头就摇起来了。"意思是姚先生对自己培养的研究生颇有成就感。而周先生,在信中对我的鼓励和关心更是让我有如履薄冰之感。摘引两段,以见一斑:

> 前因来函述偏头痛,会此患甚可畏,不容忽视,曾与姚先生(奠中)言之(他赠来论文集,我复谢也)。

> 我极佩钱先生博学宏通,"罕有畴匹",但我实不喜《围城》聪明俏皮而不厚重,终是南士之风流……今惟足下为知我者,故敢及此,甚愿吾弟学其弘博广通,而不学其聪明俏皮(吾此语并不杂丝毫个人短长)……

姚先生和周先生都对自己的老师一往有深情(此语来自《世说新

语》,后浓缩为"一往情深")。姚先生家中总挂着一幅太炎先生的画像,他对自己的著作出版并不太经意,却念念不忘要出一本章太炎的学术年谱,并终于实现。周先生对其先师顾随也是刻骨铭心,不仅在文章中经常提到与顾先生的前尘往事,更与叶嘉莹等同门合力出版顾随遗著,竭尽绵薄。1985 年版《红楼梦新证》的书名,也是从顾随的遗墨中拣字拼集的。

(《中国教育报》1997 年 8 月 16 日)

姚奠中作品选录

姚奠中先生近照

论治诸子

引　言

　　诸子初兴之时,各尊所学,各行所知,其所言论,皆与当时社会相切合,虽各家注意之点不同,而其人俱存,则与世无隔阂之忧。即其人云亡,而其党徒或皆亲见闻而知之,虽有改易,其大体不至隐没也。及旷日既久,传授都绝,"言语异声,文字异形"(此指语言文字之流变言),而后人所处之时势,又与古迥不相侔,于是诸子之言,"暗而不明"。后之人,或理其训诂,或征其事迹,虽用力之勤,而其能否得诸子之真,未可知也。韩非有言:"孔墨之后,儒分为八,墨离为三,取舍相反不同,而皆相自谓真孔墨,孔墨不可复生,将谁使定世之学乎!"(《显学篇》)况居二千余年之后,以尚论二千余年之前者哉! 然学术之进展,在于因故而创新;学者之任务,欲其穷原以竟委,惟其得真之难,而治之之术,乃不可以不究,爰以所见,略陈于次。

一　论前人治诸子之得失

两汉以来

　　秦火而后,诸子销声,向歆父子之《七略》,乃有整理诸子之专篇,然其言廑曰:某家者流,出于某官,其长何在,其弊如何而已。(《汉书·艺文志》即袭《七略》者)其渊源当否,今所不论,即其所论"长"、"弊",亦廑视某一流派之趋势,于各家固未能一一深究也。(刘向《别录》间有存者,亦仍止概括各书之大意而已)

魏晋人偏好《老》、《庄》，平叔、辅嗣与阮、嵇诸人，偶有妙论，然每与《老》、《庄》本旨不合，以其思索多而用功少也。郭子玄唯以自然解《庄》，亦殊蔽于时习，虽成一家言，亦不免"六经注我"之嫌。故其成就，未为多也。自兹以下，迄于宋、明，研习诸子者，诚亦有之，殊少创获可言。

清儒于经典而外，旁及诸子，校勘辑轶，以至注疏，一时称盛。其著述之大者，如《孟子正义》（焦循，原属经部，今以入子部），《庄子集释》（郭庆藩），《荀子集解》（王先谦），《墨子间诂》（孙诒让）之属，所长乃在名物训诂，考据之事，寻其义理，每不贯澈。其见于《读书杂志》（王念孙）、《诸子平议》（俞樾），所谓"豁然冰释"，"怡然理顺"者，亦特在章句之间，不及一书之通旨，一人之学说也。故即搜绍绝学而言，清人之功，为不可没，然其成就，亦适至是而止。

现代各家

胡适之曾言："至章太炎，始于校勘、训诂之外，别成一有系统之诸子学。《原名》、《明见》、《齐物论释》，皆为空前著作。其所以如此精至者，以其精于佛学，先有佛家之因明学、心理学、纯粹哲学，为比较印证之资，故能融会贯通，于墨、庄、惠、荀学说中，得一系统"云云。（详见《中国哲学史大纲·导言》）此言太炎先生之成就，在其于诸子之能作系统之研究，而其所以能得系统，则在以佛学、心理、哲学比较印证。胡氏所评当否，今所不论，惟胡氏之作《中国哲学史大纲》，实即欲采用此法，而以西洋哲学为比较印证之资也。

近人治诸子，皆喜比附西洋哲学，观其书中，充满"宇宙论"、"本体论"、"方法论"等名词可知，而胡适之、冯芝生实为其冠。（胡、冯二氏尚不拘泥其名词）不知于中国各家学说无深刻之研究，则比附大未易言也。（以下就哲学史立论，以哲学史中诸子为主要部分故也）

蔡子民之序胡氏《中国哲学史大纲》也，极推重其"倚傍西洋哲学"，"以构成适当形式"之为难能，冯芝生于其《中国哲学史》之《绪论》中，首即谓"今欲讲中国哲学史，即就中国历史上各种学问中，将其可以西洋所谓哲学名之者，选出而叙述之"，是胡、冯二家皆以西洋哲学为骨干以研究中国哲学,而周秦诸子部分,彼等亦即以此法治之也。

然所谓"倚傍西洋哲学而构成适当形式"者,以中国本无此形式,而不得不倚傍西洋以构成此形式也;夫以本无此形式之诸子,而加以外来固定之形式,其吻合与否,与吻合之程度如何,与是否有削足适履之弊,至足虑也,且其可以此形式括之者,为全部? 抑一部? 为主体?抑枝节? 其不能以此括之者,皆为无价值? 抑尚有价值? 此皆首宜注意之问题也。

又所谓"就中国历史上各种学问中,将其可以西洋哲学名之者,选出而叙述之"者,是先承认中国学问廑一部分可以西洋哲学名之也,此言极有分寸,而吾人更宜注意者,则在除此一部分外,是否尚有高深精要,最可宝贵之学问在也。

就中西哲学之实质而言,其不同至为显著,其同者非枝节,则其表面也。西洋哲学中之宇宙论、本体论、价值论、方法论之属,诚皆可以由中国诸家学说中抽出之;然此所抽出者,显非诸家精神之所在,盖彼主于求"知",此主于求"用",基本态度即不同也。如老、庄、孟、荀之言宇宙(即言天、言自然等),非以求知宇宙之底蕴,乃在于说明 "人……法自然"(《老子》二十五章),"天地与我并生"(《庄子·齐物论》),"存心养性以事天"(《孟子·尽心》),"天有其时, 地有其材, 人有其治, 夫是之谓能参"(《荀子·天论》)之人生行为而已。以其目的之不同,故其论宇宙之处,皆就直观所得之自然现象而为言,若以此类材料为某家之宇宙论,则其不如西人之博大精深,固其所也。(西人宇宙问题之复杂,及派别之多,皆远非中国所可及)至于本体、价值、知识、方法等问题,则中国亦从无此等纯粹之学说。中国之所重,惟在所谓"内圣外王"之道,亦即"修己治人"之道也。虽间有偏重,而大较则不出此范围。道家然,儒家亦然,其他各家亦无不然。而西人与此等问题,则远不如中国之博大精深也。故胡、冯二君之方法,即使于其所画范围内,可以自圆其说,然绝不能以此而得诸家学说之精神,亦不能视为治诸子之方法也。至二君之著作之成就如何,则亦非此文之所能论矣。

准上所言,是古今各家于治诸子之学,虽所得深浅不同,然其治之之法,实未臻完备也。

二 论治诸子应有之基本功夫

入与出

荀卿有云："慎子有见于后，无见于先；老子有见于诎，无见于信；墨子有见于齐，无见于畸；宋子有见于少，无见于多。"（《天论》）又云："墨子蔽于用，而不知文；宋子蔽于欲，而不知得；慎子蔽于法，而不知贤；申子蔽于势，而不知知；惠子蔽于辞，而不知实；庄子蔽于天，而不知人。"（《解蔽》）夫惟其有见，故有卓特独得之知；惟其有蔽，故各是其是，各非其非，而不能相通也。

今欲见诸子之所见，则必登其堂，入其室而后可。汉学尊师承而重家法，其蔽良深，然欲知汉学之底蕴者，则非求助于师承家法不可。诸子虽无明显之师承家法，然一家之学，不容以别家之观点观之，亦不容以别家之思想乱之也。尽捐成见，"不以所已臧害所将受"（《荀子·解蔽》）。寝馈游息其中，然后可以"自彼则不见，自知则知之"（《庄子·齐物论》）。吾人每初读一书，即辄以好恶私意是非上下之，则于昔人卓特独得之知何由得见？终亦一无所得而已。

至欲去诸子之所蔽，则又必出其藩篱，尽脱羁绊而后可。儒墨之是非，儒墨不能自定也，而必兼知儒墨，不囿一方者始能定之。各家之是非，各家不能自定也，亦必兼知各家，不囿一隅者始能定之。若"学一先生之言，则暖暖姝姝，而私自说"（《庄子·徐无鬼》），终必"见笑于大方之家"而已。故"大知观于远近"（《庄子·秋水》），而后能知"通道为一"，而后各家之得失，乃有可言。故凡世人之固陋者，皆能入，而不能出者也。

异与同

庄生有言："自其异者视之，肝胆楚越也；自其同者视之，万物皆一也。"（《德充符》）此为治一切学术之常法。盖天下无绝对相同之二物，亦无绝对不同之二物也。故自其异点观之，无物不异；自其同点观之，亦无物不同。惠施所谓"万物毕同毕异"是也。求其异，所以得其特点；求其同，

国学·诗韵·书情——姚奠中学术评传

所以观其会通。能异则精深,能通则博大。

中国哲学与西洋哲学之不同,前已言之。而宋明理学,复与周秦诸子不同,儒道名法,又各不同,孔孟荀不问,老庄不同,商申韩不同,惠施公孙龙不同。同一"道"也,老庄孔孟荀墨皆不同;同一"仁"也,儒道墨各家亦皆不同。即就诸子中任提一问题,无二家绝对相同者。孔子之言修己也,以"忠"、"恕"为本,盖以己为度而以行为实践者也。大学之言修己也,以格物、致和、诚意、正心为本,是先以知识心理之修养为基,而后见于行为也。孟子之言修己也,以"存心养性"为本,而后及于"居仁由义"也。老子之无为也,乃"为之于未有,治之于未乱"(《六十四章》)。庄子之无为也,乃"顺物自然,而无容私焉"(《应帝王》)。韩非之无为也,乃以法为准,而不用私知也。此其相异之处,正其特点所在,亦即其学说所以能独立者也,能求其异,斯得之矣。

孟子言性,荀子亦言性,其注意之问题同。孟子称"人皆可以为尧舜",荀子称"涂之人可以为禹",其结论同。孔子之"信而好古",老子之"执古之道",其法古同。孔子云:"礼云礼云,玉帛云乎哉"(《阳货》),老子云:"礼者,'忠信之薄'"(《三十八章》),其务本同。孔子赞大舜之"无为",尧之"民无能名",老子庄子并称"无为",其理想同。孔孟崇仁义,墨子亦崇仁义,儒家尚贤,墨家亦尚贤,其用以治世之术同。墨子尚功利,宋钘亦尚功利,荀子亦尚功利,韩非亦尚功利,其所尚同。荀子重礼,韩非重法,其实质同。周秦诸子各"持之有故,言之成理"(《荀子·非十二子》)。魏晋玄学,宋明理学,亦各"持之有故,言之成理",其皆占学术史上之重要地位同。中国诸子以下,为文史诸学外独一学术,其言论各有其理则,其思想各有其系统。西洋哲学亦然,其学术之性质同。哲学所以领导人生,科学所以扩大人生,其为人生同。凡此不可殚举。此其相同之处,正其学与他学息息相关之处,而其学之价值与应用,亦于此始能表见也。能求其同,斯得之矣。

荀卿论制名之要曰:"推而共之,共则有共,至于无共而后止……推而别之,别则有别,至于无别而后止。"(《正名》)名固如是,实亦宜然。此即异同之术,亦即今世所谓"分析"与"综合"之术也。

参验与默契

韩非云："无参验而必之者,愚也;弗能必而据之者,诬也。"(《显学》)孟子云："以意逆志,是为得之。"盖昔人之情,与今人之情,有其同;而昔人之时势,与今人之时势,有其异。有其同,斯有可通之理;有其异,斯有隔蔽之忧。惟其异,故必取于参验;惟其同,故可会以默契也。

孟子攻杨墨为"无父"、"无君",徵之杨墨之书不然也。荀子谓"庄子蔽于天而不知人",徵之庄书不然也。以立场之不同,非有古今之差也。王弼以"自然"解《老》,以《老》解《易》,徵之《老》、《易》,不然也。苏轼谓"李斯以荀卿之学乱天下",徵之荀、李之书,不然也。(李斯无书,散见于《史记》各篇)邹衍称"儒者所谓中国,于天下,乃八十一分居其一分耳",儒者所谓九州,乃九州之一(详见《史记·孟子荀卿列传》),徵之事实,非尽唐大无凭之词。禹平水土之事,诸子所称与其他经籍,皆可参互印证,而今贤以欧美运河拟之,而不置信,细案诸书揆其情理,未见有可疑之点也。故于时移世异,异说杂陈之际,所可以为依据者参验而已。

"知其不可为而为"(《论语·宪问》),"天下有道,丘不与易也"(《论语·微子》),孔子之人格,即见于此。"天地与我并生,万物与我为一"(《庄子·齐物论》),"今也以天下惑,余虽有祈向,不可得也,不亦悲乎?"(《庄子·天道》)庄子之胸怀与忧世之情,亦皆可见。孟子以齐宣、梁惠,皆可王天下,世人皆可以为圣人;于修己,则"反身而诚,乐莫大焉"(《尽心》),于治人,则"以齐王犹反手也"(《公孙丑》),其乐观之状跃然在目。荀子言修养,则"化性起伪"(《性恶》),言行事,则"端悫诚信"(《修身》),言为学,则"锲而不舍"(《劝学》),言治国,则"礼义节奏"(《强国》),其戒惧之貌,亦俨然可见也。故荀子"诵数以贯之,思索以通之"(《荀子·劝学》),因其言语行事,以体会其心情与人格,与其学说之动机,与其所感之问题,则对其人其书,皆可有具体之认识,亦即所谓默契也。

如上所云,虽不必能得诸子之真,亦固当免于浅尝固陋之诮,而亦庶可以得攻错之益。至于校勘、训诂、考据、整理,斯皆另有专攻,此所不及也。

1948 年 2 月于昆明

《庄子》内篇间绎

《庄子》之难读，不徒文字而已，义理尤其大者。夫训诂明而后可言义理，固也，然不明义理之统系，训诂亦终不能明。今既合观全书，发为《通义》，更以融会贯通之观点，就其章节，而抽其义绪，条列于次，间有涉及训诂者，亦但求明晰，不复博徵繁引也。

《逍遥游篇》："北冥有鱼"，至"圣人无名"。此为全篇之主文，旧说各有不同，略为二派：一则以为大鹏小鷃，皆为逍遥，郭象主之；一则以为鹏鷃皆有所待，皆未逍遥，惟至人乃逍遥耳，支遁主之。今案：此篇所讨论之逍遥，犹今人讨论快乐问题也。寻庄生之意，盖言快乐可别为二类：一曰自足快乐，二曰绝对快乐。就自足快乐言，则大鹏之"一举九万"，斥鷃之"翱翔蓬蒿"，皆足快乐。使彼等果有自觉，则斥鷃之自以为"飞之至"，而大鹏亦未始不以为"飞之至"。故曰："适莽苍者，三飡而反"，"适百里者，宿舂粮"，"适千里者，三月聚粮"，明各有所适也。就绝对快乐而言，则鹏鷃皆非快乐。盖鷃之不能高飞，藉资榆枋，无论也；即大鹏之"水击三千"，"扶摇九万"，亦皆有藉于外力，亦未能自乐也。非特禽鸟，于人亦然。故更举三种境界不同之人"知效一官"者、"宋荣子"、"列子"，虽能各适其适（有自足快乐），然终犹有所待（不能绝对快乐），绝对快乐者，惟圣人乃能之。其所以为绝对者，即无论如何环境——或正或变（包括宇宙人世一切现象）皆能乘而御之。故曰："若夫乘天地之正，而御六气之辨，以游无穷者，彼且恶乎待哉？"此精神上之最高境界也。审如郭义，则人人皆自然快乐，更不须修养，更不须举至人、圣人以为言矣，其弊使人无用。审如支义，则世界除圣人、至人外，竟无快乐可言，其弊使人遗世自逸。实皆与庄旨不合。

《逍遥游篇》："不食五谷，吸风饮露……大浸稽天而不溺，大旱金石流、土山焦而不热。"此状神人之特异也。《齐物论篇》："至人神矣，大泽焚而不能热，河海沍而不能寒，疾雷破山，风振海而不能惊。"《大宗师篇》："古之真人，登高不栗，入水不濡，入火不热。"《秋水篇》："至德者，火弗能热，水弗能溺，寒暑弗能害，禽兽弗能贼。"《田子方篇》："夫至人者，上阙青天，下潜黄泉，挥斥八极，神气不变。若然者，其神经乎大山而无介，入乎渊泉而不濡，处卑细而不惫。"各节所举，与此同意。旧解多因文为训，不能实指其所以之故。一若神人、至人等，具有特殊神通，真如神仙家所云者。今案：至人、神人等名，乃为有特殊修养者之号。而所谓"入水不濡"，"入火不热"等特异之事，皆就其精神状况而言。盖其知识上已破除死生寿夭之见，而心理上亦遂觉与大化为一。故"不食五谷"可，"水不濡"，"火不热"，亦无不可。言其精神方面，免除一切灾害也。

《齐物论篇》："一受其成形，不忘以待尽，与物相刃相靡，其行尽如驰，而莫之能止，不亦悲乎！"刘申叔《庄子校补》云："'不忘以待尽'，《田子方篇》作'不化'，忘即化讹。不化，犹云弗变。下云：其形化，即蒙此言。郭注以'中易其性'为诠，易、化，义符。是郭本亦弗作忘也。"今案：此节文义，谓人有一形体，即不能忘之以待自然之命，乃与环境相割相磨，其死反致甚速，故深为悲之。审如刘义，则弗变二字，谓形体弗变耶？形体固无不变者，即庄子所称神人、真人，形体亦无言不变者。况此段乃悲闵常人之语，何以能言不变？且待尽二字何指？指待命尽邪，则命尽形乃变，义更不合。下文云："其形化，其心与之然，可不谓大哀乎！"正谓常人形化而心亦与之俱死，真是白生一世，可为大哀。与刘意适反。更案：郭注云："知者守知以待终，而愚者抱愚以至死，岂有能中易其性者也！"守知抱愚，皆释不忘，待终至死，皆释待尽。末旬乃对此二种人评语。乃刘牵易字以释化，令人不解。故《集解》本忘作亡，当是故书。郭象读亡为忘，乃的训。《田子方篇》作化，乃亡之讹。盖"忘形骸"、"遗耳目"，为庄生常语，亦即至人、常人之别也。

《齐物论篇》："夫随其成心而师之"至"此之谓以明"。此为全篇之主要部分,庄生对知识之基本观念,胥在于此。郭注乃本其一贯听任自然之主张,以申明无是非之理;而后于人处是非之态度,则更一则曰"付之而自当",再则曰"付之自若,而不强知也",三则曰"圣人两顺之",四则曰"因天下之是非,而自无是非也"。后人因之,遂以为庄生之说,为圆滑,为无用,甚至使社会退化。今案:郭氏以下各家,多所谓知其一,不知其二者也。详此段文义,其主要论点有二:一曰论知识之本身——此属于己身者——盖庄生深感世间是非之纷纭,因以追求人所以不能得真知之故。乃得二义:一者是非起于"成心",此"成心"之"成",亦有二因素,即本能之我见,与先入之知识也。其言"愚者与有焉"者,大抵本能之我见也;其言"道隐于小成者",先入之知识也(此亦佛书我执法执之比)。二者人所以不能去"成心"之故,在于观点不明。盖"自彼则不见,自知则知之"。人但见己一面,而不见另一面,故常执此一面为"是",为"真",而不知另一面亦有"是"有"真"也。偏蔽之原因既得,然后进而求破此蔽之法,乃亦有二:一者,"莫若以明",二者"照之于天"。明者,由明理而去蔽也;天者,本然而无人意参于其中者也。"照之于天",乃所以求其本真。故观"以明"及"照之"诸字,即可知其非听任之谓矣。二曰论知识之对象——此属于外物者——外物存在之形式、性质等等,不因人之认识而变。以人之认识言,则"恢恑憰怪",有"成"有"毁",然以物之本来而言,则"道通为一","无成与毁,复通为一"。能作如是观,则所得者益进益近于真理,亦即"明"之道也。若是者,固已超于世俗是非之上,亦自不为世俗之争辩矣。此为求真知真理之实地工夫,其中大有事在,与听任之而不问者适反。

《齐物论篇》:"天下莫大于秋毫之末,而泰山为小;莫寿于殇子,而彭祖为夭。"郭注云:"夫以形相对,则泰山大于秋毫也;若各据其性分,物冥其极,则形大未为有余,形小未为不足;若以性足为大,则天下之足,未有过于秋毫者;若以性足非大,则虽泰山,亦可称小矣。"后人多从之。今案:郭注"性分"二字最要,言就性分自足言,则凡物皆可为大;就性分无余言,则凡物皆可为小,是谓天下物本无所谓大小也。实则天下物固本无所谓大小,而大小之对立,则又事实之不可泯者。《秋水篇》云:"以差观之,因其所大而大之,则万物莫不大;因其所小而小之,则万物莫不小。知天地之为稊米也,知毫末之为丘山也,则差数睹矣。"此言大小之别,由比较而来(差即比较)。《知北游篇》云:"六合为巨,未离其内;秋毫为小,待之成体。"是六合之大,尚有包之者;秋毫之小,尚有构成之者。亦足与上文相发。盖人世不能无大小,而患蔽于大小。庄生则既知大小之不可无,又知大小之非绝对,故发此论,破世迷惑。寿夭等,亦复如此。

《齐物论篇》:"六合之外,圣人存而不论;六合之内,圣人论而不议;春秋经世,先王之志,圣人议而不辩。"旧解于"存"字,多不留意,而各句层次,亦未明晰。今案:存者,察也(见《尔雅·释诂》)。论者,言说。议者,论其宜。(《说文》"论"、"训"、"议",本义不别。朱骏声解"议"为论事之宜,今从之)辩者,讼辩是非。言六合之外,但存察之而不言,以不能言也;六合之内,万物万事,为知识所能加,故可言说而不论所宜,以万物本无故宜也;《春秋》既为先王治世之陈迹,自当有其为治之标准,故因论其宜,而不讼辩是非。盖所谓宜者,必受时间空间之限制,宜于古不必即是于今;不宜于古,亦不必即非于今也。层次极明。

《养生主篇》:"吾生也有涯"至"可以尽年"。郭注"以有涯"二句云:"以有限之性,寻无极之知,安得而不困哉?注"已而为知"二句云:"已困于知,而不知止,又为知以救之,斯养而伤之者,真大殆也。"文义颇明,后人多从之。今案:郭义非也。此首六句,盖承《齐物论》而来。《齐物论》论知识曰:"莫若以明",曰"照之于天",皆教人对事理作高一层看法,以得较真较高之知识;此处则因涉想及绝对真理之不可得,令人知知识之限度。郭之误,在一殆字,此殆字指知识言,非指生命言也。所谓"以有涯随无涯殆已"者,言以有涯之生,求无涯之知,所得既属有限,而亦未必为真知,故曰殆也。所谓"已而为知者,殆而已矣"者,"已"训此。(见《释诂》)言此等知识,本不可靠,而犹自以为知者,则其蔽弥深,故曰"殆而已矣"也。审如郭义,则养生者竟不敢求知矣。与庄旨不合。(凡庄所谓去知,皆去常知而求真知,盖善养生者,亦必有极高之知识,能破除一切生死寿夭祸福之迷惑而后可也。下数句即就有此境界者而言)"为善无近名,为恶无近刑"者,为,犹谓也(见《经传释词》),言养生者之行为,不能以善恶言之。谓为善,则无近名——时人不称道之,谓为恶,则又无近刑——刑罚不加其身。"缘督以为经"者,督训理(见《方言》)。言因理以为常,亦犹"依乎天理也"。故遂有"可以保身"以下之效。

《养生主篇》:"老聃死"至"遁天之刑"。此节各家异说纷纭,莫衷一是。今案:此宜与《至乐篇》"庄子妻死"一段参看。该篇庄子为惠子释其所以不哭而歌之故曰:"是其始死也,我独何能无慨然。察其始,而本无生;非徒无生也,而本无形;非徒无形也,而本无气。"此处"始也吾以为其人也"者,言吾初与之友,以其为人,故及其死而吊之。亦犹庄生之不能"无慨然"也。"而今非也"者,犹庄生之"察其始",而悟其"本无生也"。因人生之变,而悟人生之理,故可以释然矣。下文则秦失见其家人之哭,虽发于真情,而未解此理,故曰:"是遁天倍情,忘其所受。"如此则致痛苦,是谓"遁天之刑"也。郭氏先定聃失为方外,遂格格难道。王先谦以《德充符》"天刑之",解此"遁天之刑"为赞语,不知二句句法不同。前句"刑"为动词,此句"刑"为名词。而"刑天"二字须连读。即准彼处孔子所为"天刑之"者,亦可谓因其"遁天"也。

《人间世篇》:"吾食也执粗而不臧爨,无欲清之人,今吾朝受命而夕饮冰,我其内热与!"旧解以臧字绝句。郭注云:"对火而不思凉,明其所馔俭薄也。"与上下文义不合。今案:上文既言惟有德者,始能免"阴阳之患",此数句则设一比喻,引起下文。《释文》:"执,简文作热。臧,一音才郎反。句至爨字。"今并从之。"吾食"之"吾",当为"夫",以语气,盖涉上下数吾字而讹。臧爨者,畜火也。数句盖言:凡食饭者,如但热粗糠,而畜火,则既不过热,自无欲凉之人。下文承之,遂言"今我朝受命而夕饮冰",极欲求凉。"我其内热与",言不能免"阴阳之患"也。与馔之俭薄无关。

《人间世篇》:"颜回见仲尼",至"可不慎邪"。此三大段——颜回,叶公子高,颜阖——为全篇主旨所在,郭于篇题下注云:"与人群者,不得离人,然人间之变故,世世异宜。惟无心而不自用者,为能随变所适,而不荷其累也。"今案:郭氏之言,是谓此篇仅告人以免累之法而已,其实大非。以下就三段分言之:第一段,颜回之目的在化人,孔子告以欲化人必先修己。故其言曰:"古之至人,先存诸己,而后存诸人。"然后指出好"名"与任"知"之危,曰:"名也者,相札也;知也者,争之器也,二者凶器,非所以尽行也。"然后研究颜回所恃以化人之道,最后告之以"心齐"、"虚"己之法,言如此乃可以成功。故曰:"鬼神将来舍,而况人乎!"言其效不仅可以化人也。第二段,叶公子高目的诚在于求免患,然孔子则首告以"为人臣子者,固有所以不得已行事之情,而忘其身,何暇至于说生而恶死!"言人宜就所处之地位,尽其在我,不宜先求免患也。以此为先决条件,然后于任事之中,乃有可以注意之点尔。第三段,颜阖目的在安国保身,蘧伯玉则首告以"形就"、"心和"之法,而此"就"、"和",仍有限度,不可过也。总括三段,不外以正己为本,以修养为急,以成事为归,其轻重明白如此,而郭不留意,蔽亦甚矣。

《人间世篇》:"结驷千乘,隐将芘其所赖。"《释文》:"隐,崔云:伤于热也。"王先谦据之云:"连结千乘,热时可庇于其阴。"今案:王解与原句语气不顺。郭注"其枝所荫,可以隐芘千乘。"《释文》:"向云:可以隐芘千乘也。"并"隐芘"二字连读。是"隐将芘",当作"将隐芘",传写误倒也。

《德充符篇》:"申屠嘉兀者也"至"天刑之安可解"。此二段——申屠嘉,鲁有兀者叔山无趾——与本篇主旨,似不相属,各家亦随文为释,难惬人意。今案:本篇首段,"兀者王骀",及四段"鲁哀公问",皆力明有德者之自然为人所归,所谓"彼且择日而登假,人则从是也","德不形者,物不能离也",是也。此二段更为德之内涵作一解,言德为内在之修养,不为外形所累,且告人以修德者,当务其内也。申屠嘉责子产曰:"今子与我游于形骸之内,而子索我于形骸之外,不亦过乎!"叔山无趾语仲尼曰"今吾来也,犹有尊足者存",并可证。盖此篇本以赞修德之效,因以兼论修养之功尔。

《大宗师篇》:"知天之所为"至"所谓人之非天乎",郭注此节文最繁,义亦颇精,惟其基本观念有误,故词旨全非。其首三句下注云:"知天人之所为者,此自然也。则内放其身,而外冥于物,与众玄同,任之而无不至也。"今案:谓"天人所为皆自然"者,乃郭之根本错误,盖天所为自然,而人所为则为法自然而非自然。若人所为亦为自然,则入于不识不知,草昧之世;若法自然,则由明于自然之理,因自然之势,以日趋于文明之途。前者为本能的行动,而后者为意志的行动也。且此节论天人关系,仅就知识方面言,故"知"字特重。乃承《齐物论》而来。郭所谓"任之"者,乃行为问题,不宜牵合之也。故首三句即言能了解自然,能了解人为,为知之至。下文则分解如何乃"知天之所为,知人之所为","以其知之所知,以养其知之所不知者",言就已知之理,以培养其未知者,如此则所知日长,故为"知之盛"。以下再进一步,论上法固为求知之法,然此等知识仍不可靠。盖凡知之所以可能,必有其所依之标准,此标准不定,则知亦不定。故曰:"庸讵知吾所谓天之非人乎?所谓人之非天乎?"明天人之相系,未可明分界域也。全篇主旨:在明人宜宗法自然,而一开始则先指出知自然之难,发人深想。而后转入"且有真人,而后有真知",明法自然亦须先有极高之修养也。

《大宗师篇》:"以刑为体",至"而人真以为勤行者也"。郭注前四句云:"刑者,治之体,非我为";"礼者,世之所以自行,非我将";"知者,自时之动,非我唱";"德者,自彼所循,非我作"。今案:上文言真人之精神状况,此节则言真人应世之情况也。文义一层高于一层,每句"以"、"为"二字最要。以为,乃表真人之行动,郭于每句加以"非我"字,不知从何而来。"以刑为体"者,体,形也(见《诗·行苇笺》),"形乃谓之器"(见《易·系辞》),言以形为器而已。器,犹今言工具。《天道篇》云:"骤而语形名赏罚,此有知治之具,非知治之道",正足注此。"以礼为翼"者,翼,辅也(见《广雅·释诂》),助也(见《诗·卷阿笺》)。言以礼为文为治之辅助而已。"以知为时"者,时读伺,即觇,察也(见《广雅·释诂》)。言以智慧为伺察而已。"以德为循"者,循,行也(常训)。言以道德为行也。是真人虽不弃"刑"、"礼"、"知"、"德",然皆不重视之也。下四句则更释其所以如此之故。其言"与有足者至于丘"者,丘,虚也(《说文》虚下注云"丘,谓之虚"),言欲与人共生清虚之境也。末句则谓真人行事所以用"刑"、"礼"、"知"、"德",皆因事制宜,合于自然。特世人不知,遂以为"勤行"耳。

《大宗师篇》:"故其好之也一",至"天与人不相胜也"。此篇诸一字极重要,而各家并无明释。今案:此乃就真人情感上之好恶而言。言真人对外界,本无所谓好恶,仅视之为一变动体耳。一句言:言好则皆好,二句言:言不好则皆不好,三句言:以此为好恶合一,固为一。四句言:即好恶不一,亦仍为一。(以外界不为好恶而变故)五句言:自然本无好恶,故能合一之者,是与天为友。六句言:人世不能无好恶,故亦可不一者,是与人为友。末句则言:天人难别,而实相通,不相角胜也。

《应帝王篇》:"啮缺问于王倪"至"而游于无有者也"。此四段——啮缺,肩吾,天根,阳子居——各明治天下之一义。各家注多有隔膜,未能实指其主旨所在。今案:第一段论泰氏之治云:"其知情信,其德甚真,而未始入于非人。"情,实也。非,责也(见谷梁宣十五传注)〉。知信,德真,而未曾以责求之法施于人,此所以为有虞氏所不及。第二段论圣人之治云:"圣人之治也治外乎? 正而后行,确乎能其事者而已矣。"言圣人治人,首注意其性分之内,因其性而匡弼之,绝非如上文"出经式义度",强人听之也。(郭注可参)第三段有云:顺物自然,而无容私焉,而天下治矣。"第四段有云:"明王之治,功盖天下,而似不自己;化贷万物,而民弗恃;有莫举名,使物自喜;立乎不测,而游于无有者也。"所谓"无容私",所谓"功盖天下","化贷万物","使物自喜";所谓"似不自己","民弗恃","有莫举名",皆可见其"生而不有,为而不恃,功成而弗居"之精神;及"民无能名","不知有之"之境界也。又案:《天地篇》云:"玄古之君天下,无为也,天德而已矣。"又云:"圣治乎,官施而不失其宜,拔举而不失其能,毕见其情事,而行其所为,行言自为,而天下化;手挠指顾,四方之民,莫不俱至,此之谓圣治。"《在宥篇》云:"故君子不得已而临莅天下,莫若无为,无为也,而后安其性命之情。"皆可与此相发。故治天下之道,可括为二点:一,于民,则因其本性,使其自由发展;二,于己,则不用私知,勿求名利而已。

《应帝王篇》:"无为名尸",至"亦虚而已"。郭注首六句云:"因物则物各自当其名也","使物各自谋也","付物使各自任","无心则物各自主其知也","因天下之自为,故驰万物而无穷","任物故无迹"。观其"因物","使物","付物","无心","因天下","任物",与"各自"等字,充分表明纯任自然之旨。今案:此节所言,特就至人用心一面而言。自"无为名尸"以下八句,皆为"亦虚而已"四字注脚。盖至人之应世也,但求成功,名不必在己,谋不必己出,事不必独任,知不必自恃,此皆所以去矜伐之心也。如此,形尽于无穷之中,而神游于无迹之域,其所禀受于天者全归之,本身则毫无所见得。此忘我之境也,故以"虚"字括之。盖惟有如此修养者,乃能应世而为帝王也。

《应帝王篇》:"南海之帝为儵",至"七日而浑沌死"。郭注"为者败之"。今案:浑沌者,状至人之德也,非指至人之行为。无七窍之喻,所谓"去小知而大知明"也。全节之意,即"至德不德"之形容。盖外王基于内圣,故本篇于治道之外,仍力写至人真朴之德也。

1945 年 7 月初稿,1947 年 8 月改定

《礼运·大同》辨

一

《礼运》篇首之大同说，后人视之，有以为真孔氏之最高理想者（张横渠以下及近人多有此主张），有以为出于老氏或墨氏者（吕东莱以下多有主张之者），宋元以来，莫衷一是。余以为儒、道、墨之不同，世人类能言之，而于大同百七字之文，遂有如此异义者，则固各有所见，亦各有所蔽也。

吕祖谦之言曰："以禹汤文武为小康，是老聃墨氏之论。"其注意点盖在小康二字，以为儒者极尊三王，绝不至以小康抑之。黄震之言曰："篇首意匠，微似老子。"此盖亦以其推崇大道之故。而张载则云："大道之行，由礼义而行者也。……大道之行，如尧舜方是，惟谨于礼，则所以致大道之行。"此盖以大同小康为一贯，小康之谨礼，即所以致大同。又云："孔子言王者必世而后仁，仁即大道之行也。"是言大同之实，与孔子之仁不殊。

实则大同之高于小康，与大同小康之为两阶段，与大同小康之不同，皆本文极为明显者。故郑康成除以大同小康为五帝、三王外，并直以小康之言礼，为大同"忠信之薄"。吕黄诸人有见于此，故以为非儒者之言，而其于《礼运》全篇与此二段之关系，则未能详究。且又蔽于儒家独尊之偏见，故直斥之为老墨之论。横渠有见于大同与儒说之有可通，而儒家仁礼又为一贯；加以其本人之哲学，如《西铭》所云者（杨龟山与程子书即曾疑《西铭》近墨氏），遂视大同小康亦为一贯，遂视大同亦为孔子之道，然于二段文义之别，则忽视矣。故二派之说，皆有未洽。

二

就《礼运》全篇言之，其以礼为中心，毫无疑问，故其言曰：

"夫礼先王以承天之道，以治人之情，故失之者死，得之者生。"

"圣人以礼视之，故天下国家，可得而正也。"

"是故礼者……所以治政安君也。"

"故圣人之所以治人七情，修十义，讲信修睦，尚辞让，去争夺，舍礼何以治之！"

"故欲恶者，心之大端也，人藏其心，不可测度也。美恶皆在其心，不见其色也，欲一以穷之，舍礼何以哉？"

"故礼义也者……所以讲信修睦……所以养生送死事鬼神之大端也，所以达天道，顺人情之大窦也。故惟圣人知礼不可已也……"

数言圣人，明圣人之为治，舍礼无他道，此其以礼为中心，极为昭晰，而此全篇之中心，与小康一段相一贯，与大同段则不合。盖小康段自"禹汤文武成王周公由此其选也"下，即强调礼之要矣。故言偃之问一则曰"如此乎礼之急也"，再则曰"夫子之极言礼也，可得闻与"。急极二字，其旨备见。至于大同段，则绝不一提礼字，是大同段竟与全篇中心不合。就《礼运》作者之思想，与其作此文之宗旨言之，大同一段，几同赘疣。（大同不言礼自与孔子之仁不同，横渠欲强通之不可得也）

三

然大同小康二段，组织紧密，一气贯注，自非后人所增附，而其所以如此论列者，亦必有其故焉。今以文义参之，即可昭见。

孔子答言偃之问首曰："大道之行也，与三代之英，丘未之逮也。而有志焉。"以"大道之行"、"三代之英"对言，而中介以"与"字，明为二阶段，下乃云"大道之行也……是谓大同"，"今大道既隐……是谓小康"。"大道之行"上，虽无昔字，而"大道既隐"上，则有"今"字，此明古今时代之不同。虽不必如郑康成指前者为五帝,后者为三王,然其所叙时间上之异,则毫无疑问。惟其有时间上之异,故叙大同之后,不妨强调礼,盖谓非大同不美,亦非不欲大同,乃以当"大道既隐"之世,不得不谨于礼,亦自仅能为小康耳。故小康在今时代(作者时代)中,故为理想目的,以时言之,固不劣于大同也。(《史记·商君列传》载商君见秦孝公欲言霸道强国之术,乃先言帝道与王道,《礼运》作者之言大同,其意与此相类)

故《礼运》篇终述其理想之治为"大顺",而"大顺"则以礼致之,而《礼运》作者又极认为治国之急,故既举大道之时之情况,乃复以今字指明时代之不同,实即以迂远目之也。(孟子言必称尧舜而说仁义,当时君主即皆以为迂远不切事情。本篇作者之意与战国君主之意相类)将欲抑之,必先扬之,其作者之心乎!

四

至大同说之来源,于儒道皆有所取,而与孟子关系独深,盖孟派后学之所为,而自成一系统的思想也。如以孔、老、墨之思想较之,则显皆与之不同:

1.盛称"大道之行",而不以周为法,则与孔子之规规然"从周"之意相左。

2."选贤与能"与老子"不尚贤"大异,而大同之理想,与老子之"小国寡民"尤殊,与庄子之"其卧徐徐,其觉于于,一以己为马,一以己为牛",亦不侔也。

3."不独亲其亲,不独子其子",与墨子之"兼爱",亦复有异。

故论其旨趣,惟孟子为近。其文曰:"不独亲其亲,不独子其子",孟子则曰:"老吾老,以及人之老;幼吾幼,以及人之幼。"以及云者,犹不独也。其文又曰:"使老有所终,壮有所用,幼有所长,鳏寡孤独废疾者皆有所养,男有分,女有归。"孟子则曰:"是使民养生丧死无憾也,养生丧死无憾,王道之始也。"又曰:"老而无妻曰鳏,老而无夫曰寡,老而无子曰孤,幼而无父曰独。此四者天下之穷民而无告者。文王发政施仁,必先此四者。诗云："哿矣富人，哀此惸独。"又曰："内无怨女，外无旷夫。"是为大同说者，所注意之事，与孟子所注意者，大致相同。特壮有所用之用，男有所分之分，孟未言及耳。

然孟子所言王政，常举文王为准，而大同说者则以其为三代以前之事（知其为三代者因小康段禹、汤以下皆谨礼故）。此则有因于道家之说也。

盖孔子言仁，孟子言仁义，皆称尧舜以来。道家独言道，而盛称上古（孔孟亦言道而仅属人道，道家所言之道则包括宇宙而言）。为大同说者，受道家之影响，故亦以"大道之行"抒自己之理想，而其内容，则仍多不出儒家范围。除上所言合于孟子者外，"天下为公，选贤与能，讲信修睦"，非儒所称颂，即儒者所主张。（《墨子》尚贤、尚同、非攻，与此意亦相通，然不必采自《墨子》）以视庄周之由"齐物"而泯物我之界者，固有间矣。

然犹有问题者，即"货恶其弃于地也，不必藏于己；力恶其不出于身也，不必为己"数语，孔、孟既未言及，其他各家，亦未见有此类主张。详其文义，乃独与老子之"生而不有，为而不恃，功成而弗居"之精神相同。盖"不有"、"不恃"、"不居"，即"不藏于己"，"不为己"矣。

故知为大同说者，为儒家孟派之后学，生世既晚，得读其他各家之书，乃能独成其说，固不必尽合于孟也。

五

大同之说者，既为孟派之学者，而荀派尚礼之儒，自当不以为然。盖尚礼一派，惟礼是崇，以之修身，以之治国，以之达成所谓太平，与大同说之理想，途径全异。《礼运》篇之中心，即可为此派思想之说明。而其篇首所举之大同说，果为原说与否，已不可知。而为大同说者之所薄禹、汤以下之说，更不可得见。（小康薄禹、汤，当为原意；强调礼，则《礼运》作者所增改）《礼运》作者则既述其言，因藉之以自申其崇礼之主张。盖为大同说者，所言虽一己之理想，其叙述固仍如道家之托之古昔，遂为反对者所乘耳。

孔子之后，儒者多有泥礼文之末者（大、小《戴记》所载孔子弟子之言行可见），故庄子攻之，则以之为"取先王已陈刍狗，游居寝卧其下"，是以之为"推舟于陆，劳而无功"，主张"礼义法度，因时而变"。盖因时而变之主张，当为战国后期一般学者之所共觉。故荀派儒者虽言礼，而亦与礼以新生命、新意义，较孔子所言之礼，既大为扩大充实；较游夏之徒所守之记，尤为切实而有用，且为现时代所急需。荀子"法后王"之口号，已与此新趋向较近，以此新观点观之，则自当视大同为不切实际之理想矣。（荀子之徒一派为韩非、李斯，由注意现实而变法；一派则虽注意现实而倡礼。《礼运》作者即属后者。至篇中有五行之说则又出荀学以外矣。）

六

大同在《礼运》篇似扬而实抑，大同为尚礼一派儒者所不用，大同不合于孔子，亦不尽合于孟子。大同受有道家影响，既如上述，而大同说之价值，则不因此而减。

盖道家之言上古，其说虽高，往往不可企及，孔子欲为东周，此在春秋或当如此，于战国则不可复言。以事实既不可行，而其论亦不足与诸子抗也。孟子理想之王政，虽已多有卓见，然犹未臻具体。故为大同说者，读各家之言，融会贯通之，成一系统学说，其详悉节目未得闻，而就《礼运》作者所述，已足见其说之完整切近，若悬之为人类理想目的，固未尝不可以见之于行事也。

"天下为公"三句，说明政治原则，行之则上下和谐，战争绝迹。"故人不独亲其亲"九句，说明社会道德，社会事业，社会组织等原则，行之则人人平等和乐而相爱。"货恶弃于地"四句，说明经济、劳动原则，行之则社会繁荣，文明日进。末数句说明预其之效，自亦未为奢望也。

于中国思想中，于战国不知名之学者中，得此伟大之理论，弥足珍贵，固不必争传之于某权威学者，而后增其价值也。且吾人尚当知战国期中，尚有其他不知名而有价值之学说，为后人强傅之于权威学者，若《孝经》《大学》之属皆是也，是皆不可不辨者。

1948年3月于昆明

《诗经》点评与翻译举例

葛 屦

《诗经》中《魏风》虽仅七篇，但就其所反映的现实说，却十分值得重视。从这七篇中，我们不但可以看见像《陟岵》那样苦行役反战争的诗，不但可以看到像《十亩之间》那样写劳动生活的诗，而且可以看到像《伐檀》、《硕鼠》那样反映尖锐的阶级矛盾、代表了劳动人民反抗呼声的诗。这些作品的价值，一般已有定论，而这里要提出的则是长期被曲解或不为人所注意的另一首重要作品——《葛屦》。这是全部《诗经》中唯一写工人的诗。这首诗是为女工——家庭手工奴隶——说话的诗。原诗如次：

纠纠葛屦，可以屦霜？掺掺女手，可以缝裳？要之襋之，好人服之。

好人提提，宛然左辟，佩其象揥。维是褊心，是以为刺。

首章："葛屦"是麻鞋，夏天所穿。"纠纠"是鞋子用绳子纠结的样子。"可以"即"何以"，金文、石鼓文"何"字，多写作"可"字。"何"、"可"古通用。第三句"可以"，同义。"掺掺"即"操操"，操劳的样子。这和惨通懆，"惨惨"，忧劳的样子，同例。不过"操操"是手劳，"懆懆"却是心劳而已。"女"，女工。"要"，即"腰"，衣的腰身。"襋"，衣领。"好人"，指主人。全章大意：那纠纠结结的麻鞋，怎样能在霜雪上行走？劳坏了的女手，怎样还能缝衣裳？但终于作好腰身领子，让主人穿起来。

次章："提提"即"媞媞"，安闲的样子。"宛然"，"宛"同"婉"，温顺的样子。"左",即"辅佐"的"佐"的本字。"辟",君,见《尔雅·释诂》。公侯等爵,都可称君。"象揥",象牙作的搔头,也是装饰品。"维",为。"褊",狭隘。《贾子·道术篇》:"包众容易谓之裕,反裕为褊。""褊心",实际就是苛刻。"刺",讽刺。全章大意:主人那样安闲、温顺地辅相着君王,头上还带着象牙饰物。——表面看起来很温和庄严,但对女工却为何那样呢?——就为他心太苛刻,所以作诗来讽刺。

很显然,诗的作者是十分同情女工的。他看见在霜雪中仍穿麻鞋的女工,手累坏了还要为主人赶活,因而首先提出质问。头一点质问的是:为什么她受冻?第二点质问的是:为什么她不能休息?事实上女工是无法反抗的,所以她仍然赶着作好了主人要穿的衣裳,给主人穿上。这里"好人"二字,很可玩味。我们可以想到当时的领主和后来的地主中,不乏表面慈祥温和的一类人,他们用假面具博得"好人"或"善人"一类称呼,而实际上却和其他领主、地主完全一样刻毒。这里,"好人"二字,正是如此。

所以二章就画出了这个"好人"之所以为"好"。他是那样潇洒自如,成天随侍君主,戴着贵重的头饰。和首章结合起来,就可以看出这"好人"对女工是不管她冻、累,而只逼着工作;对君主则如媚猫一样温顺。现实就是这样。诗人发现了这种情况,他不平,他要说话,他要揭穿这种"好人"的假面具,指出他怎样刻薄地对待女工,并提出严正的质问。而且最后光明正大地提出:我写这诗,就是为了讽刺!

诗中所写女工,难道是个别的吗?不!她的生活劳动情况正代表着无数的家庭手工奴隶,这是普遍现实的具体反映。"葛屦"、"缝裳",难道她所受的苦,就是这一点吗?不,显然,她的衣食的恶劣和操劳的无限度,都概括在这一两点具体事例中。对她的主人"好人",首章全没写,但从两句质问的语气中,就显现了这"好人"的真实面目。然后在次章正面一画,就把这贵族的诡佞的另一面也凸现出来。这正是诗人从生活中体验出来的艺术概括。

这样一首好诗,而旧说却完全歪曲了它。像《毛传》把这首诗说成是讽刺"俭啬",说成是新嫁女子没过三月就"执妇功"(作活),太俭啬了!把"掺掺"读成"纤纤",形容新妇的纤手。其实"掺"与"纤"二字,意义相差很远，而"掺"与"操"就是一个字的两种写法。显然毛说不正确。"好人"，毛把它解为"好女手之人"，也就是说这缝裳女子，是给她自己作衣的，试问那还有什么讽刺的必要？自己用纤手给自己作衣裳，有什么值得大惊小怪要诗人来写诗讽刺呢？第二章，《毛传》讲得更奇怪，说是这"好人"（即女子）进门时很安祥地避（毛读辟为避）她的丈夫，"不敢当尊"，更令人糊涂，不知这有什么好讽刺的？而且全诗里丝毫没有涉及到什么结婚、夫妻一类问题，真不知"何所据而云然"！

朱《集传》承袭毛说，大概也认为说不通，故改解"好人"为"大人"，"象揥"也解为"贵者之饰"，说明诗中男子是一贵族。而且还疑此诗"即缝裳之女所作"，在了解诗义上进了一步，可是全诗主题和"掺掺"、"可以"、"左辟"等词的训诂，仍然没有纠正，因此他的解说仍然错误。

余冠英《诗经选》也觉得旧说不合理，就袭用闻一多《风诗类钞》的大意，说是："诗中'缝裳'的女子，似是婢妾，'好人'似是嫡妻。妾请试新装，嫡扭转腰身，戴她的象牙搔头，故意不加理睬。这是心地褊狭的表现，诗人因此编了一支歌儿刺刺她。"这一说法，当然可以供我们参考，但他所指出的矛盾，太难理解了，为什么"妾请试新装，嫡妻要扭转腰身""不理睬"呢？为什么这就是她（嫡妻）的"褊心"呢？很难讲通。原因都是被《毛传》的几个训诂所蔽。本来，"可"之为"何"，"掺掺"之为"操操"，"左辟"之解为佐君，不是确凿有据，就是本字、常训。但余先生没有从训诂上多方考虑，所以还不能令人满意。以此，我提出不成熟的新说如上。

纠纠葛屦，　　纠纠结结的麻鞋，
可以履霜①？　　怎样来踏寒霜？
掺掺女手②，　　累坏了的女仆的手，
可以缝裳？　　怎样来缝衣裳？
要之襋之，　　她终于做好腰身和领子，
好人服之。　　让那"好人"穿上！

好人提提，　　那"好人"潇洒自如，

宛然左辟③，　　温顺地护卫着公侯，

佩其象揥。　　还佩着象牙饰物。

维是褊心，　　为了他的心太苛刻，

是以为刺。　　因此作这诗来讽刺。

【注释】

①可：即"何"。石鼓文"何"即写作"可"。"可以"即何以。

②掺：通"操"。"掺掺"，操劳的样子。这和惨通"懆""懆懆，忧劳的样子"同例。不过前者是手劳，后者是心劳而已。

③左：即辅佐之"佐"的本字。"辟"，《尔雅·释诂》："君也。"公侯都可以叫辟。

　　这是一首写女工的诗。贵族家里的手工奴隶，寒霜里还穿着破麻鞋；手累坏了，还要缝衣裳。就这样赶着做好，让那所谓"好人"穿。另一面不劳而食的剥削者——所谓"好人"，却悠闲排场，追随着国君，带着贵重的装饰品。这多不平呢？诗人在这样对比下，不胜愤慨，提出质问。而且揭穿"好人"刻薄的真面目。公开说：我这诗就是讽刺你的。诗人发出了人道主义的呼声。

衡　门

　　《陈风》十篇，大抵写巫风与男妇之情，而《衡门》却反映的是另一种现实，在十篇之中，应该是很重要的一篇。《魏风·葛屦》篇"可以履霜"，"可以缝裳"，我读两"可"字为"何"，根据是"石鼓文""何"字即写作"可"，而《衡门》诗也有同样句法，正可互相证明。《衡门》诗云：

　　衡门之下，可以栖迟？泌之洋洋，可以乐饥？

　　岂其食鱼，必河之鲂？岂其取妻，必齐之姜？

　　岂其食鱼，必河之鲤；岂其取妻，必宋之子。

国学·诗韵·书情——姚莫中学术评传

"衡门",横木为门;"栖",居;"迟",留。"栖迟",言居住。"泌",泉水。"洋洋",水流貌。"乐",借作瘵,义为治;或作"疗"。"乐饥",等于说充饥。"一根衡木"的门下,当然不能居住;洋洋流着的泉水,当然也不能充饥,这是很显然的。正和《葛屦》中麻鞋不能履霜一样。所以写二诗的诗人,都是用反问语气问:一根横木门下,怎样能居住?只有流着的泉水,怎样能充饥?《葛屦》篇,以麻鞋不能履霜连系女手不能缝裳。读"可"为"何",语气全合,而义益显。《衡门》诗的作者,虽然可能出身于贵族,但他已穷到无居、无食的境地。所以他感慨地唱出:"衡门之下,可(何)以栖迟?泌(泉水)之洋洋,可(何)以乐(疗)饥?"而二、三两章,正是这种感情的发挥。意思说:难道吃鱼,就一定要黄河的鲂鱼鲤鱼吗? 难道娶妻,就一定要齐国的姜氏、宋国的子氏吗? 也就是说:只要有鱼,哪里产的什么鱼都一样;只要能娶到妻,哪一国姓甚的也都一样。实际上诗人只有最起码的食、住要求,他几乎一无所有,他能蹲在横木门下看着泉水饿肚子,当然不会选择什么吃的和配偶了。这是没落了的贵族,在穷困生活下发出的呼声。而在西周末到春秋——社会起着极大变动的时期, 这种人正不在少数,这是阶级分化的反映。诗中主人生活到无食、无居的田地,贵族所讲究的"河鲂"、"河鲤",所追求的"齐姜"、"宋子",在他的想望里,完全失去了现实意义,他只希望有普通的起码的食、居,生活逼迫他和人民接近了。

历来解此诗者,除《毛传》"衡门,诱僖公也……"与诗义毫无关涉外,大多认此诗为咏隐士。朱熹《集传》也说:"此隐居自乐而无求者之辞。"余冠英《诗经选》申此说:"这诗表现安贫寡欲的思想。第一章言居处饮食不嫌简陋。二、三章言小家贫女可以偶。"这都是由于没有从实际上去考虑,没有考虑:一根衡木下是否能住? 泉水是否能充饥? 如果承认不能,那就很容易理解到这是愤语,而不是什么"隐居自乐"、"安贫寡欲"了。——天下哪里会有露宿、饿肚子而"自乐"、"安贫"的呢? 因之正和旧说相反,我以为诗中主人,正是不能"安贫",深以处境为"苦",他迫切要求起码的生活,难道这不应该吗? 这是一切贫困的人们的共同要求啊!

衡门之下，	只有一根横木的门下边，
可以栖迟？	怎样来坐卧？
泌之洋洋，	只有汩汩流着的泉水，
可以乐饥？	怎样来医治饥饿？
岂其食鱼，	难道谁想吃鱼，
必河之鲂？	一定要黄河的鲂？
岂其取妻，	难道谁要娶妻，
必齐之姜？	一定要齐国的姜姓？
岂其食鱼，	难道谁想吃鱼，
必河之鲤？	一定要黄河的鲤？
岂其取妻，	难道谁要娶妻，
必宋之子？	一定要宋国的子氏？

　　这首诗是要求起码生活的呼声。诗人没有地方住，没得吃，只有横门、泉水，是不能解决问题的。二三章拿不必要鲂、鲤，不必要齐姜、宋子，说明自己要求非常低，什么都行。他可能是没落贵族，没有生产能力，当然也不会有力地叫喊。但这也反映了社会的一个侧面。

<h1 style="text-align:center">宛　丘</h1>

子之汤兮，	你跳跳荡荡呵，
宛丘之上兮。	在宛丘之上呵。
洵有情兮，	表演得真有感情呵，
而无望兮①。	而且迷茫着眼睛呵。
坎其击鼓，	坎坎地敲着鼓，
宛丘之下。	在宛丘的低处。
无冬无夏，	不分冬天夏天，
值其鹭羽。	总拿着你的鹭鸶羽毛。

坎其击缶，　　坎坎地敲着瓦缶，

宛丘之道。　　在宛丘的当道。

无冬无夏，　　不分冬天夏天，

值其鹭翿。　　总拿着你的鹭鸶羽毛。

【注释】

①"无望"的"无"古音读模，与迷双声。"望"古音近茫。《释名·释姿容》："望，茫也。""无望"读迷茫，即眯矇，眯着眼睛的样子。和迷阳、眇瞜、望阳，义皆相类。这里是形容舞者的表情。

这是赞美一个舞师的诗。这舞师可能是"以舞事神"的女巫。她善于表情，是一个很好的舞蹈演员。她不分冬夏都拿着鹭羽跳舞，大概是以舞为职业。诗人则是一个好的欣赏者。

绸　缪

绸缪束薪①，　　精致的火把放光，

三星在天。　　参星出现在东方。

今夕何夕，　　今晚是怎样的晚上？

见此良人？　　看见这样的好姑娘。

子兮子兮，　　你哟你哟，

如此良人何？　　该把这姑娘怎着？

绸缪束刍，　　精致的火把高举，

三星在隅。　　参星已到东南隅。

今夕何夕，　　今晚是怎样的晚上？

见此邂逅？　　看见可爱的闺女。

子兮子兮，　　你哟你哟，

| 如此邂逅何②？ | 该把这闺女怎着？ |

绸缪束楚，	精致的火把烧尽，
三星在户。	参星已对着房门。
今夕何夕，	今晚是怎样的晚上？
见此粲者？	看见这艳丽的美人。
子兮子兮，	你哟你哟，
如此粲者何？	该把这美人怎着？

【注释】

①绸缪：是细密、精致的意思。用作动词就是细致的意思。《齐·鸱鸮》"绸缪牖户"即是。"束薪"的"薪"，就是《庄子·养生主》"指穷于为薪"的"薪"。闻一多说是烛薪，对的。烛薪是把柴火扎起把子，灌上脂油以照明的东西。也就是火把。古时没有蜡烛，就是这样照明。"绸缪束薪"，是特别用的很结实的火把。下文"束刍""束楚"，只是变文押韵而已。

②邂逅：意思是喜悦。本义是不期而遇，引申便有意外喜悦的意思。这里更把它代替可喜悦的人。

这是一首新婚诗。诗人描绘在星光下，在火把照耀中，看到新人的美丽，他真高兴，不知怎样才好。连夜晚也蒙上了一层梦境似的色彩。真是良宵一刻值千金。

屈原其人其赋

一

我头一个要谈的问题，是屈原"人"与"赋"本身存在与否的问题。本来屈原这个纪元前三世纪的大诗人，无疑地是奠定中国文学优秀传统的第一位伟大作家，两千余年来，可以说没有什么异议，但在本世纪初年轻今文学家的廖平，却否定了屈原其人的存在。胡适随声附和说他（屈原）至多是"箭垛式的人物"，也不相信他的存在。我在1942年春曾作《关于屈原的有无问题》一文，予廖、胡以反驳（登在《中原》杂志上），而郭沫若先生的《屈原研究》出版后，更对这新奇的说法予以有力的批判，同时也肯定了屈原的地位，至于其他楚辞专家对屈原的存在也都是肯定的，因此这一问题，我现在不多谈了。

另一方面从廖平把《离骚》归于秦博士后，尽管他的傅会并没有取信于读者，但最近朱东润先生作《楚辞探故》——《光明日报》3月17日、31日、4月28日、5月12日《学术》副刊连载——却又很武断地把《离骚》、《九章》、《招魂》等都一古脑儿归于淮南王安和他的群臣，他在《探故一》论《离骚》作者时，主要论点是：（一）《汉书·淮南王传》"初安入朝……上使为《离骚传》，旦受诏日食时上"。（二）并引了荀悦《汉纪·孝武皇帝纪》，高诱《淮南子序》中和《本传》差不多的记载，而《离骚传》的"传"作"赋"。（三）又根据王念孙的说法："传当为傅，傅与赋古字通。"结论：刘安所作《离骚赋》即今《离骚》。这说法是新奇的，因此有谈一谈的必要。

我认为像《离骚》那样二千四百字的长篇伟制，无论如何不是一早晨可以作就（《淮南传》、《淮南序》皆言旦受诏日食时作好）。而且刘安所作

《离骚传》(或赋)是另一篇文字,司马迁还节抄在《屈原传》中(即"屈平疾王之不听也"以下至"虽与日月争光可也"),梁代刘勰也还读过,他说:"昔汉武爱《骚》,而淮南作《传》,以为《国风》好色而不淫,《小雅》怨诽而不乱,若《离骚》者可谓兼之,蝉蜕秽浊之中,浮游尘埃之外,皭然涅而不缁,虽与日月争光可也。"(《文心雕龙·辨骚》)这很清楚地引用刘安《离骚传》(或赋)的大略。我们依此便可以明白淮南王安所作的是什么了。

我们若再从《离骚》本身来看,(1)自叙始祖"帝高阳"与刘氏无关。(2)因谏君而被绌,并屡举因谏遭殃的古人,与刘安行事亦无关。(3)几次别人劝他(《离骚》中主角)到别国去,这是战国游士的习惯,若被劝者指刘安,那只有到匈奴了。(4)刘安当着汉武帝的面,发大篇牢骚,也是不可想象的。如此等等,根本无法安在刘安身上,而安在屈原身上却毫无抵触,何况刘安死时(公元前122)司马迁已二十一岁,他死后十三年(前109)司马迁作太史令,假如刘安作了伟大的《离骚》,而且在朝廷上作的,当时人竟都会不知道? 亲身能见到刘安的司马迁也这样胡涂硬把《离骚》归于屈原吗? 所以朱先生的结论,真足令人惊奇了。

其他传说中与屈原有关的作品,朱先生的结论大略如次:

(一)《天问》——战国时楚人作品。

(二)《远游》、《卜居》、《渔父》——西汉后期作品。

(三)《九歌》——除《山鬼》、《国殇》外,余九篇作于汉武帝时,可能有宣帝时作品。羼入《九歌》,在王莽末。

(四)《九章》——《橘颂》可能是楚人,也可能是淮南人作,《涉江》、《哀郢》是淮南王安的遗臣所作。《思美人》、《惜往日》、《抽思》、《怀沙》可能时间更后。

(五)《招魂》、《大招》——淮南王安遗臣所作。

我绝对赞成把文学史上的伟大作家和作品,重新考定,但朱先生这里所论到的,大体都用和前面论《离骚》相同的态度和方法,我认为是不妥的。因为朱先生不对前人和时人对此问题已有的主要理论和证据加以批判,而只抽作品或史料中一二点和己意相合的来建立论点,单看起来,似乎也有道理,也引证了许多,但一追实际,就可发现新说的漏洞百出,尤其是断章取义、曲解附会的地方，叫人怀疑朱先生是否忽略了"实事求是"而有意"矜奇立异"？前面《离骚》问题只是一例，为了篇幅的限制，这里不能再把朱先生的论点一一研讨。不过我认为传说中与屈原有关的作品，除《远游》、《卜居》、《渔父》、《九歌》、《大招》和《九章》中的《惜诵》、《惜往日》、《抽思》、《悲回风》等篇，或早已公认非屈原作，或早有人疑非屈原作（但指为淮南王安及其群臣的却只朱先生一人——据我所知）外，至如《离骚》、《天问》、《招魂》、《哀郢》、《怀沙》，司马迁所称引的那几篇，至今还没有可以动摇它们的证据（包括朱先生的理由在内），而这几篇也便是屈原所以能名垂千古、"死而不亡"的原因，而他的辉煌的光耀，也便一直照射着二千余年的文学史。

二

其次，我想对屈原和可以确定为他的作品作一讨论。

淮南王安说屈原"其志洁，其行廉"，"濯淖污泥之中，蝉蜕于浊秽，以浮游尘埃之外，不获世之滋垢，皭然泥而不滓者也，推此志也，虽与日月争光可也"，这是我们看到的对屈原最早的评论。内容主要是"洁""廉"二字，显然这是不够的。王逸以后，一般评屈原及楚辞的人，差不多都拿着儒家的一套伦理作依据，这是长期封建社会儒家统治下的必然现象，我们现在也不预备提它，下面要谈的都是近人新说。题目如次：

1.屈原是"文学弄臣"吗？

2.屈原是"人民诗人"吗？

3.屈原是"民族诗人"吗？

这三个题目，都是必须把作者和作品联系在一起来谈的。"文学弄臣"，是孙次舟先生所倡，而"人民诗人"则是闻一多先生所标，最近又有林庚先生的"民族诗人"一说。这三个说法，在对屈原的研究上，是有进步意义的，在对屈原的彻底了解上，也都有一方面的贡献，因为他们的共同倾向，都是想通过现象，寻求本质。不过我对这三种说法，还有些不同的意见。

第一，我认为屈原不是"文学弄臣"。

尽管战国时代，各国堕落的统治阶级——贵族中，不乏面目姣好、衣服都丽、以姿容取宠于君主的，但屈原却不是，因为他是不惮祸殃"恐皇舆之败绩"的人，他是"恐修名之不立"的人。他是"伏清白以死直"的人，他是"固知謇謇之为患，忍而不能舍也"的人，总之他是绝不与恶势力妥协的人，和孟轲所说"以顺为正"的"妾妇之道"一类，背道而驰，也就和"弄臣"背道而驰。此其一。

屈原以前，以"文学"作弄臣的，我还没有发现。蓟丘、稷下的先生们不是弄臣；弥子瑕之流，又没有文学；优孟、淳于髡近于弄臣，但他们却凭的是滑稽辩才；屈原很显然是凭政治的才能的，他的文学，是被放逐后，才表现出来的。所以"文学弄臣"，加不到他身上。此其二。

尽管战国时代的知识分子，有以"弄臣"而干预政治的，但也却不是屈原，因为他作"左徒"，有资格参与政治。后来楚国的春申君黄歇也作左徒，也是政治上的重要人物，便是好例。此其三。

第二，闻一多先生表面上承认了上述"文学弄臣"的说法，然后一转，说屈原的地位已是"奴隶"，再进一步说他是敢于"反抗的奴隶"，再进一步说他是"人民诗人"。

关于"奴隶"一点，也许闻一多先生是为了替次舟先生解纷，实际说来，屈原是不能说为"奴隶"的。因为：（1）他的出身是贵族，二十来岁便由贵族而作了左徒——内政外交都可以过问的职位，他既非游说之士凭一席话取得富贵，也不是凭资望升迁得来，所以基本上他属于统治阶级。他是楚国统治阶级的优秀人才，他也能得到贵族们所能得到的地位。他当然和专供人驱策的"奴隶"，绝对不同。假如说他对楚王仍是奴隶的话，那所有诸侯国卿大夫全是"奴隶"了！（2）至于他的被放逐以至于流离而死，只是在贵族内部被倾轧的结果。他也不是代表被压迫"阶级"的——尽管他的人格远比得势者为高——所以他的控诉的重心，也止于他个人的愤懑而已。

再说到"人民诗人"，这一点我想闻先生是有为而发。本来在政治黑暗人民痛苦的时代，知识分子被迫害的牢骚，是可以和广大人民的感情

国学·诗韵·书情

——姚奠中学术评传

一致的。假如他们再进一步面向人民，深入人民，是可以成为人民诗人的。但屈原却远不够。我们若遍检屈原的作品，可以充分地看到他怀才不遇的愤恨，和对楚国统治将要崩溃的痛惋，而很少注意到人民（只有两三处，也不是重心）。这一则由于他所属的阶级，二则由于他所处的时代，限制了他。三则他的忠君爱国，正证明他的利益是和楚王族一致的。四则在贤人决定一切，和七国战争频繁的情况下，使他更感觉到自己的不被用和自己政策的不能实现，使楚国面临着灭亡的威胁，这便是他写作的主要动力。所以闻先生的说法，我们是可以理解他的心情的，而对屈原的评价，则还应该进一步的研究。

第三，林庚先生所作《民族诗人屈原传》（北京《光明日报》4 月 15、16、17 日连载），很显然地是要通过这篇文章来进行爱国主义教育的。这个企图很好，但有几点强调了他自己主观的愿望，而从屈原的作品和史料上，找不到根据，可能令人感觉到不大真实。如他强调屈原所反抗的是贵族统治集团，然后把屈原放在人民一边。其实屈原与子兰一派的斗争，绝不是阶级斗争。如果屈原胜利了，也至多造成一个较好的统治政府，以延长楚王族的寿命（人民只是间接少受些战祸而已），还不是贵族统治？又如林先生强调了屈原所联络的齐、赵、魏、韩等国，是和平阵营，而与秦——侵略国对抗，其实对抗是事实，但齐、楚、秦本质上是没有差别的。同时真正的和平阵营是社会主义和新民主主义国家在国际主义精神下才有的一种团结，历史上是没有的，不应该拿这个名词乱安。"合纵"是六国生存的唯一道路，屈原是认得清楚的，而子兰为首的投降派，"偷乐"，"嫉妒"，"朋比"，"贪婪"，以至危害国家，这是屈原绝不和他们妥协的最大原因。所以林先生的话，是太强调了些。

至于称屈原为"民族诗人"，我认为不如"爱国诗人"合适，虽然这两个名词没有显然的大分别。最后我肯定下列几点作为本文的结束：

一、屈原是优越的政治家，这从他的政策和外交工作上可以看出；同时在他被放逐之后，楚国渐走向破灭的事实，也足以证明。

二、屈原是人格高尚，感情热烈，富于斗争性的，这一点可以说贯穿在他的全部作品中。一方面他对恶势力深恶痛绝，一方面忠实于他的高贵的理想,他不怕压迫,不惜牺牲,也决不妥协,这是我们不能不承认的。

三、屈原是爱国诗人。(1)他遍尝了流离、困苦、忧煎以至于死,丝毫没有动摇他对乡土的热爱;(2)在朝秦暮楚的游说时代,他更没有为个人的富贵打算,而只盘算着祖国的安危;(3)本来在平时平民和贵族是有阶级矛盾的,但当强敌压境时,民众却往往首先抗战,在楚怀王被囚于秦而楚国又两次兵败的情况下,屈原的态度,当然受到民众的拥护,屈原和民众在这里是一致了。"楚人既咎子兰以劝怀王入秦而不返也,屈平既嫉之……"(《本传》)这是当然的。"皇天之不纯命兮,何百姓之震愆?民离散而相失兮,方仲春而东迁。"(《哀郢》)屈原面向民众了——因为他们的命运相同。(4)屈原虽没有直接领导民众,而他的作品至少是影响了中立的贵族和市民阶层的,这便是他被楚人世世纪念的原故,也便在他的影响下,产生了"楚虽三户,亡秦必楚"的民谣,以至影响到秦帝国的被颠覆。

四、屈原是中国文学史上第一个文学家。他生的时代那么早(公元前三世纪),而文学成就却空前伟大。他继承了《诗经》的传统,他吸收了当代散文的精粹,他发扬了南方的民歌,他吸取了历代的神话传说,他解放了诗歌的内容及形式,开辟了新诗歌的领域等等。由于各家对屈原的作品,多有详尽的介绍,此文便到此为止。

1951 年 5 月于贵阳花溪

《史记》的《律》、《历》本为一书说

《史记》的《律》、《历》本为一书。

今《史记》八书:《礼》、《乐》、《律》、《历》、《天官》、《封禅》、《河渠》、《平准》并列,实际上《律》、《历》应为一书,而另有《兵书》。理由如下:

一、《史记》谈律历,经常二者相连。《张丞相(苍)列传》:"张苍者……好书律历。""知汉家言律历者本之张苍。""无所不通,而尤善律历。""张苍文学律历为汉名相。"《韩长孺列传》:"太史公曰,余与壶遂定律历。"盖律历二者密切相关,本不可分。

二、今《律书》本文也是律历连文。一则说:"律历,天所以通五行八正之气。"再则说:"自上古建律运历造日度,可据而度也。"足见《律书》也是律历并谈。

三、《太史公自序》今《历书序》,本是《律历书序》。《序》说:"律居阴而治阳,历居阳而治阴。律历更相治,间不容翲忽。五家之文怫异,惟太初之元论,作《历书》。"《正义》解末句道:"维太初之元,论历律为是。"显然《序》中所说是律历而不仅是历。"作历书"三字本应是"作律历书"。

以上说明司马迁言律必及历,而律历应为一书。班固《汉书》多承《史记》,也正是律历同篇,名《律历志》。

那么,为什么《律》、《历》分为两书了呢? 这是因为《史记》原来的八书缺了《兵书》,后人(也许是褚少孙)就割《律历书》中一部分结合《兵书》的佚文,凑成《律书》,原《律历书》剩余的就叫《历书》。证据如下:

一、《汉书·司马迁传》说:"(《史记》)十篇阙,有录无书。"《张宴注》说:"迁没之后,亡:《景纪》、《武纪》、《礼书》、《乐书》、《兵书》……元成之间,褚先生补缺……"是班固、张宴都知道《史记》有兵书目录,而文字却缺了。那末八书的名目,应该是:《礼》、《乐》、《律历》、《兵》、《天官》、《封禅》、《河渠》、《平准》。

二、《太史公自序》,今《历书序》说:"非兵不彊,非德不昌,黄帝汤武以来,桀纣二世以崩,可不慎欤!《司马法》所从来尚矣,太公、孙、吴、王子,能绍而明之。切近世,极人变,作《律书》第三。"显然这序是《兵书》的原序。末尾的"作律书"三字,和序的内容全不相干,应是"作兵书",而作伪者改"兵"为"律"。

三、今《律书》自"王者制事立法"至"何足怪哉"谈律的问题。自"兵者,圣人所以讨彊暴"至"孔子所称有德君子者邪",所谈纯属兵事。自"书曰:七正二十八舍"以下,则又完全谈律。"兵书"一段,该是《兵书》佚文,其余和兵毫不相干的部分,就是从原《律历书》中分出来的。

四、《兵书序》(今《律书序》)所提到的司马、太公、孙、吴、王子等兵法,就是原《兵书》的内容,现在看不见了。

五、《太史公自序》末段:"礼、乐损益,律历改易,兵权、山川、鬼神天人之际,承敝通变,作八书。""兵权"和"律历"等并列。《索隐》案:"兵权,即《兵书》也。迁没之后,亡。褚少孙以《律书》补之。今《律书》,亦略言兵也。"司马贞的话与张宴合。但他认为褚少孙另作《律书》,不知系从《律历书》中分出;说《律书》"亦略言兵",也没有看出篇中文字内容的矛盾。

自从作伪者用《律书》填补了《兵书》的空子,又改了八书的序后,好像已天衣无缝,连张宴说《兵书》缺了,人也不信。博学如颜师古,也竟根据今《太史公自序》而说:"序目本无《兵书》,张宴云亡失,非也。"清代作《史证考证》的张照等,仍然相信颜说,认为《史记》本无《兵书》,也就是说:《律书》、《历书》都无问题。因此,这一问题,就被长期遮盖起来了。

1956 年 7 月

政教中心和现实主义

——对汉代诗论的一些探讨

一

中国古代诗歌理论中,有导源于汉代的几个论点,影响着两千多年的诗歌评论, 也指导着两千多年的诗歌创作, 这就是所谓:"风雅","比兴","美刺","讽谕"。这几个论点,分析起来,既有所区别,又互相联系。大体上说:"风雅"是创作的准则,"比兴"是创作的方法,"美刺"是写作的态度,"讽谕"是作品的目的。而这几个论点,又围绕着一个中心——政教,即政治和教育。换句话说,就是诗歌要为政教服务。以政教为中心的原则,假如说还不能概括两千多年诗歌的全部传统的话,那至少代表着总传统中的一个主要传统。那么。这一主要传统,是怎样形成的? 怎么评价? 它是不是就是现实主义或接近于现实主义? 这些,就是此文想要探讨的问题。

二

以政教为中心的诗论的形成,既源于《诗经》一书的经典化,同时也是以儒家的政治哲学成为统治思想为基础的。本来《诗经》中的诗歌之所以和政治发生极为密切的联系的原因,是由春秋时期各国之间朝聘会享中,使用诗歌作为外交辞令这一事实而来。孔子论诗,一则说:"不学诗,无以言。"[1]所谓言,即指外交语言,而非一般说话。再则说:"诵诗三百,使于四方,不能专对,虽多,亦奚以为! "[2]"诵诗"就是为了出使时的"专对"(独立应对),而不是为了其他。孟轲、荀况和《礼记》以下各家引诗,都承袭着外交场合"赋诗断章"③的办法,而不管是否违反原诗的本义,但同时也逐渐产生:借用原诗的某点意义,使它成为自己言论的依据或佐证,从而提高了《诗经》诗歌的权威性,使《诗经》一书,越来越上升到经典的地位。

在春秋战国的百家争鸣中,儒家作为政治集团,虽未取得太大成就,但以他们的学徒之众,影响之大,在文教事业上,却占有绝对优势。他们以政治为目的,以文教为手段,适应历史发展的要求,曾经设计过各种统一全国的政治方案:除孟、荀二大师,各有以"仁义"、"礼"为中心的专著外,其他像《孝经》的"以孝治天下",《大学》的"格、致、诚、正、修、齐、治、平",都是自成体统的一种政教学说,当时虽无法实践,但对后来封建王朝的统治,影响很大。尽管法家曾以富国强兵为根基,用武力统一了全国,取得了空前胜利,建立了秦王朝;但秦王朝标志着法家的最大胜利,也标志着它的最大失败。关键在于它重政轻教。汉兴,"改秦之败",曾有以道家(黄老)来统一思想的企图④,但没有成功。儒家继之,政教并重,在武帝刘彻的支持下,以"六经"、"仁义"为中心,而吸收道、法以次各家的优点,"舍短取长",形成"于道最为高"⑤的统治思想。而《诗经》一书,也成了统一的封建王朝统治思想中的重要组成部分。于是,有关《诗经》的注释、说明、评论和依附《诗经》而提出的诗歌论点,都不能不为这一现实所左右。这便是以政教为中心的诗论的政治基础和思想基础

三

在汉王朝封建统治思想指导下,再看汉儒就《诗经》一书所提出的几个论点:

其一,"风雅"。"风雅"本是"风雅颂"三部分诗的简称。"风"是十五个地区的地方乐调,"雅"是周朝首都镐京一带的乐调,"颂"是伴随着舞蹈的乐调。这些名称,和诗歌理论本不相干,但到了汉儒手中,却赋予了重大的理论意义。《毛诗序》把"风"解为"风也,教也",即讽刺和教化;说:"上以风化下,下以风刺上"⑥,说:"雅"是"言王政之所由废兴也"⑦,是正面谈政治问题的;"颂"不解为舞荣,而解为"美盛德之形容,以其成功,告

于神明者也"⑧，成了后世"歌功颂德"的先导。从此，"风雅"不但可以从意义上代表《诗经》，同时凭借《诗经》作为经典的权威，而成为诗歌创作的典范。

其二，"比兴"。"比兴"是"赋比兴"的简称。最早见于《周礼·春官·大师》。那里把"风、赋、比、兴、雅、颂"平列，称为"六诗"，但没有作意义的解释。到了《毛诗序》，仍把"赋比兴"和"风雅颂"并列，而呼为"六义"，对"风雅颂"作了解释，如上所举；但对"赋比兴"却仍没有作任何说明。只有在一些经师的遗说中，才多少看出一点"赋比兴"的性质。比如：《周南·芣苢》，《韩诗·薛君章句》指为"兴"，《毛诗》则指为"赋"；"鸡鸣"，《韩诗》指为"比"，《毛诗》仍指为赋；《伐檀》，《韩诗》指为"赋"，《毛诗》则指为"兴"⑨。不管他们之间的说法如何矛盾，但把"赋比兴"看为写作方法，却是一致的。所以唐代孔颖达《毛诗正义》谓："'风雅颂'者，诗篇之异体；'赋比兴'者，诗文之异辞"；"赋比兴是诗之所用"，"风雅颂是诗之所形"。⑩概念虽还不够明确，但把"赋比兴"和"风雅颂"从性质上区分开来，却是很清楚的。"赋比兴"属于写作方法，和政治本来挂不上钩，可是汉儒郑玄却说："赋之言铺，直铺陈今之政教善恶；比，见今之失，不敢斥言，故比类以言之；兴，见今之美，嫌于媚谀，取善事以喻劝之。"⑪这样，就把写作方法和政教拉在一起。尽管刘勰等理论家，从写作方面大大发展了"比兴"理论，可是一直到白居易，还要说："为诗意如何？六义互铺陈；风雅比兴外，未尝著空文。"⑫用政治意义淹没了写作方法的意义。

其三，"美刺"。"美刺"最早见于诗人的自白：像《魏风·葛屦》末两句："维是褊心，是以为刺"，就提出"刺"字；而《小雅》中的《崧高》、《烝民》、《节南山》等篇，都明确提到"作诵"，"诵"即"颂"，实际就是"美"。说得具体的，还是《毛诗序》。《毛诗大序》除把"风"解为"风刺"，把"颂"解为"美盛德"外，在不少具体诗的《小序》中，还随时指出：某诗"美"某，某诗"刺"某，像《甘棠》，"美召伯也"，《江有汜》"美媵也"；《雄雉》，"刺宣公也"，《谷风》，"刺夫妇失道也"之类。"美刺"观点，是贯穿在《毛诗序》（包括大小序）中的重要论点之一。到了郑玄，把"美刺"的意义，更提高了一步，说："论功颂德，所以将顺其美，刺过讥失，所以匡救其恶。"⑬不只是总结已然，而且要影响未然。而这种歌颂什么（美）暴露什么（刺）的问题，是写作态度,也是政治态度。

其四,"讽谕"。"讽"是暗讥,"谕"是晓喻。义源于"风",而与"谲谏"一致。"谲谏"的目的是:"言之者无罪,闻之者足以戒"[14],"讽谕"则是春秋赋诗"以微言相感","称诗以喻其志"[15]的发展。班固认为诗赋的任务之一,是"抒下情而通风谕"[16],郑玄认为"诗者,弦歌讽谕之声也"[17],是由于"尊君卑臣,君道刚强,臣道柔顺,于是箴谏者稀,情志不通",所以才需要"作诗以诵其美而讥其失"。所以"讽谕"和"美刺"相通,和"风雅""比兴"相联系,而成为容量较大,概括诸论点的新论点。这就是唐代白居易的诗歌理论中强调"六义",而称他的政治性最强的一百五十首诗为"讽谕诗"[18]的原因。

综上所述,可知:汉人诗论,都是就《诗经》一书立论,而实质上则是在作为统治思想的新儒家思想支配下,适应当时政治教育要求而建立的诗歌理论。无以名之,姑名之为政教中心。

四

《毛诗序》直接谈诗歌和政治的关系时说:"在心为志,发言为诗。情动于中,而形于言。……情发于声,声成文,谓之音。治世之音安以乐,其政和;乱世之音,怨以怒,其政乖;亡国之音,哀以思,其民困。"

由于"诗三百"都是可以"弦而歌之"[19]的,所以诗歌音乐一体。而这里要说的就是:从歌声中可以判断政治好坏。换句话说:就是歌乐是政治的反映,也是能反映政治的。所以,"王道衰,礼义废,国异政,家殊俗",便产生了"变风"、"变雅"[20]。惟其如此,所以:"正得失,动天地,感鬼神,莫近于诗。先王以是经夫妇,成孝敬,厚人伦,美教化,移风俗。[21]"诗歌在政治教育上的结果,竟如此其大!但这还没有超过孔子的看法。孔子曾说:"诗,可以兴,可以观,可以群,可以怨;迩之事父,远之事君;多识于鸟兽草木之名。[22]"诗的作用,包括了政治、社会和博物。汉儒所论,反而有被政教局限的倾向。也可以见汉儒是如何强调政教而不及其他。

问题是这种就《诗经》一书提出的以政教为中心的论点,是否可以算是诗歌理论?用这一论点作指导,是否在诗歌发展史上起了积极作用?答案应该是肯定的。因为汉儒在封建统治思想支配下,戴着有色眼镜来看《诗经》,就不能不有所蔽,因而在《诗经》中具体诗篇的解说上,就出现了大量的牵强附会;但另一面,他们既熟读"三百篇",终身寝馈于其中,那也就不能不有所见;因而在对不合自己尺度的诗予以曲解的同时,对合于自己尺度的诗,也会正确地撮其要而会其义。所以他们对"风雅颂"用政教来概括,虽属穿凿,但"风雅"诗中有不少政治诗,却是事实;对"比兴"的解释,虽有所附益,但"附比兴"的方法,"三百篇"中,却普遍使用着;"美刺"的具体对象,虽说得十分荒谬,但"三百篇"中表现"美刺"的诗也大量存在;而以"讽谕"为目的或能起"讽谕"作用的诗,更不可胜数。因此,我们如果为了理解原诗,则对汉儒所加于《诗经》的迷雾和所造成的混乱,必须彻底排除;但他们借《诗经》而建立的一些新的诗歌论点,却很有可取之处。而这些论点,在后来的诗歌发展上,正是突出地起着推动作用的。所以尽管汉儒错误地把内容十分丰富的《诗经》这一部诗歌总集,强纳入政教范围之内,把部分具有政治内容的诗,以偏概全地代替了全部诗作,而且在总论诗歌和政教的关系中,片面地夸大了政教作用,但他们所建的诗论,并不因之而减色。

五

作为文学的一部分的诗歌,属于意识形态,是社会现实的反映。但现实的反映,不能就成为现实主义;只有自觉、积极地反映现实,才是现实主义的开始。政治在社会中无所不在,是最大的现实,也可以说:政治是现实中的最主要方面,而为政治(包括教育)服务的诗歌,是关心现实,干预现实,积极地反映现实的重要表现。因之毫无疑义,它和现实主义的要求,基本一致。然而,现实主义的理论,不但要求作家的作品,自觉、积极地反映现实,而且还要求如实地、真实地反映现实;不是肤浅地反映现实的现象,而是通过典型形象来反映现实的本质;哪怕是朴素的现实呢,也要通过现象而接触到某些——即使很少——现实的本质。以此为准,再看以政教为中心的诗经,是否能达到这一高度。答案是否定的。因为从理论上看,达不到,但从实践上看,则从《诗经》、"汉乐府",以至陈子昂、杜甫、白居易的诗集中,却存在着大量的可以称为现实主义的作品。因为理论是从实践中总结出来的,西方现实主义的理论不也是到了十九世纪才完善起来的吗? 所以,汉以后,政教中心思想影响下的作家们,他们所举的旗帜,总不出"风雅"、"比兴"、"美刺"、"讽谕"的范围。因之,把这些论点作为现实主义的先行,或现实主义的基本因素来看,是可以的,虽然它还不够完善。这就是政教中心论所以能代表中国诗史上主要传统的原因。

六

政教中心既然是代表着中国诗歌史上主要传统的,那也就是说它没有,也不能代表全部传统,它虽然要求关心现实、干预现实、反映现实,但却局限于现实中的政教方面。而和政教无关的种种现实问题,就不一定涉及了。这和孔子所说 "兴"、"观"、"群"、"怨"、"事父"、"事君"、"多识"比,广度上已有所不及,和面向一切现实的现实主义理论比,更有范围广狭的区别。就反映现实说:反映政教的作品,固然是反映现实,而反映非政教的作品,却不一定不反映现实。《诗经》、"汉乐府"中大量的具有现实主义特色的诗篇,并不一定都反映政教;杜甫、白居易之所以成为伟大诗人,也不单由于他们所写直接反映政教的那部分诗,而由于他们创作的全部。所以,政教中心的诗论,只代表中国诗歌史上的传统之一,尽管它是主要的。政教中心论本身,还存在着一个缺陷:因为它可以为革命的、进步的政治服务,也可以为反动、落后的政治服务。就反映现实来说:为了政治目的,可以正确地、真实地反映现实,也可以虚伪地、欺骗地歪曲现实。我们不是亲眼看见几个把"政治第一"、"政治挂帅"口号喊得山响的野心家,拿文艺当作罪恶活动的武器,对人民进行了空前的迫害吗? 而历史上的事例,也大量存在。"汉乐府"中有一首《上留田行》,开头三句说:

居世一何不同?

富人食稻与粱,

贫子食糟与糠？

一下子就接触到社会现实的本质——阶级对立；但下文一转却说：

贫贱亦何伤？
禄命悬在苍天，
今尔叹息欲将谁怨！㉓

很巧妙地用天命把真实掩盖了起来。这是被统治者篡改了的民歌㉔，把为被压迫者呼喊的歌子，篡改成为统治者辩护的歌子了！但都是为政治服务。好在政教中心论之所以能成为中国诗史的主要传统，则在于历史上的一些进步集团和进步分子，运用这一合法的，以诗经为掩护的口号，通过"风雅"、"比兴"、"美刺"、"讽谕"等具体论点，用大量创作，为人民利益，为政教改革，进行了不懈的斗争，从而取得丰硕成果。而直接为反动统治者效劳的东西，却自然地为历史所淘汰。

与政教中心论并行，中国诗歌发展史上还有两个具有理论性质的诗论，和政教中心论互相关联，互相渗透，但却各有侧重，形成传统。一是言志抒情说，一是好辞尚丽说。"言志"说起自先秦，而《毛诗序》本之，提出"诗者，志之所之也"，接着便说"情动于中而形于言"，可见情、志是一回事。《毛诗序》虽从诗歌起源上谈到了情、志，而篇中却以政教为中心。只是言志抒情（包括性、意）说以此为起点，便发展为另一传统而已。司马迁称屈原"忧愁幽思而作'离骚'"㉕，"诗三百篇，大抵圣贤发愤之所为作也"㉖，提出了发愤著书说。此后像阮籍的"咏怀"，陶渊明的"真意"，韩愈的"不平则鸣"，白居易的"感伤"、"闲适"诗，都是这一传统的继续和发展。好辞尚丽说，从司马迁称宋玉等人"好辞"㉗起，刘歆也说宋玉等人"竞为侈丽宏衍之辞"㉘，从扬雄所谓"丽以则"、"丽以淫"㉙，到曹丕所谓"诗赋欲丽"㉚，到刘勰、锺嵘，虽情辞并重，而所代表的南朝诗歌发展趋势，一直向好辞尚丽前进。而这一传统的存在，也是很明显的。上举两点，都是政教中心论所不能代替的。

以上所论，仓卒写出，不成熟，不周密，难免谬误。提出来，只是为了向同志们就教而已。

1980 年 10 月 5 日

【注释】

①《论语·季氏》。

②《论语·子路》。

③《左襄二十八年传》卢蒲癸语。

④《史记·太史公自序》。

⑤《汉书·艺文志·诸子略》。

⑥⑦⑧并见《毛诗序》。

⑨今本《毛诗序》只标"兴"而不标"赋比"，此依魏源所考。

⑩《十三经注疏》本《毛诗序·疏》。

⑪《毛诗序·疏》引郑玄《周礼·大师·注》。

⑫《与元九书》。

⑬《十三经注疏》本《毛诗·诗谱序》。

⑭《毛诗序》。

⑮《汉书·艺文志·诗赋略》。

⑯班固《两都赋序》。

⑰《诗谱序》引郑玄《六艺论》。

⑱《与元九书》。

⑲《史记·孔子世家》。

⑳㉑《毛诗序》。

㉒《论语·阳货》。

㉓原诗每下句，都有"上留田"三字和声。

㉔此诗或署曹丕作，或为曹丕所改。

㉕㉖《史记·屈原传》。

㉗《史记·太史公自序》。

㉘见《汉书·艺文志·诗赋略》。

㉙《法言·吾子》。

㉚《典论·论文》。

王之涣《凉州词》考辨

一

从薛用弱《集异记》写了"旗亭画壁"的故事以后，流传既久，影响很大，在文人笔下已成了最习用的典故之一。故事中特别突出的王之涣的"黄河远上"一绝，也成为一千三百年来脍炙人口的名作，甚至有人把它看作唐绝的压卷。而仅存六首诗的开元诗人王之涣，其所以至今为人称诵，其主要原因，就取决于这首诗和"白日依山尽"五绝的存在。但"白日"一诗，在盛唐人选辑的《国秀集》中，却列于朱斌名下，遂使"黄河"一诗更增加了对作者的重要性。然而，此诗的本来面目如何？却存在着不小的问题。诗云：

> 黄河远上白云间，一片孤城万仞山。
> 羌笛何须怨杨柳，春风不度玉门关！

诗无标题，后来的总集、选本中标题为《凉州词》的大都和这首诗的字句相同；一般分析、欣赏这首诗的，也大都以此为据，很少例外。

五十年代，我在辅导青年教师欣赏诗歌时，曾引导他们"设身处地"，但对这首诗却遇到很大困难：一、头一句"黄河远上白云间"，作者站在哪里？在下游往上看，还是在上游往下看？往上看，只能黄河远来，来自"白云间"是可以的，但无法看出是"远上"。"黄河如丝天际来"（李白），是"来"，不是"上"；"群水从西下"（杜甫），是"下"也不是"上"。往下看，只能是远去,也无法看成"远上",只能像"大江茫茫去不还"(李白),是"去";"江流天地外"(王维),也是写远"去",都不能是"上"。所以"黄河远上白云间",违反常识,完全无法体会。二、联系第二句"一片孤城万仞山",是哪一座城?是哪一座山?前句"黄河"又是哪一段河?因为这首诗虽是抒情,但前两句则写实景。因景生情,景是不能捏造的。

它不同于写情、写事、说理时的用典。为了写情、写事、说理而用典,是可以打破时空界限,经大跨度的跳跃而联系在一起。像庾子山的《咏怀》二十六:

> 萧条亭障远,凄怆风尘多。
> 关门临白狄,城影入黄河。
> 秋风别苏武,寒水送荆轲。
> 谁言气盖世,晨起帐中歌!

"关"指的是潼关,"白狄",春秋时白狄所居的故地,即今陕西东部近黄河的诸县。"关门临白狄",符合实际。首四句是作者亲临其地,亲见其景;而五、六两句则写自己羁留北国不得南归的事,使用汉代苏武、战国荆轲两典,事相似、情相类,不必管时、地的距离。七、八两句,用项羽的末路自比,以写痛苦之情。这种写法是历代诗人作品中极为常见的。王之涣那首诗,却与此不同。所以,王之涣的"黄河"二句,必须落实!进一步和末句的"春风不度玉门关"联系来看:"玉门关"这一地名,具体明确,但和"黄河"却远不相及。即使指银川或兰州的黄河,相去也都差不多有两千里之遥,怎能拉在一起呢!近来有一个选本①,对这首诗的说明是:

> 这首诗写诗人初入凉州时,面对黄河、边城,耳听《折杨柳》曲时候产生的感慨。头二句摄取黄河、白云、孤城、高山的投影,描绘了古代西北边境凉州一带的荒寒壮阔的景象。

把黄河、边城等作为"面对"的实景,很正确。但说这是"初入凉州时"

的"面对"就错了。因为凉州在今甘肃武威，去最近的兰州段黄河，也还有几百里，所以"边城"不可能是武威；不指武威，又难免落空。兰州城倒是在黄河边上，但和凉州无干！"说明"的作者不过是因为《凉州词》便望题生义罢了，更何况对"玉门关"也很难联系呢！

结论是：流行的"黄河远上"一诗，认真起来，简直无法讲通。

二

其实，薛用弱《集异记》所载"黄河"一诗，是不可靠的。首先它把作者王之涣误为"王涣之"，其次，也是更主要的是文字不准。关键是首句的"河"、"远"二字。元辛文房《唐才子传》卷三《王之涣传》摘抄了《集异记》这一故事。除纠正了"王涣之"署名的错误外，而"黄河远上"作"黄沙远上"，"河"字变成"沙"字。是抄错了呢？还是他根据的薛《记》就是"沙"字呢？难说。其余皆同。辛书出于薛书，是此诗在流传过程中的第一个系统。"河"字已有了动摇。

这首诗本子的流传中，还有两个系统：一是成书最早的《国秀集》。习惯把《国秀集》说成芮挺章在天宝三载编成的，实际书不成于他手，时间也非限于天宝三年以前，但无论如何总是载有此诗的最早的一个本子了。诗的原文：

> 一片孤城万仞山，黄河直上白云间。
> 羌笛不须怨杨柳，春光不度玉门关！

清代的《全唐诗》编者，录王之涣此诗，标题沿用了《国秀集》作《凉州词》。诗的字句，却沿袭了薛《集异记》，而且题目下摘抄了《旗亭画壁》故事。但第一句"黄河远上白云间"下，又夹注道："一本次句为第一句；'黄河远上'作'黄沙直上'。"这又沿袭了《国秀集》。末句"春光不度"，没有作"春风"，不同于《集异记》。显然，这是调和两种本子的结果。既接受了第一系统，又注明了第二系统。夹注所说的"一本"，是否就是《国秀集》，没有说明。但显然有另一系统，因为不但字，还有句，差别不小。这个系统的本子能给我们什么呢？最主要的告诉我们"黄河远上"四字不一定对。很早就有作"黄沙直上"的本子。至于一、二句颠倒的原因，可能是传唱多，传抄多，传唱有误而传抄者水平不高之故。《国秀集》编者只据传抄本，未加订正，致使两句一倒，声调平仄全错。但这是一般人都能纠正的。

这首诗流传的还有一个系统，那就是《唐诗纪事》和《乐府诗集》。前者为宋计有功所著，其书以"收采之博，考据之详"为后人所称②。后者为宋郭茂倩所著，其书亦被评为："徵引浩博，援据精审，宋以来考乐府者无能出其范围"③。《唐诗纪事》卷二十六记王之涣《出塞》：

> 黄沙直上白云间，一片孤城万仞山。
> 羌笛何须怨杨柳，春光不过玉门关！

《乐府诗集》第二十二卷《横吹曲辞》二，有《出塞》，其第二首署名王之涣，诗作：

> 黄沙直上白云间，一片孤城万仞山。
> 羌笛何须怨杨柳，春光不度玉门关！

除第四句"过"作"度"外，余全同。根据以上情况，可得这样的结论：

1.诗题应标作《出塞》。因为《乐府诗集》既是收集历代乐府乐曲、歌词最为丰富完备的一部书，所收必当有据，决不会把属于《凉州》的歌词改收在《出塞》曲下。书的第七十九卷《近代曲词》中，收《凉州》六首，《凉州词》五首，没有王之涣的这首诗，但在第二十二卷《横吹曲词》中，却把此诗收于《出塞》下，为五首中之第二。所以，《国秀集》所标之《凉州词》，或因传唱既广，有人配"凉州"曲调唱过吧？不足为准。

2.诗的首句"黄沙直上白云间"，是正确的。作"黄河远上"的，只有出于《集异记》的一个系统，而《集异记》属于小说，出自传闻。因为故事很吸引人，诗随事传，成了谬种流传的根本原因。

3.第四句"春风"二字,除《集异记》一系外,各本全作"春光",当以"春光"为正,"不度"二字,除《唐诗纪事》一本作"不过"外,各本都作"不度"。当以"不度"为正。

所以王之涣这首诗,题应为《出塞》,字句应以《乐府诗集》为正。当代有代表性的选本,都沿《集异记》之误,仅在首句"黄河远上"下注:"一本作黄沙直上",不再作说明④,殊未深考。

三

前边已说过,照《集异记》所传"黄河远上"一诗,无法讲通。现在把文字校订后,就完全不一样了。见、闻、想象,全有了着落。唐代的边塞诗数量很大,出现了不少边塞诗人,王之涣即其中之一。他的《出塞》一诗,可以称为边塞诗的杰作。它所写的正是可以代表边塞的典型环境——玉门关。玉门关和玉门关周围的景物,以鸟瞰的方式来看的话,引人注目的首先是这座城。这座关城,不但和内地繁庶的城市全不相同,而且在辽阔的荒原上,遥看只剩一个孤单的城影!从关城往南一看,没有别的,只有山,而且是非常高大的山,那就是海拔六千米左右的祁连山!但这里更突出、更令人永远不能忘怀的则是沙漠——白龙堆沙漠。尽管当时是唐朝国力最强大的时期,版图已达里海的东岸和北岸,声威及于小亚细亚,沙漠以西,两个大都护府辖下四十几个都督府,但人们心目中,玉门关以西就是"绝域",白龙堆把内地和西域隔绝了!所以要写玉门关,那关城、高山、黄沙,都必然地会奔入笔下。试看王昌龄的《从军行》:

青海长云暗雪山,孤城遥望玉门关。
黄沙百战穿金甲,不破楼兰终不还!

就是既写了"雪山"(指祁连山),又写了"孤城",又写了"黄沙",正是这一典型边塞的特色。然而王之涣的着笔点却首先是"沙",由于这里的"沙"对他印象太深了吧,而所以深,乃是黄沙中的奇特景色。于是"黄沙直上白云间"这一峻拔有力的句子出来了。它不同于"平沙莽莽黄入天"（岑参）那样只写苍茫寥廓，他写的是沙漠的"动"，实际上他写的是沙漠中的旋风。这种旋风，一下子把黄沙卷成沙柱，直冲云霄，一半个时辰后，逐渐移动，最后突发为暴风。既不同于飞沙走石的狂风，也不同于遮天盖地的飓风，虽然最后也将成为暴风，但开始阶段，却是一片静寂，画面非常清晰，而"直上"、"白云"正是抓住了景色的特征的传神之笔。王维的"大漠孤烟直"，"直"字很好，但那写的是狼烟，狼粪的烟本来取其直，只是在大漠的背景中更为鲜明，作者写出来，就成了好句。而王之涣所写，更进了一步。

高适的"大漠穷秋塞草腓，孤城落日斗兵稀"，写了"大漠"中的"孤城"、"落日"，一片凄凉。而王之涣的"一片孤城万仞山"，把"万仞山"和"孤城"作了对比，显出了城之小，再加上"一片"两字，益显其孤单。玉门关在当地的大自然中所显示的形象，就是如此。但它却是通往西域广大地区的门户、咽喉！和首句在一起，充分画出了玉门关的独特景色，给读者以很深的印象。

《折杨柳》曲，是用笛子吹奏的表现哀怨的曲调。《乐府诗集》收有无名氏的《折杨柳歌辞》五首、《折杨柳枝歌》四首和文人的《折杨柳》诗二十五首。情调都是凄怆哀怨，和曲调相符，可见当时这一曲调的感人之深。我们如果没有令人伤心的环境，也难于深入肺腑。只有在玉门关的彼时彼地，听这样的曲调，就会联系到唐代一百多年来在西域的军事活动，联系到全国人民为这种活动所付出的代价，特别联系到一次次成千上万从这一门户通向西方的士卒、役夫的命运，甚至联系到两汉以来的历史陈迹，而引起强烈的感情波动。当年李广利伐大宛失败，汉武帝不是遮断玉门关不许东归吗？李颀在《古从军行》一诗里，不是也写了"闻道玉门犹被遮，应将性命逐轻车"吗！《折杨柳》的曲子，正代表着这种哀怨之情，自然会引起身临其境的人们的共鸣！诗人于此激动着，沉吟着，思索着，终于感到：关念虽切、无能为力。于是发出"羌笛何须怨杨柳"的劝告，等于说：你这哀怨的笛声，不是徒乱人意吗？最好停止！

值得指出的是诗人在这里不是一般的简单地反对战争，而更主要的是把目光注射到被玉门关隔断的一批批以数十万计的人！玉门关外的茫茫沙漠，寸草不生，一年到头，见不到春光，是大自然赋予的严酷的事实。但在唐统治者为了满足自己的侈心——统治欲，而把被大食、土蕃侵凌压迫下要求归属的中亚各国编入版图后，被派出的广大将士，在艰苦的环境中，不惜流血牺牲，维护着民族安定，保卫着东西交通，促进着文化交流，抑制着残暴势力，对历史作出了贡献，却被统治者所遗忘！这些"铁衣远戍"的人们，真和长期置身于沙漠一样，看不到一点春色，得不到春天的温暖！诗人"春光不度玉门关"的结句，正是用双关的手法，寄寓了无比深沉的感慨！这才是这首抒情诗的主旨所在。

1983 年

【注释】

①四川人民出版社 1979 年出版的《古代诗歌选》。

②见明胡震亨的《唐音癸签》卷三十一。

③见《四库全书总目提要·乐府诗集》。

④以朱东润主编的《中国历代文学作品选》和社科院文学研究所编的《唐诗选》为例。

柳宗元的文论

——柳宗元在文学上的卓越成就之三

作为中唐古文运动的主将之一的柳宗元,由于他和韩愈一起领导了古文运动,完成了文体改革,他的文论一般总是和韩愈相提并论的;而且他们的论点,一般也认为是基本一致的。韩愈论文有"志道"、"好道"的言论①,柳宗元论文也有"明道"、"翼道"的言论②。韩愈文、道并重,柳宗元也文道并重。韩愈学文的最高标准是儒家经典,柳宗元学文的最高标准也是儒家经典等等,在在都可以说明他们的一致性。这当然是由于他们都出身于中小地主阶层,都曾受儒家教养,都受着当时儒学复古潮流的影响所致③。但这绝不等于说韩柳二人的文论没有什么区别,而值得注意的,正是他们的区别还相当大。韩愈在走入仕途之后的政治路线和他对儒家道统继承者的地位的追求,使他的思想,倾向于唯心保守,顽固而靠拢大地主集团,并成为大地主集团利益的维护者和代言人。从《原道》、《原性》、《原鬼》、《对禹问》等文中,就能得到具体说明。而柳宗元一开始就投身于进步的政治斗争,失败后又长期过着被排斥被压抑的抑郁生活,和人民距离较近,因之,无神论、唯物主义在他的思想中就占着主导地位,他代表了中小地主的进步要求,还在一定程度上代表了广大人民的利益。《封建论》、《贞符》、《天说》、《答元饶州论政理书》等可作代表。韩柳二人在思想意识上有这样本质的不同,那就不可避免地要表现在他们的文论中。这里,不预备把韩柳二人的文论作比较研究,而韩愈在文论上的成就、贡献和缺点,也不是三言两语所能解决;这里只是为了说明柳宗元的文论的特点,因而只就韩愈文论中 与柳宗元有关的诸点,拿来作一些比照而已。

一

柳宗元文中首先应该探讨的,当然是关于"道"的问题。他说:

> 始吾幼且少,为文章以辞为工。及长,乃知文章以明道,是
> 固不苟为炳炳烺烺,务彩色、夸声音而以为能也。
> ——《答韦中立论师道书》(《柳河东集》卷三十四)

显然"道"是首要的,"彩色"、"声音"是次要的,而作文的目的,首先是"明道"。

> 圣人之言,期以明道,学者务求诸道而遗其辞……道假辞
> 而明,辞假书而传,要之,之道而已耳。
> ——《报崔黯秀才书》(《柳河东集》卷三十四)

学文首先是学"道","辞"是"道"的工具。他在《答韦中立论师道书》中,叙述了自己严肃的写作态度后说"此吾所以羽翼夫道也"。——严肃的写作实践,就是为了"翼道"。

根据这些,可知柳宗元文论中"道"是第一位,"文"或"辞"是第二位;也可以说内容是第一位,形式是第二位。这是正确的。但柳宗元文论的进步性,不仅表现在这里,他和韩愈的不同处,也不在这里。同样重视"道",重视内容,而"道"的内涵即内容所指的是什么,才是决定其进步与落后的关键。韩愈所重的"道",是他所谓的"尧舜禹汤文武周公孔孟之道",也就是以封建等级制为核心、以封建伦理为信条的"道",而柳宗元所重的"道",虽也谈"尧舜"、"孔子",而其实质则是面向现实的"理道";韩愈用古"道"衡量现实,柳宗元则从现实出发来阐明"道"。故韩愈的论点用在

文学上,倾向于复古主义;柳宗元的论点用在文学上,则倾向于现实主义。

柳宗元自谓:"仆士人,颇识古今理道。"(《与李翰林建书》)而所谓"理道",就是能"施乎事"的治世之道。没有机会"施乎事",才拿它"立言垂文"④。所以柳宗元谈"道",从来不是抽象的、孤立的,而总是和现实联系起来(尽管他所谓"道",仍不出封建阶级范围)。他一则说,"以《诗》、《礼》、《春秋》之道,施于事,及于物"(《送徐从事北游序》),再则说,"意欲施之事实,以辅时及物为道"(《答吴武陵论非国语书》),三则说,"以尧舜孔子所传者,就其道,施于物,斯已矣"(《与杨晦之第二书》),"道之及,及乎物而已耳"(《报崔黯秀才书》),所以说:"道之行,物得其利。"(《与萧翰林俛书》)因此,柳宗元所谓"文以明道",就是说文学是为了阐明或宣传"施事"、"及物"、"辅时"——有补于社会现实的"道"。所以他在给杨晦之的信中举伊尹、管仲作为"及物"、"行道"的标准,而认为不从这方面谈问题,那么"学古道、为古辞",就是毫无意义的。基于此,才能理解他所说"文以行为本"(《报袁君陈秀才避师名书》),"文章,士之末也"(《与杨京兆凭书》)的意义。这里,我们应该指出:柳宗元一贯有重视事功、轻视文学——也就是对文学作用认识不足的看法,但这也正足以说明他的文学观点之所以始终与现实结合的原因。

二

"文章合为时而著,诗歌合为事而作",是白居易在《与元九书》中提出的著名论点,而与之同时、在文坛上活动较早的柳宗元,却也有与此完全一致的言论。从上所举,已可见其端倪。下边再进一步作具体考察:由于柳宗元是文行一致论者,"行"在用世,而"文"也以用世为标准。他读了韩愈《毛颖传》后题词说:

> 世人之笑之(毛颖传)也,不以其俳乎?而俳,又非圣人之所弃者。《诗》曰:"善戏谑兮,不为虐兮!"太史公有《滑稽列传》,皆

取乎有益于世者也。

　　韩子穷古书好斯文,嘉颖之能尽其意,故奋而为之传,以发
其郁积。而学者得之励,其有益于世欤!
　　　　　　——《读韩愈所著毛颖传后题》(《集》卷二十一)

　　他如此重视"有益于世",一再强调,反对一般不重视现实作用而只
从文体上嘲笑的态度。他对杨晦之说:你如果认为圣人不能学,那他"又
何以作言语、立道理,千百年天下传道之? 是皆无益于世;独遗好事者藻
缋文字以矜世取誉"(《与杨晦之第二书》)。可见柳宗元认为"圣人"的"言
语""道理",也是为了"用",为了"有益于世"。

　　但是"文""行"究竟不是一回事,"文"怎样用世呢? 他说:

　　文之用,辞令褒贬,导扬讽谕而已。
　　文有二道:辞令褒贬,本乎著述者也;导扬讽谕,本乎比兴
者也。
　　　　　　——《杨评事文集后序》(《集》卷二十一)

　　这是说"文"是通过"辞令褒贬"、"导扬讽谕"来对现实起作用的;而
且他所说的"文",包括散文——"著述"和韵文——"比兴"两部分。也就
是说:散文要通过好的辞令来"褒"善"贬"恶;韵文则既有称赞的"导扬",
又有"讽"刺教"谕"。所以二者都为了"用"。这种文学为现实服务的论调,
韩愈是不明确的,而与上举白居易的论点,完全一致。白居易的文论虽也
提到"文章"、"诗歌"两方面,而侧重诗歌。柳宗元的文论,则侧重于散文
而亦兼及诗歌。柳宗元在《答贡士沈起书》中曾表示对当时诗风的深切感
叹道:"嗟乎! 仆尝病兴寄之作堙郁于世,辞有枝叶,荡而成风,益用慨
然!"这种强调"兴寄"反对"辞有枝叶",和白居易的提倡"风雅比兴",反
对"嘲风月,弄花草"也完全一致。他们共同代表着当时文学运动的进步
倾向。

三

　　柳宗元文论中另一个值得探讨的问题,是他对于"文""辞"的看法。柳宗元和韩愈都有重"道"轻"文"也就是"文"从属于"道"的言论。这种内容重于形式的观点,二人一致;而内容的实质,两人却大有不同,已如上述。那么他们对被他们一致放在次要位置上的"文""辞",即形式问题,是否看法一致呢? 答案是:不全一致。而这不一致之处,也正是柳宗元较进步的文论中重要的组成部分。他们一致的是:"道"虽重要而"文"也不能忽视。韩愈说:"愈之志在古道,又甚好其辞。"(《答陈生书》)"若圣人之道,不用文则已,用则必尚其能者。"(《答刘正夫书》)可见韩之如何重"辞"重"文"。而且实质上他的文论贡献也主要在于作文方法的探讨上。柳宗元说:

> 文章,士之末也,然立言存乎其中。
> ——《与杨京兆凭书》

这是对文章的重视。又说:

> 辅时及物之道,不可陈于今,则宜垂于后。言而不文,则泥。
> 然则文者固不可少也。
> ——《答吴武陵论非国语书》

这里也明确指出"文""辞"的重要。他在《非国语后序》中,也感慨地说:"吾今乃知文之可以行于远也!"用"行远"来说明"文"的作用,已接近了用感染力来说明形式技巧的作用了。他又曾说:

> 虽其言鄙野,足以备于用;然而阙其文采,固不足以竦动时
> 听夸示后学。立言而朽,君子不由也。

——《杨评事文集后序》

　　本来"备于用",是柳宗元文论的根本问题,可是他认为没有"文采",就不能感染当时,影响后世,想要使"立言""不朽",就办不到。"竦动时听"云云,正指的是感染力,较韩所言,已进了一步。重要的是韩在重"道"不轻"文"的口号下,实际上却转上了特别注意于"文",因而在谈"文从字顺"的同时,却大赞樊宗师极端怪僻不可句读的所谓"词必己出"的文,而他自己也曾以"怪怪奇奇"自喻⑤(虽然他为文大半并不如此)。这就和他重内容的言论相悖,而走上新的形式主义。柳宗元则不然。柳在《与杨晦之第二书》中,曾反对"无益于世"而"独遗好事者藻缋文字,以矜世取誉"。在《答吴武陵论非国语书》中,更明确地指出:

　　　　夫为一书,务富文采,不顾事实,而益之以诬怪,张之以阔诞,以炳然诱后生而终之以僻,是犹用文锦复陷阱也。

　　可见他一方面重视"文采"来提高文章的宣传效果,但是另一面却反对"务富文采"以至于"怪""僻",认为这样为害更大。显然这一点与韩愈不同。他在另一处说:

　　　　为文之士,亦多渔猎前作、戕贼文史,抉其意,抽其华,置齿牙间。遇事蜂起,金声玉耀,诳聋瞽之人,缴一时之声,虽终沦弃,而夺朱乱雅,为害已甚。
　　　　——《与友人论为文书》

　　文义与上引相发。所以,韩愈用"志道"等口号,反对了六朝的形式主义,但在论创作方法上,又走上了新的形式主义。柳宗元则反对一切形式主义,重"文"正所以"明道"、"翼道",重形式正所以加强对内容的宣传力。二者是辩证的统一,没有韩愈文论中存在的矛盾。尽管柳宗元所谓的"文采"或"文""辞",不能等同于现代的"艺术性",不可能有现代所谓"艺

姚莫中作品选录

二四三

术性"的丰富内涵;尽管他没有也不可能有现代的文学概念,而他的以上论点,却无疑是较为正确,是他从现实生活、现实斗争和创作实践中体味到的、倾向于现实主义的,是当时最进步的文艺思想,推进了文论和文学的发展。

四

韩愈在谈创作方面,有所谓"不平则鸣"和"穷苦易好"的论点⑥,较为进步;柳宗元没有这样提,但却有完整的说明创作动力的论点。他说:

> 君子遭世之理,则呻呼踊跃以求知于世,而遯隐之志息焉。
> 于是感激愤悱思奋其志略以效于当世,以形于文章、伸于歌咏,
> 是有其具而未得其道者之为之也。
> ——《娄二十四秀才花下对酒唱和诗序》

这里把"感激愤悱",作为诗文创作的动力,近于"不平则鸣";但他所指的是"思奋志略,以效于当世"的积极用世的"志士",而不全同于个人"穷困"一类的"不平"。因此,在这种动力下写出的文章,自然以"辅时及物"为内容,而不限于"叹老嗟卑"一类。"穷苦易好"的作品,可以间接反映现实;而"思效当世"的作品,则可以直接作用于现实。"思效当世"的具体内容,他虽然没有列举,但可以拿他《送邠宁独孤书记赴辟命序》作为例证。《序》中谈到在"犬戎陷河右,逼西鄙,积兵备虞,县道告劳"的形势下,假如独孤书记"曳裾戎幕之下,专弄文墨,为壮夫捧腹",这是"甚未可也"!该怎样呢?应该利用"章奏"为"天子论列熟计"——充分令朝廷了解形势;应该"赋从军之乐"来鼓舞士气;应该用"移书""谕告"沦陷区被"劫胁"的群众,或者用司马相如的"谕蜀之书"和平解决;或者用班固"燕然之文"来歌颂武功胜利。这才是"真可慕也"!显然,这就是"效于当世",也就是用文学具体地为现实服务之一例。所以"志士"们的"感激愤悱",是由于对社会现实的了解和关怀,有时也由于他们自己的遭遇和人民的苦

难相一致，因而把感情和用世联系起来。这一点，柳宗元有更深刻的理解。他说：

> 吾观古豪贤士，能知生人艰饥羸寒、蒙难抵暴、捽抑无告以呼而怜者，皆饱穷厄、恒孤危、诡诡忡忡，东西南北无所归，然后至于此也。
>
> ——《送表弟吕让将仕进序》

这里已接触到环境生活对人们感情的变化所起的决定性作用，而对社会人生的深入了解，才是"感激愤悱"的根源。而这，也才能作出为现实服务的作品。长期封建社会中，从屈原、司马迁到李白、杜甫所有进步作家，都是这样了解现实、反映现实、批判现实的。所以柳宗元的"感激愤悱"论，和司马迁的"发愤著书"说，韩愈的"不平则鸣"说相通，而更为充实具体。

柳宗元基于以上的观点，所以在谈到自己的创作时，首要的也是益世，其次才是抒情，而二者也往往结合一起。他说他作《非国语》就是因为：

> 余惧世之学者，溺其文采而沦于是非，本诸理，作《非国语》。
> ——《非国语序》（《集》卷四十四》）
>
> 尝读《国语》，病其文胜而言庞，好诡以反伦，其道舛逆，而学者以其文也，咸嗜悦焉。……余勇不自制，以当时之讪怒，辄黜其不臧，救世之谬，凡为六十七篇。
>
> ——《与吕道州温论非国语书》（《集》卷三十一）

他要用他的文章来补救《国语》所起的坏影响，来反对当时读《国语》者重文采轻内容的错误倾向。这是干预现实的态度，正如他所说有"激乎中"而发的。今《柳集》中大量反映现实、讽刺或批判现实的作品，也都是对世事有所"激愤"而写成的。他的《捕蛇者说》是有鉴于"赋敛之毒""甚于是蛇"，"故为之说"；《哀溺文》则是由于"惟大氓之忧"；《三戒》则是"恶世之人不推己之本,而乘物以逞";《辨伏神文》也是"书而为词","愿寤来者";《褐说》也是"悲""诞漫之说胜,而名实之事丧";于《韦道安诗》则说:"我歌非悼死,所悼时世情";于《梁丘据赞》则说:"激赞梁丘,心焉孔瘁";于《师友箴》则说:"既以儆己,又以诚人"等等,可以充分说明。当然柳宗元也还谈到用文章抒发个人的"不平"之"鸣"的一面。他说:

> 宗元无异能,独好为文章……今者畏罪悔咎,伏匿惴慄,犹未能去之,时时举首长吟哀歌,舒泄幽郁。
>
> ——《上李中丞献所著文启》(《集》卷三十六)

"幽郁"之中,当然也可包括他站在他的阶级立场上对社会现实的感慨。但重点却在"舒泄"。所以在《哭连州凌员外司马》中说:"我歌诚自痛,非独为君悲!"因"自痛"而歌,自然会真挚感人。他在《对贺者》文中说:"长歌之哀,过乎痛哭",这是由感情谈创作,又接触到创作对感情的深化、激化作用了。总之,柳宗元谈创作的动力问题,既植根于现实,又激发于感情,较之"不平则鸣"是更为完整的。

五

柳宗元文论中应该探讨的还有继承与革新的问题。韩愈论文强调所谓"非三代两汉之书不敢观",而所学习的范围,也上自《书》、《春秋》、《左氏》、《易》、《诗》,下至《庄》、《骚》、司马相如、杨雄的作品[7],同时又强调"师其意,不师其辞","辞必己出","能自树立"[8]。这是韩愈文论的真正核心。柳宗元则在"文以行为本,在先诚其中"的原则下,来谈继承:

> 其外者当先读《六经》,次《论语》、《孟轲书》皆经言;《左氏》、《国语》庄周、屈原之辞,稍采取之;《谷梁子》、《太史公》甚峻洁,可出入。
>
> ——《报袁君陈秀才避师名书》

有选择有先后地学习古人著述,提高写作能力。他又曾谈到:

> 本之《书》以求其质,本之《诗》以求其恒,本之《礼》以求其宜,本之《春秋》以求其断,本之《易》以求其动,此吾所以取道之原也。
>
> ——《答韦中立论师道书》

这是就各书特点,从意义上继承它。然后:

> 参之《谷梁氏》以厉其气,参之《孟》、《荀》以畅其支,参之《老》、《庄》以肆其端,参之《国语》以博其趣,参之《离骚》以致其幽,参之《太史》以著其洁,此吾所以旁推交通而以之为文也。
>
> ——《答韦中立论师道书》

这是就各书的特点,从写作方面继承它。所举书以先秦为主,与韩愈同。但就文来说,他还很重视汉代。他说:

> 文之近古而尤壮丽者,莫若汉之西京。……殷周之前,其文简而野,魏晋以降,则荡而靡。得其中者汉氏。
>
> ——《柳宗直两汉文类序》(《集》卷二十一)

从这种"本之三代,洽于汉氏"的言论中,可见他对遗产是较广泛地作了审查,又有区别地予以评价,而后才谈吸取的。由于柳宗元一贯从实际出发,主张形式为内容服务,所以他之学古,绝不为文采所迷惑,在和他的朋友吕温等论《非国语》时屡次谈到。同时,他反对剿袭——"渔猎前作,戕贼文史"(《与友人论为文书》)。他评论杨晦之"文章极正,其辞奥稚……但用《庄子》、《国语》文字太多,反累正气"(《与杨晦之第二书》)。因之,他的学古,只是为了通过对遗产的熟悉,既吸取它有益的内容,也掌

握它的写作方法,为自己创造性写作打基础,而创作则绝不受此拘束。所以他说:

> 吾虽少为文,不能自雕斫,引笔行墨,快意累累,意尽便止,
> 亦何所师法!
> ——《复杜温夫书》

这是说在创作时,行止自如,根本不用摹拟"师法"前人。这正是善于学古、融会贯通所达到的境界。似易而实难。所以他又说:

> 吾每为文章,未尝敢以轻心掉之,惧其剽而不留也;未尝敢
> 以怠心易之,惧其弛而不严也;未尝敢以昏气出之,惧其昧没而
> 杂也;未尝敢以矜气作之,惧其偃蹇而骄也。
> ——《答韦中立论师道书》

何等严肃认真!何等难于下笔!接着他还谈到怎样"抑之"、"扬之"、"疏之"、"廉之"、"微而发之"、"固而存之"等工夫,真是创造性的劳动!这样,他就从善于学古达到了善于革新。这和韩愈自述"惟陈言之务去",似同而实异。因为韩太重"言"了!而韩愈创作时从"戛戛其难"到"汩汩然来"、"浩乎其沛然"[9]的境界,则与柳颇有共同之处。不过柳到此便止,没有像韩那样再走上"怪奇"的道路,没有走向形式主义。

柳宗元没有在文字上求"怪奇",并不等于他不注意或不太注意文字的革新。相反,他是以描写的客观事物为准,而惨淡经营,以求准确地具体地反映对象的。当他接受裴中立的委托写《訾家洲记》时,他是:

> 伏受严命,不敢固让,退自揣度,惕然汗流。累奉游宴,窃观物
> 象,涉旬模拟,不得万一;窃复详忖,进退若坠。
> ——《上裴中立中丞撰訾家洲记启》(《集》卷三十六)

古今公认柳宗元的游记文写得好,而其所以好,却由他"观物象"的工夫深,为写一篇记,竟至于以自然为范本而用十天的时间来模拟它,还要进一步作艺术思维——"详忖"! 这才是真正的创作! 而柳宗元在散文上的革新,显然已不限于文学或文体的革新。虽然他没有把这种实践中的新体会提高为完整的创作理论,但在那时代已是值得珍视的创作经验介绍了。

<h1 style="text-align:center">六</h1>

综上所述,柳宗元文论中:"道"是首要的,"文"是次要的论点;"道"所指的是"理道"——即治世之道的论点;"文章"必须"有益于世"的论点;"文"通过"辞令褒贬,导扬讽谕"来对现实发生作用的论点;"文采"的重要性不容忽视但又反对"务富文采,不顾事实"的论点;"感激愤悱,思效当世"是创作动力的论点;身历"穷厄"才能了解"人生"的论点和面向现实的创作态度;广泛学习遗产却绝不为"文采"所迷惑的论点;不要"雕斫"而须严肃认真地进行创作的论点;观察"物象"而后进行描写的论点等等,有些和韩愈相同或相近,有些和韩愈不同,有些为柳宗元所独具。而其总的进步倾向,则和他所代表的中小地主阶级较进步的思想意识和较进步的政治斗争分不开。作为斗争一翼的文学,作为推动文学的文论,柳宗元都起了积极的作用。至于封建地主阶级在他思想上以至文论上所打下的阶级烙印,那是不可避免的,要在借鉴中善于抉择而已。

此外,柳宗元还有像论作史,不怕"刑祸",惟怕"不直"(《与韩愈论史官书》),论科举对文学的影响,"唯其所尚,文学移而从之"(《送崔子符罢举诗序》),以至论作文要"志于道""勿怪、勿杂、勿务速显","源而流者,岁旱不涸,蓄谷者不病凶年"(《报袁君陈秀才避师名书》)——重视修养积蓄等论点,也都有一定意义,这里不一一论列了。

1964 年春

【注释】

①《韩集·答陈生书》:"愈之志在古道";《答陈秀才书》:"愈之所志于古者,不独其辞之好,好其道焉尔。"

②见《报崔黯秀才论为文书》和《答韦中立论师道书》。引见下文。

③儒学复古运动,是"天宝之乱"以后,地主阶级欲挽救其濒于崩溃的命运,而想重兴儒学来巩固统治的一种思潮,在文学上则表现为古文运动。

④大意见《与吕道州温非国语书》。

⑤见《韩集·南阳樊绍述墓志铭》和《送穷文》。

⑥《韩集·送孟东野序》和《荆潭唱和诗序》。

⑦见《韩集·答李翊书》和《进学解》。

⑧见《韩集·答刘正夫书》和《南阳樊绍述墓志铭》。

⑨见《韩集·答李翊书》。

国学·诗韵·书情
——姚奠中学术评传

董解元和《西厢记诸宫调》考索

一

董解元在文学史上的贡献和他的《西厢记诸宫调》在戏曲史上的地位，是从事文史工作者尽人皆知的。但他的生平经历，我们却几乎全无所知。最早提到他的，是元·钟嗣成的《录鬼簿》卷上，列董解元于"前辈名公有乐府传于世者"之首，只说他是"金章宗时人。以其创始，故列诸首。"其次是元·陶宗仪《辍耕录》第二十七卷"杂剧曲名"前小序说："金章宗时董解元所编《西厢记》，世代未远，尚罕有能解之者。"明初，朱权《太和正音谱》卷上说："董解元，仕于金，始制北曲。"清·毛奇龄《西河词话》则说：董解元"为金章宗学士"。综上所言，没有超过《录鬼簿》和《辍耕录》所记者；至于"仕于金"，"金学士"云云，皆望文生义，臆说无据。此后，凡提到董解元的皆辗转相袭，没有提出任何新资料。

但是，到了近年，董解元的名字，却有了新说：

1.游国恩等《中国文学史》，人民文学出版社 1964 年版 733 页注②："明汤显祖评本《董西厢》说他名朗。"

2.中国社会科学院文研所《中国文学史》，人民文学出版社 1979 年版 708 页注②："……卢前《饮虹簃曲籍题跋》引《玉茗堂董西厢》清代柳村居士跋云：'董解元，名朗，金·泰和（1190—1208）时人。隐居不仕。'"

3.凌景埏校注《董解元西厢记》，人民文学出版社 1980 年版，前言第 2 页："董解元佚其名。近年有人说，曾见汤显祖《董西厢》亲批本，批云姓董，名良；又有人说，据天一阁某抄本董解元名琅。"

4.孙逊著《董西厢和王西厢》,上海古籍出版社 1983 年版 21 页:"以前有人说,曾见汤显祖《董西厢》亲批本,云作者姓董名良;又有人说,据天一阁某抄本董解元名琅。"

显然,孙逊的说法是转抄自凌景埏;而凌景埏所说"名良"、"名琅",又只是根据"有人说",实属耳食无据。如果这样抄下去,就会越抄越错。游等《文学史》小注中说汤显祖批本《董西厢》说"董名朗,似乎很确凿,但一查现行汤批本,却不见此说。只有文研所《文学史》小注较为明确,指出了"名朗"一说的来历,不是来自汤显祖批,而是来自汤所批的一个抄本上柳村居士的跋。《文学史》编者没有亲见这个有跋的本子,而是转引自卢前的著作。不过总算把线索搞清了。"名良","名琅",都是传论,而"名朗",有了来历。只是在毫无其他佐证的情况下,可信的程度仍很低。所以一些新辞典以至《大百科全书》"诸宫调"条,都没有引用此说。

二

值得高兴的是近年出土的戏曲文物,却给我们提供了不容忽视的资料。那就是 1959 年山西南部侯马发现的金墓。墓主董明[①],墓内有地契文记载:大金国……泰和八年(1208)买墓地,大安二年(1210)葬。泰和是金章宗年号,大安是金废帝年号。可见墓主人活动的时期,正是金章宗时代,与董解元同时,此其一;董明、董朗,明、朗皆从月旁,似属同辈兄弟,此其二;董明墓内有砖雕戏台,台上有五个戏俑,说明墓主人死后也被安排在戏曲环境中,和写《西厢记》的董解元不妨联系起来考察,此其三;1973—1979 年在稷山县马村和化峪、苗圃等地发现十五座宋、金时的墓葬群,其中九座有大批戏曲砖雕,种类繁多,形象各异,多半是金章宗时的东西,与侯马董墓中的戏俑大致相同[②]。可见这时期,这一地区散乐(包括戏曲院本和诸宫调在内)繁荣的情况。在这样的社会环境中,出现有创造性的大作家,是很自然的,此其四;1977 年山西襄汾永固公社南董大队(注意仍是董姓住地)村西金墓中,发现三十六块散乐砖雕。同县另外九个金墓中,也有发现[③]。如此众多的散乐砖雕,普遍存在于墓中,供死者欣赏,那活人中的演出,不更可想而知吗？此其五。

依上五点,如果董朗是董明的兄弟行,在金章宗这个"知音"的皇帝的影响下,在侯马、稷山、襄汾相去不过百十里的范围内,散乐戏曲演出如此繁盛普及的环境中,创作出伟大的《西厢记诸宫调》,是毫不奇怪的。

何况"诸宫调"的创始人为泽州(今山西晋城)孔三传。他虽在汴京献艺,但诸宫调流行于他的家乡一带,特别是北宋亡国后,却是事实④。现存的比《董西厢》较早的《刘知远诸宫调》,写的也是山西人在山西的故事(刘知远是山西孝义人),和《西厢记》写蒲州故事一样,都是用山西流行题材写的。还有,不敢相信"董朗"说,无非是怕出于伪造。但试想卢前如果没有看见玉茗堂抄本《董西厢》上柳村居士的跋,为什么要无端捏造？而柳村居士跋中,如果没有任何根据又为什么要编造"名朗"一说？如果捏造了个金章宗时的诸宫调作者董朗,却怎么竟与新出土的也是金章宗时刻有戏曲砖俑的墓主董明排行相连？不是太巧了吗？我认为:柳跋至少是根据传说。柳村居士,不知何许人。清康熙、乾隆间平阳人徐昆,能诗、能文、能曲,作有小说一种,戏曲三种。他号柳崖居士。柳村、柳崖,是否即一地的别称？如果柳村居士即柳崖居士,那他倒真的可能听到董朗传说而偶然批在《董西厢》抄本上的。

依上,虽尚难确证,但不妨推论:董解元,名朗,绛州曲沃人。解元为当时士子敬称。当金章宗时,绛州一带,杂剧(院本)、歌舞、讲唱等散乐十分繁盛,新起的诸宫调也盛行于此时。他于是创作了《西厢记诸宫调》这部不朽著作。至于他的为人,则可以从《西厢记》篇首"引词"中约略看出。他说:"携一壶儿酒,戴一枝儿花。醉时歌,狂时舞,醒时罢。每日价疏散,不曾着家。"(《整金冠》)"好天良夜,且追游,清风明月休辜负,但落魄一笑,人间今古。""俺平生情性好疏狂,疏狂的情性难拘束,一回家想么,诗魔多爱选多情曲。"(《太平赚》)可见他是个狂放不羁、饱经风霜而寄情于词曲的才子文人。从他的生活情调和思想感情中,已可以看见以关汉卿为首的不少元杂剧作家们的影子。他的《西厢记诸宫调》,虽还不是戏曲,但其成就的卓越和影响的深远,确是首屈一指的。

三

  诸宫调创始者是孔三传,而《董西厢》则代表着这一艺术新体的顶峰。当时的鼓子词,是用一曲调,反复重叠来歌唱故事,赚词则用同一宫调中的若干首曲子联成一套来演唱故事,而诸宫调则进一步用不同宫调的若干套曲,联结起来,间以散白来演唱故事。这一来,就扩大了内容的容量,增加了音乐美,提高了表现力。这便是孔三传的创造。孔是宋徽宗崇宁(1102)以来创造并演唱诸宫调的著名艺人。他以"传奇、灵怪入曲说唱"(据《东京梦华录》和《东城纪胜》),所作的诸宫调本子就应该不只一本,只是没有保留下来,无可考见。北宋亡国(1126)后,诸宫调的流传本分为两枝:一枝在北方金统治下,主要流行于河东南路,于是便出现了《刘知远诸宫调》⑤,残存有七十六套曲子,可见规模是不小的。随着金代平阳一带文化的繁荣,诸宫调的传唱盛行于民间,可惜无人记录。而董解元《西厢记》的出现,就足以说明其基础之雄厚。另一枝随朝廷南渡,盛行于南宋首都杭州。由北入南的张五牛,所作《双渐小卿诸宫调》,大略与《刘知远诸宫调》同时⑥,而赵真真、杨玉娥,以演唱商正叔《双渐小卿》改编本得名⑦。《太平乐府》卷七有杨立斋的《鹧鸪天》、《哨遍》、《耍孩儿》套曲咏其事,说:"张五牛创制似选石中玉,商正叔重编如添锦上花","赵真真先占了头名榜,杨玉娥权充第二个家"云云。《水浒传》第五十一回,白秀英"说唱诸般宫调",唱的也是"双渐小卿",可见这个诸宫调本子影响之大,只是原本已佚。关于诸宫调在南宋演唱情况,除上举赵真真、杨玉娥外,还有秦玉莲、秦小莲、高郎妇、黄淑卿、王双莲、秦本道等人,见于《青楼集》和《武林旧事》等书。而《梦粱录》说,"熊保保及后辈女童,皆能唱诸宫调",可谓盛极一时。《武林旧事》所载"杂剧段数"中载:《诸宫调霸王》、《诸宫调挂册儿》;杂剧作家石君宝也作有《诸宫调风月紫云亭》;元末南戏《张协状元》开场,有末唱"南诸宫调"作为家门。上举这些作品,虽已多不可考,而王伯成的《天宝遗事诸宫调》,尚存残曲五十多套(据赵景深所辑)。所以,今天我们能考见的诸宫调,按时间来排,当是:

1.佚名《刘知远诸宫调》,残;

2.张五牛《双渐小卿诸宫调》,亡;

3.董解元《西厢记诸宫调》,存;

4.商正叔重编《双渐小卿诸宫调》,亡;

5.王伯成《天宝遗事诸宫调》,残。

解元在其《西厢记》中自我表白说:"也不是《崔韬适雌虎》,也不是《郑子遇妖狐》,也不是《井底引银瓶》,也不是《双女夺夫》,也不是《离魂倩女》,也不是《谒浆崔护》,也不是《双渐豫章城》,也不是《柳毅传书》。"《双渐豫章城》,就是双渐小卿故事,有诸宫调本子,以他所举故事,是否都有诸宫调本子呢? 未敢臆断,但从上下文气来看,可能都是有的。为什么这么多的本子都不存在了呢? 大概是是由于它们都为杂剧所取代,而独《董西厢》,虽也有王实甫被称为"天下夺魁"的五本《西厢记》[8],却没有取代了董作。不但相得益彰,而且照评论家汤显祖等人的看法,有不少地方王作沿袭董作或不及董作。可见董作在艺术上所达到的高度了。董自谓"比前贤乐府不中听",实是自谦;"在诸宫调里却着数",绝不是吹嘘。

元代一统以后,诸宫调逐渐衰歇,原因是在讲唱故事方面,诸宫调要求高,创作演唱较难,远不如说话、讲史自由;在表演方面,又远不及杂剧更形象、更吸引观众。以至后来连诸宫调这一艺术体制,都少有人知了[9]。端赖《董西厢》的硕果独存,使这一艺术体制,永放光芒。

四

董西厢之所以能超逸绝尘,是由它的思想内容和艺术技巧所决定。自从唐元稹写《会真记》(《莺莺传》)后,这一崔张恋爱故事,广泛地被人喜爱。屡见于文人的词曲吟咏[10]。北宋赵令畤的《商调·蝶恋花》鼓子词,除首尾二首外,用同一曲调十二首,全面地歌咏了崔张故事,是歌曲的新发展,但内容上却无所发明,仅就原文分段歌咏之而已。到了董解元的《西厢记诸宫调》,才使崔张故事来了一个巨大的转变。

《西厢记诸宫调》用十种宫调,一百九十来套曲子,结合着散文叙说,把原来不满三千字的《莺莺传》，一下子扩大到五万多字，真是一个少有的飞跃！拿现存的王实甫《西厢记》杂剧五本来对比，就会发现王剧的全部情节，基本上都本之于董作。像：惊艳，借厢，酬韵，寺警，赖婚，琴挑，传简，拷红，送别，惊梦，传书，争婚，团圆等等，都已具备；而且有了相当细致的描写。它既为王剧提供了蓝本，又促成了元杂剧的加速成熟。在思想内容上，董作首先把原《莺莺传》的爱情悲剧（郑振铎认为只能称为怪剧），变成了合情合理的喜剧；其次把"始乱终弃"、"文过饰非"、宣扬女子是祸水的迂腐的张生，改变成忠于爱情、始终不渝、有情有义的男子；再其次把在封建意识重压下柔弱畏怯的莺莺，改变成在一定程序上敢于冲破礼教、追求自由的女性；再其次把婢女红娘创造成一个机智勇敢、舍己为人、生动活泼的少女；还加添了一个勇武侠义的法聪和尚。在这一系列的改变下，突出了作者在男女爱情问题上，反封建、反礼教、争自由、争解放的进步思想。而这一爱情主题，乃是千百年来，无数男女为之奋斗牺牲、直至近代还没有彻底解决的社会问题之一。董解元以他的《西厢记诸宫调》所具有的艺术魅力，代表着千百年来无数青年男女的共同愿望。这也就是王实甫《西厢记》把它改为杂剧后，千百年来一直活在戏曲舞台上、历久弥光的缘故。

五

董解元《西厢记诸宫调》的艺术创造，不仅表现在巧妙地使用说唱结合、曲白相生的方法，充分发挥了诸宫调这一体制的表现力，更表现在情节组织上，一喜一悲；山穷水复，柳暗花明；由高潮转向低潮，又由低潮转向高潮，使读者听者的情绪，时时刻刻为作品的情节所调动而不自知。他善于抒情，也善于写景，在抒情写景中，显现人物的性格形象。看他写张生初恋："有甚心情取富贵，一日瘦如一日。""写个贴儿倩人寄，写得不成伦理。（《庆宣和》）"霎时雨过琴书润，银叶笼香烬。此时风雨正愁人，怕到黄昏，忽地又到黄昏。"（《虞美人缠》）"几番修简问寒温，又无人传信，想着后，先断魂！（《应天长》）"待登临，又不快，闲行又闷，坐地又昏沉。睡不稳,只倚着鲛绡枕头儿盹。"(《万金台尾》)把心思情绪写得那样既平淡又真切! 最出色的送别一段,用十几只曲子,把暮秋的凄凉景色和凄惨的离恨,溶化在一起,使人不忍卒读。分叙处好似唧语,合叙处如亲见亲闻。试看:一个说:"妾守空闺,把门儿紧闭。不拈丝管,罢了梳洗。你咱是必把音书频寄!"(《斗鹌鹑》)一个说:"莫烦恼,莫烦恼,放心地,放心地,是必是必,休恁做病做气!"(《雪里梅花》)他两个:"君瑞啼痕污了衫袖,莺莺粉泪盈腮。一个止不定长吁,一个顿不开眉黛。"(《恋香衾》)"马儿登程,坐车儿归舍。马儿往西行,坐车儿往东拽,两口儿一步离得远如一步也!"(《出队子尾》)⑪作者的笔下饱和着自己的无限深情,而又出之以通俗口语,令人倍感亲切。

王实甫改写的《西厢记》,基本上搬用了董作的情节,不少地方还袭用董作的词句。当然情节也有所改,词句也有创新。改的地力,有的改高了,像:从法聪分出了个惠明,并把冗长的战斗场面删减;有的改低了,像:把莺莺张生双双出走,改成杜将军自己来相助,就毫无道理。词曲中绝妙好词显然不少,但像前人已指出董的"莫道男儿心似铁,君不见满山红叶,尽是离人眼中血!"(《玉翼蝉尾》)何等鲜明,何等激越! 而王的"晓来谁染霜林醉,总是离人泪"(《端正好》)⑫,却变得模糊起来,成了雾里看花!

《董西厢》尽管也有它的不足和瑕疵,但无妨于它的伟大,无妨于它承前启后的作用。明·胡应麟《少室山房笔丛》说:"《西厢记》虽出唐人《莺莺传》,实本金董解元。董曲今尚行世,精工巧丽,备极才情,而字字本色,言言古意,当是古今传奇鼻祖。金人一代文献尽此矣!"基本上是符合实际的。

【注释】

①董明,最初报导误作董圮坚,乃误读地契文所致。见《宋金元戏曲文物图论》附录二。山西人民出版社 1987 年版。

②见《宋金元戏曲文物图论》图六十二。

③见《宋金元戏曲文物图论》图七十二。

④参考廖奔《金世宗、章宗时期河东杂剧的兴起》一文,《中华戏曲》第二辑。

⑤《刘知远诸宫调》,俄·柯智洛夫探险队于1907—1908年间,在发掘西夏黑水城遗址所获汉文书籍中有此书,专家认为是平水版。

⑥张五牛是南宋"绍兴年间"名艺人,见《梦粱录》,《都城纪胜》"绍兴年间"四字,作"中兴后",实际一样。

⑦商正叔,名道,曹州人,元好问的朋友。元作《曹南商氏千秋录》,称其"滑稽豪侠,有古人风","癸丑(1253)二月","年甫六十,安闲乐易"云云,其改张五牛《双渐小卿诸宫调》当在此时前后,较《董西厢》略晚。

⑧《录鬼簿》卷上王实甫下词云:"新杂剧,旧杂剧,西厢记,天下夺魁。"

⑨明代人已不知诸宫调这一名目。或称《董西厢》为"说唱本"(徐复祚),或称为"弹唱词"(徐渭),或称为"词说"(胡应麟),或称为"拘弹院本"(王骥德)。

⑩秦观、毛滂,都曾用《调笑令》来歌咏崔张恋爱事。

⑪引文并见汤评本《董西厢》卷一。

⑫引文并见汤评本《董西厢》卷四。

《词谱范词注析》前言

词，原来叫"曲子词"，是配合乐曲的唱词。词和乐曲的关系，可以有两种情况：有的先有曲谱，后配词；有的先有唱词，后谱曲。但唱词都叫"曲子词"。由于乐曲是有宫调的（所谓宫调，就是：宫、商、角、变徵、徵、羽、变宫，相当于今天习用的 C 调、D 调、E 调、F 调、G 调、A 调、B 调），而每一个曲子的曲谱和它的唱词是联系在一起的，所以每一个曲谱和唱词在一起的名称，被叫作调牌或词牌。所谓牌，是因唐宋以来演唱艺人，常把会演的曲子词的曲子词名，写在或刻在牌上，以备听唱者的点唱之故。一般说，每首曲子词的"始名"，除像《菩萨蛮》、《苏幕遮》之类本为乐曲外，词牌名和唱词内容大多是一致的。如《渔歌子》、《摸鱼子》写捕鱼，《南乡子》、《南浦》写水乡；《相见欢》、《诉衷情》写恋情；《女冠子》、《洞仙歌》写宗教之类。但由于这类"始词"多半出于伶工艺人之手，比较粗糙，文人们听唱时，往往只用它的曲调而另写新词，新词的内容，当然不妨仍和调名一致，但更多的是调同而词的内容不同。像《忆江南》，白居易的词是写对江南的回忆的，和词名一致，但刘禹锡用此词写的却是"春去也，多谢洛城人"——地点是洛阳而与江南无关。他还注明是"依《忆江南》曲拍为句"。其后，用这一曲调作新词的，有的连调名也改了。像《望江南》、《梦江南》、《江南好》、《春去也》之类，不一而足，形成一调多名。作新词时，用旧曲而改调名已无内容上的联系，于是在调名之下另写题目以揭示内容，或作小序以示作意。像调名《念奴娇》，而题为《赤壁怀古》（苏轼词），调名《生查子》而词题为《元夜》（欧阳修词），调名《摸鱼儿》而另加小序"淳熙己亥自湖北漕移湖南，同官王正之置酒小山亭，为赋"（辛弃疾词）之类，比比皆是。于是词牌只代表曲调,而题、序才揭示内容。

由于词本来是乐曲的唱词,所以一些音乐上的术语,为词所沿用。一个曲调演奏完了叫一阕,所以一首词也叫一阕,这一种阕的词又称为单调。写词的人写一首较长的词,往往把一个乐调重复一回,于是单调就成为双调。用乐调术语称前半为前阕,后半为后阕,或叫上阕下阕,也叫前遍后遍或上片下片。就词来说,就是一段二段。有的拉长为三段、四段,则称为一叠、二叠、三叠、四叠。不过这类较少,常用的只是双调(两段)。唐宋人的小曲,叫做"小令",配小曲的唱词叫作"令词",其名称源于酒令。后来把小令和中调、长调并列,就成了短词的名称。长调也叫慢词,实际从慢曲而来,敦煌琵琶谱中,标明"急曲子"的有《胡相问》一曲,标明"慢曲子"的有《西江月》《心事子》二曲。可见所谓急、慢,是指节奏快慢,而不是指调的长短。只是宋以后人不察,便把慢曲之慢,作为长调的同义语了。明人顾从敬的《类编草堂诗余》,进一步把五十八字以下的叫小令,五十九字至九十字的为中调,九十一字以上为长调,实际是没有什么意义的。

就乐曲的曲谱来写新词,叫作"倚声填词"。简称"填词",也可只叫"倚声"。由于唐代的歌者,往往取当代诗人五七言律、绝纳入乐曲来唱,而文人依曲填词,又把格律诗的平仄、节奏带入新作。单从词来看,便成了一种新的格律诗,因而不少人把词叫作"诗余"。唐宋文人填词时,一般只标调牌名,而不抄乐曲谱,如同今人用《绣金匾》(即《绣荷包》)的曲调写歌词,只按格式写,用不着抄乐谱一样,因为乐谱人人熟悉。但久而久之,曲调过时,无人演唱了,乐谱便逐渐失传,留下的就只有不能唱的词,既和原调牌的"始词"无关,也和原乐曲的曲谱脱离,仅留调牌的名字,代表着这一形式而已。

但每一调牌,乐曲虽失而形式固定。即:平仄、句逗、韵叶、分段,都有定型。作新词者,仍必须"依声填词",只是所倚的声已不是乐曲的声而是字音的声调。演唱的歌词变成了吟诵的诗词,而记录这种平仄声调的谱,就是今天所说的"词谱"。这一由乐曲谱变为平仄声调谱的全过程,大体是经过由唐、宋至元、明而确立的。在这全过程中特别是在两宋,有不少词人兼音乐家的,有的能紧跟乐曲的需要而作新词如柳永,有的能自谱新曲还留下曲谱的如姜夔,更有的能审音辨律、使字音与乐音密合无间的,像周邦彦、李清照、吴文英、周密、张炎。他们不断吸收时曲自谱新曲,但仍和旧曲一样,最后还是曲亡词存。他们对词体留下的影响,就是格律特严。因为他们为了使字音和乐音完全符合,仅论平仄,已经不够,于是"平分阴阳,仄分上去入"。词中某字应用阴平绝不能用阳平,某字应用上、去、入,绝不能混,超过了一般格律诗的要求,走入歧途。所以今天我们谈词谱只有平仄声调谱,学填词也只有据平仄声调谱。前辈吴瞿安的《词学通论》论填词,明知"音理失传"不能演唱,却大谈其音律宫调,要求墨守,适足造成混乱! 基于上述情况,重复一下,即:对今天来说,每个词牌只代表一首词的格律形式,和原来的第一首"始词",和原来曲调,都已脱离联系,除要作历史的研究外,一般已不需要追溯。唐人崔令钦《教坊记》一书,记录了开元、天宝间曲调名三百二十四个,这是现存盛唐时期的乐曲情况记录。故词牌之见于《教坊记》者,其时间之早可知。而《教坊记》和晚唐南卓《羯鼓录》、段安节《乐府杂录》以至宋郭茂倩《乐府诗集》等书,往往对调名有所解释,偶作引述,也未为不可;惟格式相同而词牌异名,和同一词牌而格式有异的,即应该略知。因为这对辨谱填词还有些用处。

今人论词的源流,常就乐诗的关系来谈,往往远溯"风雅"。其实从《诗经》"雅"、"颂",到汉魏乐府、六朝吴歌、西曲和梁鼓角横吹曲和隋唐燕乐所配的大量诗歌,都不能一概叫作词。只有导源配曲的歌词,而又是从唐代格律诗发展、变化、有固定格式的新诗体,才是后世公认的词。从文学史上看,它是继五、七言古诗和杂言古体歌行、五、七言律绝排之后,新起的长短句诗体。它的特点:一,原与乐曲配合,具有演唱时的音乐美;二,吸收了格律诗的声调组合方式而予以通变,具有吟诵时的声调美;三,用长短句打破了格律诗的整齐句式固定字数,更符合口语的要求,增强了艺术表现力和对读者的亲切感;四,以它特有的字法、句法、章法、韵逗,具有一种新的艺术特色而为其他诗体所没有。虽然第一点因后来乐曲失传减少了它的音乐效果,而后三者仍保留着顽强的生命力。

从宋代被称为词的全盛时代起，著名词人不断涌现。词的另集、总集不断出现，大大丰富了文学遗产的宝藏。但就注本和选本来看，却远远不能和传统的诗歌相比。不但别集注者很少，即选本注者也不多。后蜀赵崇祚《花间集》、宋人《尊前集》，南宋黄昇《花庵词选》，周密《绝妙好词》，清代张惠言《词选》，都是著名选本。但这些选本，不是没有注，就是有注也只为专家学者提供些参考资料，而不解决初学者所遇到的困难。像有名的清代查为仁、厉鹗的《绝妙好词笺》，就只注意于征引逸文、比附佳句、辑录品评、略示出处，而于文字、名物、训诂、考释等事，却很少提到。即近人龙沐勋的《唐宋名家词选》和唐圭璋所笺朱疆村编的《宋词三百首》，也不出此范围。注释如此，词谱更无人涉及。

关于词谱（平仄声调谱），现存最早的有明人张綖的《诗余图谱》，已难见到。清人万树的《词律》，收由唐迄元六百六十个调牌，但以词代律，不注平仄字或符号，对一般读者很不方便。清人陈廷敬和王奕清等编的《钦定词谱》，所收达八百二十六个调牌、平仄谱和例词，校定详明，可算完美的词谱了，但和《词律》一样，资料过繁，不适于一般读者和有志于学填词的作者。清嘉庆间，舒梦兰（字白香）编选的《白香词谱》，有词有谱，以小令、中调、长调排列，只一百首，每调即以名家词一首为范本，又旁列平仄声调谱。书虽小、简，却给初学词者提供了很大方便。因之，书一问世，便海内风行，百余年来，传诵不绝。同治、光绪间，谢朝征作了笺注，可惜笺注的方法，却全走了查、厉的老路。尤其令人不解的，竟把原书的平仄符号完全删去，而以人为纲，另作排列，失掉了作为词谱的根本条件，令人哭笑不得！三十年代桐城叶参，对此作了纠正，并作了一些注解。但过于简陋，又大量存在只举辞语出处而不解意义的情况，不能适应读者的要求。所以迄今为止，供一般词的爱好者使用的词谱还比较少见。这本书就是为了解决这一问题而编写的。一开始曾以《白香词谱》为主进行注析，后来感到有必要扩大一些，便摆脱《白香词谱》的范围，把原例词删去了一半，另选一百多首，共一百六十首。然后统一作了注析，定名为《词谱范词注析》。

最后，还有一个需要讨论的问题，就是：词谱和创作的关系。因为词，属于古典文学,对于古典文学,欣赏它,研究它,借鉴它,是可以的、必须的;但用这种旧形式进行创作(按谱填词),是否也是有必要而有意义的呢?答案是肯定的。因为,"五四"以来的新诗,虽然取得了巨大的成就,形式上也丰富多采、不受局限;但就艺术创造来看,至今仍还没有形成一种或几种公认的优越的体制。在这种情况下,向古典的、外国的诗歌进行探索、学习,乃是必不可免的。所以,老一代人习惯于用旧诗、词写作的,不妨再写,而年轻一代试着写诗、词的,也不妨予以引导。尽管时代不同了,社会有了本质的变革,但作为历史的、社会的、文化的、活生生的人,却有其相关联、相交互、相共同的一面,这就使人们和包括词在内的文学遗产,产生了内在的联系。因此,不管作者的身份、地位和遭遇有多么不同,但在抒情、写景、记事上,常具有普遍的要求,一个古代作家的优秀作品,常能唤起人们共同的感情。试读"风乍起,吹皱一池春水","无言独上西楼,月如钩","泗水流,汴水流,流到瓜州古渡头。吴山点点愁"等句,用平淡的语言,揭示出景中之情、情中之景,对谁都会引起一些感情上的波澜;"年年今夜,月华如练,长是人千里"写长离,"水是眼波横,山是眉峰聚,欲问行人去哪边? 眉眼盈盈处"写送别,"两情若是长久时,又岂在朝朝暮暮"写挚情,"泪眼不曾晴,家在吴头楚尾"写愁苦,都不限于有同样经历的人,才能引起共鸣;"今宵酒醒何处? 杨柳岸,晓风残月"写漂泊,而潦倒生涯,不言可知;"何处是京华? 暮云遮"和"西北是长安,可怜无数山"一样,是关怀着国家的前途,都不只代表个人的感情。而这些句子之所以感人,又和作为词的艺术形式分不开。如果用白话翻译一下,就会大大失去它的光彩。因为它是精炼的字、词、句,抑扬、缓急、高低的声调、节奏,和变化自然的韵律的统一体,是高级艺术品。在这里,毛泽东同志给我们作出了典范。他用词的旧形式写的作品,正是他所倡导的革命的现实主义和革命的浪漫主义相结合的结晶。所以,能不能用词的格式进行新创作的问题,就用不上再作说明了。

另外,还有一个问题,就是平仄谱,是否会成为创作的桎梏? 也就是说,词既然是格律诗的进一步发展,而格律的要求是严格的,这是否会使写作失去了自由? 我们认为,从艺术的高度来看,实不尽然。因为格律是任何诗歌所必备的条件，尽管有疏密宽严的差别，没有却是不行的。词作为高级艺术品，比较难作，是事实；但如果下了一定工夫，熟习了不少作品，经过一些实践锻炼，也并不是难于掌握的东西；而且一经熟练之后，就可以得心应手，运用自如，并进一步为创造新体诗提供经验。现在报章、杂志，以至墙报、黑板报上，常能看到诸如《卜算子》《菩萨蛮》《水调歌头》之类的作品，说明大家、特别是年轻人对这类体制的爱好，但一看文字，却往往只是字数、句数、分章、篇幅和某调相同，而字法、句法、声调、用韵全不符合，说明他们对构成这一体制的主要条件，还不了解。由于他们无从取得这类条件，以致难以提高。因此，提供词谱和范词，应是解决这一问题的必要的措施之一。

这个《词谱范词注析》本，目的是：一，为有志于用词体来进行创作者，提供简明的声调谱，而且提供范例；二，对所选词进行注释、分析，扫除文字上和理解上的障碍，帮助读者吟诵、欣赏。它既是工具书，又是选读本。同时对各词的词牌和作者，予以重点介绍，以增加一些这方面的知识。这些工作，如果说已作得准确无误，可以踌躇满志，当然不够；然而，对于广大的诗词爱好者，却是可以有所帮助，对整个诗的繁荣发展，也应该是有所裨益的！以上仅就我所想到的一些问题，拉杂写来，权充前言。不赅不备，伫俟明教！

1982 年 2 月

《山西历代诗人诗选》前言

一

诗歌,在中国文学史上占有十分重要的地位,它以众多的作家,丰富多采的作品,为中国文学以至世界文学做出了巨大的贡献。作为整个国家一部分的山西,在这一巨大贡献中,也起了一定的、应有的作用。

远在四千年前原始社会末期虞时代,在今天的晋南一带,已流传有不少诗歌,虽然《卿云》、《南风》、《击壤》等歌,多出后人之手;"明良""起熙"诸章,载于《尚书》①,仍不能全信;但是《大章》、《大韶》、《大夏》等乐章,却屡被先秦典籍所称道②,它们的存在,应该不是无稽之谈。《论语》载孔子听到《韶》(即大韶)乐,称赞道:"尽美矣,又尽善也。"听到《武》(即大武)乐,则说:"尽美矣,未尽善也。"孔子所听的《武》乐,是有歌辞的,现存于《诗经·周颂》;以此例彼,他听到的《韶》乐,也应该是有歌辞的。说明孔子时期《韶》、《夏》等乐的歌辞还存在。那该是山西最早的诗歌了。只是到秦汉以后,这些古歌才湮没无闻而已。

上起周初下迄春秋中叶的诗歌——原称《诗三百》、汉以后称为《诗经》的一部总集,是中国文学史上的瑰宝。其中包括十五个地区的"风",共一百六十篇,占《诗经》全书的半数以上。其属于今天的山西的《魏风》七篇,《唐风》十二篇,又约占"风"的百分之十二。值得重视的是《魏》、《唐》两部分的十九篇诗,在思想上、艺术上所达到的高度,完全可以作为"风"诗和全部《诗经》的代表而无愧色。像《伐檀》中"不稼不穑,胡取禾三百廛兮;不狩不猎,胡瞻尔庭有悬貆兮"——那样的质问,像《硕鼠》一开始"硕鼠硕鼠,无食我黍"的尖锐的指斥,既是当时阶级矛盾的具体反映,又是在残酷剥削压迫下劳动者的反抗呼声,而且还寄托着他们追求"乐土"的幻想。这是"三百篇"时代的最强音!《诗经》中写行役的诗很多,而《陟岵》一篇,却充分体现了这个无名作家写作方法上的创造性。作者不是直写行役者如何怀念亲人,而是从行役者的想像中写亲人怀念自己,同时再现了临别时父、母、兄对他的嘱咐告诫。因此,此诗所反映的,不仅是行役者自己的苦,而是全家的苦,也代表着劳役重压下人们共同的苦难。每章末两句还隐含着一定的反抗意识。仅此一例,已可以看出这些诗所能达到的艺术水平。所以,《魏》、《唐》二风的存在,为《诗三百》争得光彩。

二

汉代是中国历史上第一强大的帝国,而文学上代表它的却是辞赋。辞赋虽也可以算是广义的诗歌,但用诗歌标准来要求它,却会发现不少矛盾。因为无论从艺术构思上和表现手法上,二者都有显著的不同。所以这里不再赘及。真正汉代的诗歌,以"乐府"为总汇。可惜今天存在于《乐府诗集》的歌子,却已不是当时收集的全部。《汉书·艺文志·诗赋略》所载"乐府"采集的诗歌,有"代""雁门""云中"的"歌诗",有"河东、蒲坂"的"歌诗",而这些晋北、晋南的作品,却都没有保存下来。现存于《乐府诗集》的有一首《雁门太守行》,是歌颂"洛阳令王君"的,与"雁门"无关。可见原诗佚失了。另有两首《饮马长城窟行》。其一无名氏,内容谈的是一般离情,与"长城"无关,显然不是本辞;另一篇署名为陈琳,首言"饮马长城窟,水寒伤马骨",接着便用对话(以书信对话)形式,写出修长城的"太原卒"和家乡妻子在无尽的劳役压迫下的绝望的呼声。显然这才是乐府本辞,是晋地民歌,不是陈琳的作品;而前一首写远离家乡,还提到"海水"的,倒像是广陵人、在冀州袁绍幕下的陈琳的作品,但尚无法证明。

东汉以来,从乐府民歌中创造出的五言诗,大大发展;魏晋以后,五言诗走向全盛。从黄初到太康,士族门阀统治,逐渐形成,大批的专业文人出现，诗的艺术技巧很快提高，而形式主义倾向，也越来越明显，对偶、辞藻，成了不少人追求的目标，而太原孙楚，却颇能卓然自立。他的诗虽然存世不多，但"零雨之章"，屡被称道③，其名也列入《诗品》。今天看来，他的四言《反金人铭》，还更值得重视。"江左文士，以孙绰为冠"④。孙绰是孙楚的孙子，是永嘉以来"玄言诗"的代表。"理过其辞"⑤是这派诗的共同特点，而"平淡之体"⑥，却也未尝无可取之处。这期间出了一位杰出的诗人，就是闻喜郭璞。他和阮籍《咏怀》左思《咏史》齐名的是他的《游仙诗》。因它名为"游仙"，实是"咏怀"，刘勰评为"挺拔"，钟嵘称其"慷慨"，甚至推为"中兴第一"⑦。当然从诗歌的发展看，是有道理的。

自此以后，南朝诗风进一步向靡丽的方向发展，而北方长期战乱，文化摧残殆尽，屈指可数的，仅温子昇、魏收、邢邵等人。其中温子昇祖籍太原，诗虽平常，却名重一时。后斯由齐入周到隋的汾阴（今万荣县）薛道衡，实为北方文学重镇。他使陈时所写"入春才七日，离家已二年。人归落雁后，思发在花前"（《人日思归》）五言四句的小诗，不但被誉为"名下无虚士"⑧，而且真可以睥睨齐梁！

<h2 style="text-align:center">三</h2>

唐代的强大，在历史上是空前的，诗歌的繁荣也是空前的。一般把唐代称为诗歌的时代，其成就之大，远非别代可比。随着诗歌发展的进程，山西籍的诗人，在各历史阶段，常起着领袖群伦的作用。初唐时期，"齐梁余风"仍占统治地位，而龙门（今河津县）王绩，却追踪渊明，独树一帜。永徽以后，"齐梁"衰蜕，新体萌发，而促进这种转化的是"四杰"、"沈宋"。"四杰"之中，以龙门王勃为首；"沈宋"齐名，而汾州（今汾阳县）宋之问差高。他们的功绩，首先是完成了新体诗——律诗，其次是通过写作实践，使这一新体从内容到形式、风格，都具有了全新的气象。王勃的"海内存知己，天涯若比邻"（《送杜少府之任蜀州》）的诗句，用那样精炼的语言，高度概括了人生的无限感慨和安慰，遂使千百年后，依然能够活在人们的心目中。

以开元天宝为中心的五六十年的盛唐时代,是大唐帝国从极盛到衰落的转变过程。诗坛上人才辈出,百花齐放,以李白、杜甫为前后期的冠冕,而驰骋于全国诗坛的山西诗人有晋阳(今太原市西郊)王翰,绛州王之涣、之咸、之贲兄弟,太原王昌龄,祁县王维、王缙兄弟,在一定程度上可以与"李杜"抗衡的,首推王维和王昌龄。王维是有多方面成就的大诗人。他的五律最胜,五绝尤妙;五、七言古歌行,都达到很高水平;七言绝律较少,也仍有很动人的作品。他的《夷门歌》、《老将行》、《陇头吟》一类歌行,和《出塞作》、《塞上》、《塞下》、《从军行》、《少年行》一类律绝,都充满着边塞、战争的内容和悲壮豪侠的气概;但人们却一致把他看作山水田园诗派的代表。这和他在严酷现实考验下的转变分不开,也由于他的存诗中山水田园诗,约占三百八十多首的百分之六七十这一事实。他的这类诗,全不同于谢灵运等人的模山范水、以藻绘为工,而有同于陶渊明、王绩的不假雕饰、自然亲切。尽管他后期的学佛生活消极性很大,但他的贡献,却是在诗歌领域内开辟了一个新的境界。他以清省明净而精粹的语言,传达出一种淡远、幽静的意境,使人有清新之感。由于他是个音乐家、画家,善于捕捉住自然和人世中美的东西,融化到艺术中来,因而他的诗也就别具一格。它给人的美感,不在于形而在于神。后人称李白为"诗仙",杜甫为"诗圣",王维为"诗佛",姑不论其是否准确,但可说明王维诗的主要倾向为李、杜所无,因之,可以与李、杜并列。王昌龄和王维同时,一般认为是边塞派诗人。就他的存诗来看,边塞题材的确不少。但他和高适、岑参大有不同。高岑等人写边塞诗,大都用七言歌行,而王昌龄主要却使用五古和七绝。特别是七绝,他所达到的高度,一时除李白外,无与伦比。他的诗存在的虽只有一百七八十首,但读起来意境之开阔,情感之深挚,意气之昂扬,文字之洗练,能给人以独特的感受。他的传诵人口的"秦时明月汉时关,万里长征人未还。但使龙城飞将在,不教胡马度阴山"(《出塞》),反映了人民抵抗侵略的迫切要求和战胜敌人的信心,也体现了高度的艺术概括。他写的其他题材的绝句,如宫、闺之类,也非一般写同类题材的人所可比,而送友人的"寒雨连江夜入吴,平明送客楚山孤。洛阳亲友如相问,一片冰心在玉壶"(《芙蓉楼送辛渐》),"冰心"

"玉壶"，不但可以代表他的人，也可以代表他的诗。他被时人称为"诗家天子"⑨。可见其得名之盛。和王昌龄同样有名的绛州(今新绛县)王之涣，他以"歌从军、吟出塞"出名，他的诗"传乎乐章，布在人口"⑩，但由于没有编辑，几乎完全散佚。现存的只有五绝四首、七绝二首而已。这六首诗都很好，而《登鹳雀楼》和《凉州词》直到今天还被人传诵不绝。比王昌龄、王之涣年岁稍长一点的王翰，以豪侠著名，诗也和他们相类。他的《凉州词》"葡萄美酒夜光杯……"和李白《早发白帝城》"朝辞白帝彩云间……"，王维的《渭城曲》"渭城朝雨浥轻尘……"，王昌龄的前边提到的"秦时明月汉时关"，都被后人推为唐诗的压卷之作。他们共同的创作努力，充实了盛唐的诗坛。

中唐以大历、元和为两个重点。大历间的诗人，大抵承盛唐余波，但波澜已没有那样壮阔，气魄已没有那样雄伟，内容已没有那样广泛，艺术上精炼有余而创造不足。这和安史之乱后，社会矛盾进一步深化而表面上却暂趋平静相一致。这时的代表诗人，是所谓"大历十才子"。《唐书·文艺传》所载"十才子"以蒲州(今永济县)卢纶为首。卢纶有诗五卷，大量是和友朋唱酬赠答之作。虽也不乏佳句，但最值得重视的，则是一些绝句。《塞下曲》六首，可以和盛唐边塞诗相比，《逢病军人》一首，四句诗却能把人物的行、住、旅途、哀吟、创伤都反映出来，而作者的同情，则意在言外。另一个河东(蒲州治所，今永济县)人耿湋，名列"十才子"内。他的七律《路旁老人》写得质朴无华而自然感人。卢、耿的好友"十才子"以外的名诗人畅当，也是蒲州人。畅当的"迥临飞鸟上，高出世尘间。天势围平野，河流入断山"(《登鹳雀楼》)，把山川形胜写得何等具体！另外，解州(今运城)柳中庸的《征人怨》："岁岁金城复玉关，朝朝马策与刀环。三春白雪归青冢，万里黄河绕黑山。"没有说"怨"而"怨"在言外，读起来仿佛读王昌龄、王翰的名作。

元和时代，号为唐代中兴。实际除表面上恢复政权统一外，各种社会矛盾全未解决。这就给有志之士提出了改革的任务。与政治改革的要求相适应，散文上有"古文运动"，诗歌上有"新乐府运动"。解州柳宗元，在他参加的永贞革新失败之后，又成为"古文运动"的主将。同时他不但是伟大的散文家,而且是卓越的诗人。他认为诗歌的目的是"导扬讽谕"⑪,必须有"比兴"、"兴寄"⑫,这和白居易的"歌诗合为时而作",强调"风雅比兴"⑬,完全一致。他的诗,曾被人归入山水田园派,其实他和陶、和"王孟"等人根本不同。尽管他的确有不少山水诗,也有田园诗,但他的山水诗的特点却往往给山水以人格,寄寓着自己真挚的感情;他的三首《田家》,更不是一般的田园诗,而是反映了已不同于盛唐时代农民的更深的苦难,包括丰收的年岁在内。它是和杜甫、白居易写社会现实的诗共呼吸的。更突出的是他指斥时事的诗,如《东门行》、《行路难》等是用乐府古题写新诗;而《跂乌词》、《放鹧鸪词》等,又是用寓言方式写的诗,更是一种创造,不只如"一身去国三千里,万死投荒十二年"(《别舍弟宗一》),"岭树重遮千里目,江流曲似九回肠"(《登柳州城楼寄汀漳封连四州》)一类抒情诗的沉郁顿挫、感人至深而已。柳宗元好友河中(今永济县)吕温,不以诗名,《唐书》本传说他"天才俊拔,文采赡逸",他在一首留别诗中定道:"布帛精粗任土宜,疲人识信每先期。今朝别后无他嘱,虽是蒲鞭也莫施!"(《道州将赴衡州赠别江华毛令》)他要这位毛县令对人民连蒲鞭也不要用,这是多么深切地体贴到人民的痛苦而抒发这一出自肺腑的声音啊!这种诗是不需要修饰的。

晚唐政权逐渐走向崩溃,社会矛盾更加尖锐复杂,反映在诗歌发展上,是派别甚多而成绩不高。当时驰名诗坛的是"李(贺)杜(牧)""温李"。太原温庭筠与李商隐齐名。他的诗,深隐不及李,而清丽过之,特别是七律,怀古、抒情诸作,精炼工妙、抑扬顿挫,艺术感染力很强。这里还要指出的是:温庭筠在文学史上的作用,不仅在于诗而更在于曲子词。他是唐代第一个写词的专家。他把这一长短句的新体讲格律的乐府诗,提到诗歌史上的重要地位。从此以后,文学史上便出现了无数词人。但因为他写词主要是供歌女们唱的,他"能逐管弦之音,为侧艳之词"⑭,所以艳情便成了他的词的主要内容。这对后来词的发展影响很大。后人评他的词,有的说"精妙绝人"⑮,有的说"神理超越"⑯,而说他的词"意中之意,言外之言,无不巧隽而妙入"⑰,才说出了他艺术上的真功夫。晚唐的山西诗人,值得注意的,还有晋阳(今太原市)唐彦谦和蒲州的聂夷中。唐彦谦是学李商隐的，但作风却倾向于清浅；聂夷中继承了白居易等面向现实的传统，特别是写农民生活，他笔下农民的苦，较之中唐更严重了。传诵的《咏田家》、《公子行》等诗，都通过很平常的一两点现象，就深刻地反映了社会问题的实质。唐朝亡国前后，还出了一个著名诗人司空图。他不要求诗人面对现实，也不追求辞藻工丽，而高谈"韵外之致"、"味外之旨"（《与李生论诗书》）。这固然和他逃避现实的生活有关，但同时也是对诗歌创作理论的研究总结。他的主要贡献是著《诗品》一书。他的二十四品论，尽管难免片面狭隘之消，但其对诗歌的风格和对形、神的关系的见解，却有深刻独到之处，丰富了古代的诗歌理论。

四

经过五代迄宋初的分裂战乱，北方，特别是山西，文化受到很大摧残，城市繁荣也遭到严重破坏。因之，诗歌作家，寂寞少闻。像文彦博、司马光、赵鼎，都不能算是诗人或词人，不过较重要的，当然还是夏县司马光。他是著名的历史学家，诗、词为其余事。他的诗不同于风靡一时的"西昆体"，而接近于梅尧臣"以文为诗"的"平淡"作风。这后来成了"宋诗"的共同特点。由于他以正统的儒者自命，所以诗中常带有儒家的说教，开了理学诗的先声。需要指出的是他作诗很严肃而写词却不这样，试看"宝髻松松挽就，铅华淡淡妆成"，"相见争如不见，有情还似无情"（《西江月·佳人》），不是标准的艳词吗？从这点看，他代表着一般宋人以词为"艳科"的趋势。在词全盛之后的南北宋之交，闻喜赵鼎，以名相也善填词著称。他在国家危亡之秋，感时忧国，发而为词，激昂慷慨，为南宋爱国主义词的先驱。作品虽不多，还是值得重视的。

宋室南渡，北方建立了女真族的金政权。由于民族的同化很快，汉族文化继续发展，于是出现了不少诗词作家。他们的作品《中州集》[18]为其总汇，《河汾诸老诗集》[19]为其补充，而能够代表这一时代的大诗人，是秀容（今忻州）元好问。他的诗各体皆备而尤长于七古和七律。他吸取杜甫以来的各家之长，重新熔铸，特别在反映社会问题、民生疾苦的深刻上，可以超过宋代的苏轼、陆游。"网罗方高悬,乐国果何所!""食禾有百螣,择肉非一虎!"（《雁门道中所见》）"大城满豺虎,小城空雀鼠。可怜河朔州,人掘草根官煮弩!"（《寄赵宜之》）"白骨纵横似乱麻,几年桑梓变龙沙!"（《癸巳五月三日北渡》）真写得惊心动愧!七律中《歧阳》、《壬辰……即事》五首等,悲愤、沉郁,可与杜甫晚年作品比肩。他的《论诗》三十首,主张"古雅"、"天然"、"淳真"、"慷慨悲壮",反对各种单纯的形式追求。在诗歌理论上,占有重要地位。元好问除诗而外,词也独步当时。他本来是学周邦彦的,而所处的社会现实,使他放弃了绮罗芗泽之态而大抒悲慨抑塞之情。后人评他的诗"兼杜韩苏黄之胜,俨有集大成之意";词"疏快之中,自饶深婉,亦可谓集两宋之大成"。[20]虽属评价过高,但元好问的出现,无疑使金元时代的诗坛,放出了光彩。其他金代诗人:高平(今高平县)李晏、兴州(今兴县)刘昂、吉州(今吉县)冯延登、定襄(今定襄县)赵元、陵川(今陵川县)秦略、稷山(今稷山县)段克己、成己兄弟,都有一些反映现实的有意义的作品。

蒙元灭金、灭宋后,重新建立了统一的帝国,但战争破坏是空前的,统治残暴是空前的,民族压迫也是空前的,因而除起于民间的杂剧外,传统文学十分衰落。在山西,可数的仅有郝经,后有萨都剌。陵川(今陵川县)郝经,早年投靠了还未即帝位的忽必烈,但故国故族之思,常戚戚于心。他的《白沟行》、《青城行》一类诗,都写得十分沉痛,与遗民无异。他是元好问的学生,诗的风格亦多类似。雁门(今代县)萨都剌,是诗人又是词人。他的诗,有反映农民冤苦的,也有反映蒙古贵族骄奢的生活的,而《纪事》一首,直接揭露帖睦耳(文宗)阴险地杀害他哥哥明宗的罪行,非常大胆!他的词,曾用《满江红》和《念奴娇》两个调牌,写在南京所发的怀古之情,慷慨悲凉,可以追步苏东坡。这个北国诗人,在当时荒芜的诗坛上所发出的声音,令人有夜半荒鸡之感。

元代杂剧盛行,而在山西就出现了解州(今运城)关汉卿[21]、隰州(今河曲县)白朴、平阳(今临汾)郑光祖、太原乔吉等几大家。而这些杂剧大家,也都是散曲的作者。散曲是在词的基础上发展的一种新体诗。他们在作杂剧之余,又在这种新体诗上作出了成绩。不过散曲和初期的词一样,内容只限于抒情而且以艳情为主。因此，散曲就只能在狭隘的范围内给诗歌增加一点色彩而已。像关汉卿的《南吕·一枝花·不伏老》散套，既充分体现了散曲空前的艺术魅力，也通过它的艺术塑造把关氏自己的生活、性格、思想、感情表现出来，这是别的诗体很难作到的。白朴曾为元好问所抚养，他善作词，有《天籁集》㉒，作风受元氏影响，苍凉悲壮，常寓有人生之痛。从"千古神州，一旦陆沉，高岸深谷"（《石州慢》），"可惜一川禾黍，不禁满地螟蝗"（《朝中措》）一类词中，足见他的怀抱。但他的曲，却另一种面目。像"红日晚霞在，秋水共长天一色。塞雁儿呀呀的天外，怎生不捎带个字儿来！"（《德胜乐》）写得何等清新！散曲到了郑光祖、乔吉，又已走向雕琢字句的道路，像乔吉的"风吹丝雨噀窗纱，苔和酥泥葬落花，卷云钩月帘初挂，玉钗香径滑，燕藏春、衔向谁家？"（《水仙子·暮春即事》）可见一斑，这就为后来的散曲开创了秾丽的一派。

<h1 style="text-align:center">五</h1>

明代重新建立了汉族的政权，但政治控制的严密，大大超过了唐、宋，文人们的自由是不多的；再加上科举制度又给读书人带上了一重桎梏，活泼的思想也很少了。除不登大雅之堂的小说和部分戏曲外，传统文学方面，我们能看到的，就是一次一次的复古，什么"台阁体"，什么"前七子"、"后七子"，什么"文必秦汉，诗必盛唐"，甘心被古人牵着鼻子走；即如唐顺之、归有光等提倡的"唐宋八大家"，和提倡"秦汉""盛唐"的前后七子比，也不过五十步与百步之间而已。于是，"公安""竟陵"的性灵小品，就算多少有点清凉之意了。所以明代的诗歌，作者虽不少而很少有创造性。在这种情况下，再加上别的因素，山西文风更是衰落，一直到清代都是如此，钱谦益曾编过一部《列朝诗集》，提到的作者达两千人，而山西籍的只有七八个名字。河津薛瑄、乐平（今昔阳县）乔宇、沁水常伦、代州（今代县）尹耕、潞安（今长治市）栗应宏等，就是多少有成就的了。这些人受南方为中心的各种复古潮流影响较小，虽没有成大名，但却较能自由地进行写作。最重要的首先是薛瑄。他是以理学著名而确实是有些骨气

的官僚,但"自喜为诗,所至观风览古,多所题咏","河汾诗集,多至千余篇"[23]。他的《家山杂咏》五首,语多慷慨,为乡土风光增色。《拟古》四十一首,高处可追子昂、太白,但不是字句的摹拟。他不是专业诗人,所以能卓立诗坛风气之外。乔宇有盛名于正德、嘉靖之间,李梦阳和他是朋友,他的诗集为王世贞所序刻,但诗不算太好。只有常伦,好骑射,喜游侠,豪气纵横,诗亦如之。他的"吊淮阴侯诗",即《过韩信岭》,一直为时人所称诵。但他的成就主要在散曲而不在诗。当时的散曲家大半是南方人,而常伦出现在山西的沁水,以奔放壮丽的风格独树一帜。他写道:"惊残梦、数竿翠竹,报秋声,一叶苍梧。迷茫远近山,浅淡高低树。看空悬泼墨新图。百首诗成酒一壶,人在东楼听雨。"(《沉醉东风》)不但写景如画,而且如见其人。

由满族建立的中国最后一个封建帝国清代,它的政策和元代不同。元代只收买少数知识分子为它服务,而清代则在大力镇压的同时,又大力怀柔拉拢。尤其康熙、乾隆、嘉庆时期百多年的安定,使文化在它准许的范围内大大发展;而传统文学:古文、诗、词、曲之属,也都很快繁荣起来。问题在于:这种繁荣和明代相似,总不出摹古、复古的范围。在诗方面,他们或"宗宋",或汉魏唐宋都学,出现了大量的假古董;有的提倡"神韵",有的提倡"格调",有的提倡"性灵"[24],理论上各有不同。在词方面,也是或学苏、辛,或学玉田,或学姜、张[25]。重在形似而湮没了性情。需要指出的是:这一时代的山西,仍几乎没以诗词成名的人。但也惟其如此,才使我们看到一些不是诗人的诗,倒还有些朴素、真实的特色。头一个是阳曲(今太原市)傅山。他以明代遗民、民族志士、医学家、书法家、画家而作诗,利用固有的诗歌形式,写自己的怀抱。假如说他的"细盏对僧尽,孤云闲自观。饥来催晚食,苦菜绿堆盘"(《红巢》)是表现他的退隐心情和生活的话,那"风雨诗何壮,冈峦气不奴"(《太行霜》),就更表现了他不与现实妥协的硬骨头精神。人和诗都如此。惟一可以称为诗人的是蒲州(今永济县)吴雯。他的《莲洋诗抄》中,好诗不少。像《虞乡口号》二首,写乡土风光风习很亲切,而"云深石磴险,月落草珠明,一失孙阳后,监车处处程"(《太行山早发》)和《古意》、《宿吴山寺》、《明妃》等诗,都寄托着不得志的失意之感。其他像蔚州(今灵丘县)魏象枢的《剥榆歌》，静乐李銮宣的《推车谣》、《卖子谣》，寿阳祁寯藻的《采棉行》、《打粥妇》，都是有所为而作，不是为作诗而作诗的诗。

鸦片战争，使中国社会的阶级矛盾和对帝国主义侵略者的民族矛盾，交错在一起，祁寯藻于此便写了《新乐府》三章、《闻道》、《感事》等诗，来拥护禁烟、反抗英敌。此后，像太谷曹润堂的《有酒》、《太谷竹枝词》、《新丝叹》，盂县薛所蕴的《垦荒词》等所反映的东西，是既有阶级矛盾，又有新的民族矛盾的。这是时代的声音，与当时诗坛标榜的"同光体"[26]相比较，无疑是更有价值的。

山西大学中文系古典文学研究班编写的《山西历代诗人诗选》完成之后，大家觉得有必要对这些作家、作品，做一历史的、系统的论述，给读者一个较为完整的概念，因此，我写出了个人一些不成熟的看法如上。谬误之处，尚有待于高明的指教。

1980 年 1 月 26 日

【注释】

①此歌三章见于《尚书·益稷》。《益稷》原属《皋陶谟》，和《尧典》一起，都是周代史官追叙。真实的程度，还有待证明。

②《论语》、《墨子》、《庄子》、《荀子》各书，都曾提到。

③见《诗品序》和《南齐书·文学传论》。

④见《诗品》卷中。

⑤见《宋书·谢灵运传论》和《诗品》卷中。

⑥见《晋书·孙绰传》。

⑦见《诗品》卷中。

⑧出《小说传闻》。

⑨见《唐才子传·王昌龄传》。旧引都作"诗家天子"，古典文学出版社本却作"诗家夫子"。

⑩见靳能所撰王之涣的《墓志铭》。

⑪⑫见《杨评事文集后序》《答贡士沈起书》。

⑬见《与元九书》和《读张籍古乐府》。白居易自称太原,实际是他的七世祖已迁韩城,曾祖迁下邽,他生在新郑。一般称他为下邽人,已是原籍,根本谈不上太原。所以他的诗,不选。

⑭见《唐书·温庭筠传》。

⑮见刘熙载《艺概》。

⑯见周济《介存斋论词杂著》。

⑰见汤显祖《评花间集》。

⑱元好问所编,保存了金代的诗歌资料。收录了二百四十九人的作品。

⑲房祺编,收录了平阳一带八个诗人的作品。

⑳见刘熙载《艺概》。

㉑关汉卿的籍贯,旧有三说。解州说是据《元史类编》、《山西省志》和《解州志》,较其他二说有力。

㉒《天籁集》是词集,散曲附后,称为《遮遗》。

㉓见钱谦益《列朝诗集小传》。

㉔倡"神韵"的是王士禛,倡"格调"的是沈德潜,倡"性灵"的是袁枚。

㉕学苏辛的以陈维崧为首,学玉田张炎的以朱彝尊为首,学姜夔、张炎的以历鹗为首。

㉖"同光体"是以陈三立、郑孝胥、陈衍等人为中心,主要是学宋诗的一个派别。由于盛行同治、光绪间,所以称为"同光体"。

《咏晋诗选》前言

"晋国天下莫强焉！"这句话是战国中期魏惠王在孟轲面前对旧日晋国的怀念，也是作为"三晋"之一的魏国君主的历史自豪——尽管他已有感于今不如昔。的确，从春秋时代起，在两千多年的历史长河中，晋、三晋——也就是山西的地位，对全国、特别是对河汉、江淮间的广大地区来说，是十分重要的，这主要和它的地理形势分不开。清代顾祖禹认为山西的形势是"表里河山"，"最为完固"，他说：

> 其东则太行为之屏障，其西则大河为之襟带，于北则大漠阴山为外蔽，而勾注、雁门为之内险，于南则首阳、底柱、析城、王屋诸山，滨河而错峙……汾、浍萦流于右，漳沁包络于左……
>
> （《读史方舆纪要》卷三十九）

这里还没有提太岳、吕梁、恒山、五台、滹沱、桑干诸山川，但已给人以宏伟雄壮的感觉。所以，这个左冀、鲁，右秦、陇，处于边防要冲的高原，在历史上曾作为中原的屏障而保护过人民的生命、生产，也常作为封建王朝的重镇而成为维护统治者政权的支柱，既曾作为农民起义的凭借而服务于造反斗争，也曾为军阀割据提供了有利条件。到了近五十年，在抗日战争和解放战争中，山西更成了革命战争的根据地，发挥了巨大的积极作用。今天，为了迅速发展社会主义现代化的建设，要求山西由重工业基地进而为能源基地，而它在全国的重要性，就更非过去所可比了。

自春秋战国以来，论述山西的文献，是大量存在的；其山川形胜，见于吟咏，存于总集、别集、选集、方志、金石中的诗歌作品，也不可胜数。这些诗歌的作者，从一般知识分子到达官显宦、帝王将相都有。他们以不同的身份、不同的原因、不同的目的、不同的使命经行山西各地；他们或颂美山河，或抒写怀抱，或吊古伤令，或流连光景；他们为山川增加了光彩，为地方留下了文物，有的成为故典、佳话，有的发人深思遐想，丰富了人民的精神生活，为文化的继续发展供给了营养。对今天的游人和读者来说，是会有多方面的裨益的。就时代看：隋以前，能见到的作者只有刘彻、曹操、江总等寥寥数人，到了唐代，则有大批诗人到过山西写过诗。像伟大诗人李白，他曾怀抱着"济代"的愿望，来到太原，从开元二十三年五月到次年四月，停留近一年，终因不遇而南返。他除从太行山的来路外，北到过雁门、恒山，西到过汾阳，南到过绛州，以他"斗酒诗百篇"（见杜甫《饮中八仙歌》）的多产情况来看，应该有大量作品留下，但可惜能考见的却只有七八首，而他后来回忆太原游踪的《忆旧游寄谯郡元参军》长诗，则被宋代名诗人、书法家黄庭坚用行书写出，现存刻石为晋祠的宝贵文物。像大诗人岑参，少年时期随父在晋州（平阳）度过广九年，又在阳城读过书，而蒲州永乐（芮城西南），也是他的旧游之地，因之，在晋南，他留下了一些好诗。晚唐诗人李商隐，长期居永乐，以永乐为第二故乡，又曾北上晋阳，远到塞北，所过之外，辄有题咏。其他名诗人如：王绩、杜审言、陈子昂、王之涣、卢纶、李益、白居易、韩愈、李贺、贾岛、温庭筠、韩偓、韦庄等二十余人，都从各种不同角度吟咏了三晋河山。宋以后，在山西留有诗作的名士仍属不少。在宋代像隐士潘阆、理学家邵雍、史学家司马光、文坛领袖欧阳修、大诗人梅尧臣、江西诗派的领袖黄庭坚，都是代表。金元诗人以元好问为巨擘，他是晋人，咏晋的作品也最多，他从晋中到晋北塞外，到晋东南，不仅到处有足迹，住过、读过书的地方，就有几处，许多地方往来也不止一次，他对家乡的感情，可以说是最深了。明代诗文大家：李梦阳、王世贞、李攀龙、谢榛、杨基、高叔嗣、唐顺之等人都和山西有过关系，而卫国有功、关心民瘼的"名臣"于谦，曾两度以兵部侍郎巡抚山西，他不是以诗著名的，而所题咏的诗，却有不少佳作。另一位值得一提的是有一定叛逆思想的李贽，在被统治者迫害的情况下，得到知友的援手，从晋东南到大同,不废著书,间有吟咏。清代首推民族志士、大学者、阳曲傅山的好朋友顾炎武,他在明朝亡国后,不忘恢复,遍历山川险阻,写成了《天下郡国利病书》,饱含着他的心血。而他的诗也不愧名家。清代以诗作和诗论著名的王士禛和赵执信,都有写山西的诗,而诗人兼词人朱彝尊,在漫游山西期间,更写下了值得称道的作品。爱新觉罗·玄烨和弘历,留在山西的题咏,虽非上乘,但也可以充分看出这两个满族皇帝对汉文化濡染之深。总之,上所概举的一些代表人物的作品和其他名声不著的作者的作品,为三晋山川增色不少。不管诗因地传或地因诗显,都可以说是相得益彰。

今天山西的行政区划是七区五市,但就习惯上的语言、风俗看,却可以分为四大部分,即:晋中(习惯叫中路,包括太原市和榆次吕梁两个地区;晋南(习惯叫南路),包括运城、临汾两个地区;晋北(习惯叫北路),包括雁北、忻州两个地区;晋东南(习惯叫东南路),相当于长治地区。下边以地系人,依次论述。

晋中,首先是太原。宋以后的太原,和宋以前的晋阳,相去虽四十余里,但其为河东一带政治、军事、文化中心则一,所以名称也可互用;同时还有并州之号,亦复如此。写太原的首推李白,他的"霜威出塞早,云色渡河秋"(《太原早秋》)写出了这一带的气候特点。耿沛的"汾水风烟冷,并州花木迟"(《太原送许侍御出幕归东都》)写的是春天,而"风烟冷""花木迟",却不同于别处。司马光把这一点和开封作了对比:"上国花应烂,边城柳未黄"(《晋阳三月未有春色》),但这只是太原的一个方面。另一面,太原的风光形胜,则更值得重视:像薛能的"携挈共过芳草渡,登临齐凭绿杨楼"(《并州》),沈唐的"山光凝翠,川容如画,名都自古并州"(《望海潮》),便可见其一斑。而裴湘的"雁塞说并门,郡枕西汾,山形高下远相吞;古寺楼台依碧嶂,烟景遥分"(《浪淘沙》),更呈现了一片壮丽景色。其他写太原周围,像李频的"泉分石洞千条碧,人在玉壶六月寒"(《游烈石》),像苏维霖的"怪石斜飞全欲堕,野花倒挂暗来熏;湾湾泉响非关雨,曲曲峦封不借云"(《天门关》),景物之美,十分令人神往!至如杨基写的《太原春日郊行》,使读者有如身到江南之感,而元好问的长诗《过晋阳故城书事》，则把晋阳的风物和古今变迁作了全面的描写与论述。

太原的名胜，首推晋祠，而晋祠之胜，在祠庙，在文物，在泉，在湖。吟咏晋祠的作品，有李益的排律和范仲淹、欧阳修的长诗，有令狐楚、于谦等人的律绝，有赵可的《蓦山溪》和朱彝尊的《蝶恋花》等词。像李益的"水亭开帘幕，岩榭引簪裾。地绿苔犹少，林黄柳尚疏。菱苕生皎镜，金碧照澄虚"(《春日晋祠同声会集得疏字韵》)令狐楚的"泉声自昔锵寒玉，草色虽秋耀翠钿"(《游晋祠上李逢吉相公》)于谦的"群峰环耸青螺髻，合涧中分碧玉流。出洞神龙和雾起，凌波仙女弄珠游"(《忆晋祠风景》)描写得都具体生动。而黄山谷书写的李白长诗中"时时出向城西曲，晋祠流水如碧玉。浮舟弄水箫鼓鸣，微波龙鳞莎草绿"等句，使人更感亲切。朱彝尊离开山西后，曾写了四句诗："并州山绕崛嵎苍，桐叶祠前柏几行，藉号长生泉难老，凭谁抄入箧中方。"(《送吴濩入太原》)可以说是对太原，包括晋祠名胜的高度概括。

晋中各县名胜以介休绵山和平定娘子关为最著，张商英的《游绵山》，写景最好，顾炎武的《介休》则更为全面。写平定山川的以韩琦的《柏井路上桃花盛开》和高珩的《平定山岩》为美，写娘子关和瀑布的以乔宇的《悬泉》和王祖庚的《娘子关》为高。其他如李商隐写冷泉驿，张祜写汾水关，常伦写韩信岭，都是佳作。

晋南以蒲州为重点而平阳次之。蒲州的名胜像鹳雀楼、河亭、逍遥楼、白楼之类，都早已不存在，但现存的好诗却很不少。好在楼阁丘墟而山川不改，登临畅望，仍可以与昔人有类似感受。不但像王之涣的"欲穷千里目，更上一层楼"的名句能发人深思，即畅当的"天势围平野，河流入断山"，耿湋的"黄河行海内，华岳镇关西，去远千帆小，来迟独鸟迷"等写鹳雀楼的诗句，都可以引人入胜。何况首阳、中条、王官峪、五老峰、五姓湖等自然风光和历史遗迹，仍可以和诗人们的吟咏相印证呢？

运城各县首先应注意的是龙门。袁桷曾用一首五古，描绘了龙门的壮观，而薛瑄的"连山忽断禹门开，中有黄河万里来。更欲登临穷胜景，却愁咫尺会风雷"(《禹门》)，却有不尽之势。汾阴(万荣)是访古者向往的地方，主要因为有一首汉武帝刘彻的《秋风辞》，由于词的首句是"秋风起兮白云飞",后人便因之建了"秋风楼",结合"祀后土"的后土祠,便成为诗人们咏怀古迹的好题材。段成己的《汾水秋风》:"一曲刘郎发棹歌,欢声未已奈悲何。只今回首空陈迹,依旧秋风卷素波。"最能代表人们对古迹的共同感情。河曲(永济县南)、永乐(芮城)也应是一个重点。这里有李商隐故居,有永乐宫,有黄河风陵渡。梅尧臣的《黄河》五言徘律,描写河上风光像一幅工笔画。其他像运城的盐池、关庙,闻喜、临猗的涑水,都是诗人们吟咏的对象。

临汾各县的名胜,首要的是霍山和霍泉,有名的广胜寺也在这里。李端写泉:"碧水映丹霞,溅溅出浅沙"(《霍泉》),虽然风格清新,但不及刘廷桂同题的七律,像"混混源泉昼夜流,无边风景即瀛洲","云影徘徊鸥影泛,天光掩映水光浮"等句,真能写出霍泉的壮阔澄澈的风貌。张商英的《题霍岳》,不仅写山也兼及于水,并联系了历史人物。写平阳的诗,有岑参、范仲淹、于谦、孔尚任等名人,但王恽的《汾水道中》,却高出诸作之上,虽然他没有写平阳本身。

晋北的大同,为历史名城,边防重镇。有云冈石窟和上下华岩寺等名胜。李贺的五言《平城东》、薛奇童的七言《云中行》,都可称为歌行杰作。李的"塞长连白云,遥见汉旗红。青帐吹短笛,烟雾湿画龙"等句,不是写景是写人,写人也自然写了景。薛是不出名的唐代诗人,他这篇诗却可和"李杜""高岑"的歌行相比,要看全篇,不能摘句。于谦的"目击烟沙草带霜,天寒岁暮景苍茫。炕头积炭烧黄鼠,马上弯弓射天狼……"(《云中即事》)情景如见,是此地独具的风光。他还有一首《咏煤炭》,没有写大同却与大同密切相关。

晋北的特点之一,是它背倚着内外两道长城。因之,汉唐以来,边塞诗中不少一部分,都以此地为题材。汉乐府中《饮马长城窟》(原是古辞,一般都归在陈琳名下),应该是很早的一首民间作品。唐以后好诗不少,而雁门关是一个重点。李白的《胡关饶风沙》选写了"荒城空大漠,边邑无遗堵,白骨横千霜,嵯峨蔽榛莽"——战后的荒凉凄惨景况,进一步指摘朝廷的无能而喊出"李牧今不在,边人饲豺虎"——冤苦的呼声。金代无名氏的《关外吟》中说:"百里并无梨枣树,三春哪得杏桃花。六月雨过山头雪，狂风遍地起黄沙。"边塞风光，写得何等具体！因之，元好问步原韵写了一首《雁门关外》。许九皋也写了一首步韵诗。顾炎武的朋友屈大均的《长亭怨》，写厂雁门关的"积雪""冻云""香煤""驼乳"，还写了"无处问长城旧主"，以寄亡国的沉痛，而朱彝尊的长诗《雁门关》，更是千年史迹的总回顾。其他"出塞"、"入塞"、"塞上"一类诗，情调多有相似，而尹耕的一首《修边谣》，却可和汉乐府相比。

晋北的山川，既有北岳恒山，又有五台佛境，还有桑干、滹沱两水。汪承爵的《登恒山》，在恒山吟咏中最为概括，而元好问的《五台杂咏》，写五台山的"茫茫松海"、"万壑千岩"、"湍溪风雷"、"云山气象"，真是雄伟壮丽，得未曾有。写桑干河诗，不是写普通的一条河，而是写洪涛七泉，金龙池等一片湖泉区，雍陶、祝颢、杨一葵、文光、霍爆等人，从不同角度描绘了这里的"塞外江南"，使人神往。而近在塞内的滹沱河，则有点望尘莫及。

晋北各县值得重视的王越《朔州道大风》，"平地有山皆走石，半空无海亦翻波"，风的声势何等的大！张开东的《应州木塔歌》也写得非常有力。杜审言写山城岚州"往来花不发，新旧雪仍残"，如此其冷，但"水作琴中听，山疑画里看"，又如此其美！杨巍的《春日偏头关》和杨光远的《红门雪望》，都是情景交融的好诗。

晋东南最突出的形胜，当然是雄伟的太行山。这里首先有曹操的名篇《苦寒行》，而李白的《北上行》，却深有寓意，具体的描写为忧时的感情服务。写太行的虽还有白居易、李贺等辉煌的名字，但唐顺之的"倚天开叠嶂，画地作重关，车向羊肠转，人从鸟道还"（《望太行》），却写得概括具体。李攀龙的《初登太行》，则写从山头下望的景色，更予人以新鲜之感。至如傅山的《太行霸》，表现了作者胸中郁勃之气；吴雯的《太行山早发》，却流露了文人失意之痛。其他写具体形胜的，如天井关、羊肠坂、十八盘、九里谷、星轺驿、箜谷山等等，都有名人佳作，而陈子昂的《登泽州城北楼宴》使读者如读他的《感遇诗》。

晋东南各县，古迹莫如长平（在高平），形胜首推天坛。胡曾的《长平》，周昂的《过省冤谷》，常伦的《宿长平驿》，都是咏史，李攀龙的《过长平作》长诗更以议论出之，感觉苍凉，独具一格。写天坛的有元稹、白居易、姚合等诗人,但诸作只能说是诗以人名。值得一提的是谢榛的《漳水有感》。试看:"行经百度水,只是一漳河。不畏奔腾急,其如转折多!……"逼真地画出了山间河流的形貌,何况还寓有言外之意呢!

山西大学中文系的中国古典文学研究生,在选注了《山西历代诗人诗选》之后,又接受了编注这本《咏晋诗选》的任务。前书以人为纲,故按时代排,这本书以地为纲,故以地区分;地区之下,仍略依时代。

全书所选:晋中八十三首,晋南一百三十九首,晋北九十四首,晋东南四十九首,共三百八十三首。由于所涉及的地理范围如此之广——一百余县,所包括的时间如此其长——两千多年,其中百分之七八十的作品,从来没有人注解过,所以,要选得精,注得明,非常不易。即使做了很大的努力,还尽可能作了一些考证,但粗糙、疏漏、错误之处,仍所难免。仍希专家、读者,不吝教正!

1980 年 6 月 15 日

《石头记探佚》序

　　我不喜欢《红楼梦》，尽管它是中国文学以至世界文学名著。原因是和对巴金同志的《家》、《春》、《秋》的看法一样，老是那些家庭琐屑……读下去总觉得有点气闷。当然如果随手抽出几段，看一看人物的语言、行动，那我又不能不赞叹它描写得细致、形象、生动了。这种个人偏见，是不需要争论的，何况我讲文学史要讲它，专题也讲过它，而讲它的时候，并不抱成见，仍尽量评价它的思想性、艺术性呢！因为这里涉及一个如何对待学术问题的问题，不能凭感情用事。

　　对学术，有些人喜欢固执己见，对别人则党同伐异：同意我的就赞扬，不同意我的就贬低；在学校，有的教师考试时必须按他讲的答，不然，再好也不给及格，也属于这一类。有些人喜欢矜奇立异，要惊人，哗众取宠：远一点的，像说屈原没有其人；近一点的，像说《红楼梦》不是曹雪芹作之类，越怪越好。还有些人喜欢钻牛角，穿凿附会，连篇累牍，甘作秦近君的徒弟。如此等等，虽不是政治问题，可以自由地去讲，但作为学术，作为科学研究，我却认为那是不值得赞扬的。

　　我以为学术、科研，总是要有目的要求的。否则，不是愚蠢便是欺骗。在总的目的要求下，才可以谈"百花齐放"、"百家争鸣"。但如果把目的要求机械化，变成框框，成了清规戒律，或以某些新旧教条为依据，不许自由思想、自由探索，那"双百"方针，也就变成了空话，学术、科研也就谈不到发展和前进了。所以，我们必须有个好的学风。那就是在明确的、共同的总目标下，充分发挥每一个从事科研者的主观努力，充分利用每一个问题上可能得到的客观资料和条件，作出自己的、新的、有益的贡献。我是这样看待一切学术、科研问题的,也是这样指导研究生的。在这里,绝不为个人的爱憎、偏见所左右。

我的研究生梁归智,在作毕业论文的过程中,写成了15万字的《〈石头记〉探佚》,用其中的三篇,参加了论文答辩。为什么书名不用《红楼梦》而用《石头记》呢?他的意见是:因为《石头记》是《红楼梦》的原名、初名,用这一书名,就带有追求原著本来面貌的倾向;而所谓"探佚"的"佚",是指原有而丢失了的部分,虽丢失了,但仍有若干蛛丝马迹,可资探索,所以要探。因为要了解曹雪芹,就必须读他的原著;要读他的原著,就必须剥去后人篡改了的部分,再考补已佚失了的部分,才有可能。"探佚"的意义,就在于此。

近年来,"红学"可以说是红极一时,"红学"论著,空前繁富。我只读了一小部分(有些是搞红学的朋友直接寄给我的)和一些目录,已感到目不暇接。我凭自己的浅见,把这些文章戏分为"红内学"和"红外学"。外学么,我不感兴趣,至于内学,有好文章,但我以为至今还挖掘得不够。梁生的《探佚》,是属于内学的。他是要探索原书的创作思想、艺术构思,进而发掘作者曹雪芹的内心世界的。《探佚》只是第一步。单就"内""外"来谈,可以说是内之内。他所用的论据:一是原著未佚部分中的伏笔、隐喻、暗示和文章发展的必然趋势;二是和作者有相当关系的亲属、朋友,以脂砚斋为代表的基本上是在作者写书过程中所作的一些批注评语——即所谓"脂批"。从今天看,两者都是第一手资料。但是这一工作,却仍十分困难。因为伏笔、隐喻之属,需要猜,猜就难保证十分准确;而脂批既零碎,又有相互矛盾之处,要分析、辨别,才能用来印证。这就决定"探佚"工作,必须目光敏锐,必须细心、深入,必须思虑周密,必须善于论证。梁生的《探佚》,是具备这些特点的,故能成绩斐然,不同凡响。有不少地方,可以使读者感到豁然冰释、怡然理顺,既新鲜而又自然。但由于资料有限,而明确的资料更少,这就使得有些结论,猜测推论占了很大比重,不能使人满足。在这里,其意义便只限于提出问题,作出可能的涉想,给人启发,为进一步钻研打基础了。

在《红楼梦》的原本《石头记》的本来面目没有弄清之前,探佚工作就不可能终止。梁生的努力,虽是在前辈专家研究的基础上前进了一步,但如果据此就要全面评价曹雪芹和他的《石头记》,那就还嫌太早。梁生在他的《探佚》最后一部分,"浅探""蠡测"了《石头记》的思想性和艺术性,自然也不能作为结论。然而值得注意的是:他这部分中所提到的东西和他的分析、评论,和一般就程、高本《红楼梦》所作的评论比,确已大为改观。可见他的工作,对"红学"研究已起着何等不可忽视的作用!这就使我这素不喜欢《红楼梦》的人,也不能不予以热情的支持。

梁生收在这里的 20 几篇论文,不管发表过与否,其论点、论据、论证,估计在社会上会有不同的反应。但我以为他做的是有意义的工作,而且作出了成绩。不管怎样,都是可喜的。即使引起新的争论,那对学术来说,不是更好吗? 因为它将推动"红学"的发展、前进。

1981 年 8 月 10 日

《雅颂新考》序

　　从《诗经》结集和孔子用它作为主要教材时起,到今天已两千几百年了,而它在中国文化史上的地位,却始终没有衰落。不管汉宋诸儒把它奉为经典也好,不管史学家把它作为史诗也好,或者像当代普遍把它看作文学中的诗歌总集也好,它的重要性都丝毫没有减轻。因之,自古迄今研究《诗经》这部书的人特别多。从《汉书·艺文志》和历代"经籍"、"艺文"等志与公私书目,到《四库全书总目》所著录有关《诗经》的著述,以至正、续《皇清经解》和近代人的专著与论文,真是成百累千,不可悉数。

　　在如此浩博的著述资料下,对《诗经》的研读,应该没有什么问题,没有什么困难了吧?然而不然。一则一般读者不可能读那么多参考书;二则即使博览了那些群书,存在的问题也仍不少。如果我们把已有的著述,就每一问题作一个总结的话,就常会发现几种情况:一种是史实上牵强附会,扞格难通;一种是训释上异说纷纭,莫衷一是;还有不少章句舛讹,主题背谬之处;而"六义"、"四始"、"五际"、"六情"、"采诗"、"赋诗"、"删诗"、"序诗"等方面的纠缠缴绕,尚不在内。这就说明《诗经》到今天,仍有不少值得研究、需要研究的地方,而且必须推陈出新,作更高更深更广的研究。但这绝不是一般研究者所能胜任的。因此若干年来,凡是青年一代人想拿《诗经》作为研究课题的,我总是不支持,给他们泼冷水。因为《诗经》中的大量问题,都是经过多少年来,多少专家学者,反复研讨过多少次的。想要有新的突破,超过他们,不只是"劳而少功",简直是白费气力!然而刘生毓庆1978年的一篇论文,却使我改变了态度。论文的题目是《商颂非宋人作考》。他敢于向权威——王静安论定而为学术界公认了的问题挑战。以新论据、新论证，得出新结论，具有很强的说服力。论文在《山西大学学报》1980年第一期发表后，被编入人民大学《中国古代、近代文学研究》复印资料内。有不少同志读了，感到很惊讶，因为它远远超过了一般年轻人所能达到的科研水平，从此，我支持他对《诗经》中《雅》《颂》的研究。从1978年到1981年，他陆续完成了一系列论文，连头一篇论"商颂"的文章在内，集为《雅颂新考》一书。成果是相当丰硕的。

首先值得注意的是作者把研究《诗经》的重点，放在"雅"、"颂"方面。这不但在研究上有补阙的意义，更重要的是揭示了这两部分诗的底蕴，提高了《诗经》的社会价值和历史价值。本来对"雅"、"颂"，汉宋诸儒是重视的，但他们之所以重视，却是从封建的以至宗法的角度出发的。随着封建制度和封建意识的崩溃，他们的著述，不但无助于理解原诗，相反给原诗罩上了一层迷雾。近世文学史家大都从文学角度出发，是《诗经》研究上的一大进步，但有不少人却简单化地把"雅"、"颂"作为"贵族文学"，把"风"作为"民间文学"与之相对，否定了"雅"、"颂"的价值，从而把《诗经》的研究变成了"国风"研究！因此作者的《雅颂新考》，是正视这一问题后的新的开始。

在"雅"、"颂"研究上，作者用力最勤的是对周族和周代发展史的探讨。他因诗求史，以史证诗，史明了，诗也透了。而他所用的史，绝不限于传统的历史书籍，而是包括神话传说、古文字、考古文物在内的丰富而复杂的史料。像《〈大雅·生民〉新考》一篇，他就完全从神话方面进行考证。试看他文中的子目之一：《姜原即月母即西王母考》，初看起来，会感到离奇怪异，几乎出于人们的想像之外，然而经过他的旁征博引和交互错综的论证，却终于令人信服地拨开迷雾而见到原始传说所反映的历史真实。另一子目：《姜原弃子为生瓜形怪胎考》，不只说法新颖，而且千古解释不通、难于体会的诗句，一下子豁然冰释。

在周族发展史上建有伟大功绩的重要人物是公刘，作者就《公刘》一诗作了卓越的考证。他在对《生民》诗"有邰家室"的说明中，连举五难批驳旧说以邰为周之起源地之误，而此篇则明确指出，"周族起源于古邰国的传说，完全出于后人的附会"，而公刘举族迁徙的出发地，则在今甘肃北部敦煌、安西一带。他用大量的资料,作了详尽的说明。尤其是公刘的三次迁徙,以第二章的"于胥斯原",第四章的"于京斯依",第六章的"于豳斯馆"作为标志,认为"三句句法相同,胥、京、豳应都是地名,而原、依、馆则皆为行动,即每到一地方进行的活动"。同时对这次周族的大迁徙的预备、路线、行程和公刘领导的伟大作用,作了系统的描述,表现了作者的目光敏锐,论证细密,达到了科研的新高度。

对《绵》诗,作者认为是一篇"太王亶父的小传",这不是新论,重要的是他具体化了亶父由豳到漆沮,由漆沮再到岐周和经营岐周的全过程,显得合情合理。作者对原诗不仅训诂上提出不少新解,重要的是根据商、周、犬戎(狄)的关系和甲骨文相互印证,对亶父去豳迁岐的原因作了探讨,结论是:周族之去豳是因失去了商的保护而被犬戎所迫。进一步他认为:"古公亶父筑城郭、树皋门、立应门,设置务全,为后世王者之法","无疑是在野蛮的荒野筑起了一座文明的宝城,实可称为周族发展史上的一座里程碑。"在《公刘》新考中,作者曾指出公刘尚处于石器时期,而此篇则认为已进入奴隶时代的边沿,以"太王作周"为其标志。虽难说已确凿无疑,但不能不说是很有见地的见解。他给我们画出了周族历史发展的清晰轮廓。

于此,作者还通过对《文王之什》组诗的研究,提出了一系列新说,像:文王的"其命维新"具体内容是创造了德、礼和孝;文王和商的矛盾斗争是分三步进行的;文王终于死于非命,即死于牖里、死于商纣之手……这些都是在掌握了大量史料的基础上,具有真知灼见的论断。

《雅颂新考》的第二部分,相当多的篇幅是论证"雅""颂"的名称、性质和作者的;第三部分,是对"雅""颂"诗中字句的考订和训释,都有不少独具慧眼的看法,方法也很细密。即使还有有待斟酌的地方,但无疑能予读者以启发,有很好的参考价值。

作者在"雅"、"颂"研究上,另一个值得重视的,是对"雅"、"颂"的断代的探讨。

古代对《诗经》诗歌的时代的论述,以郑玄《诗谱》最为具体而系统,大体和《毛传》相应。在《诗谱序》中,他又作了提纲式的叙述,为后人所遵循。然而毛、郑的说法,实在不足凭。其中主观臆断、牵强附会和原诗抵触的地方非常多。后儒不察,每每乐于委曲弥缝而认真研究者很少。这就给理解原诗带来了困难。作者以诗的本文为主,以诗证诗,参以金文和其他史料,比较分析,作出了比较明确的结论。他认为:"《周颂》、正《大雅》、正《小雅》,分别代表着西周贵族诗歌的早、中、晚三个阶段。《小雅》中屡见的'万寿无疆'、'以乐嘉宾'之类的套语,在《周颂》和《大雅》中绝对少见;在《大雅》中常遇到的'朋友'、'岂弟'之类的词语,在《周颂》中也是绝对没有的。这无疑反映了它们在时代上的差距。""变《雅》与《鲁颂》的时代,古今无多大分歧","《商颂》已见前论","《周颂》为西周早期下接西周中期的诗","正《大雅》为西周中期诗","正《小雅》为西周晚期宣王朝诗"。然后对具体诗篇一一作了考订。并指出大、小《雅》中有东周作品的事实。显然作者这一工作对研讨诗义很有帮助,而且使西周的历史发展的轨迹也更为清晰了。

《雅颂新考》最主要的是对"雅"、"颂"作了史的研究,而史的研究,当然是为诗的研究服务的。史的研究越好、越明确,诗的理解也就会越深入、越透彻。尤其是"史诗"和政治诗,如果不把相当的力量用在史的探讨上,那就如同隔靴搔痒,摸不着边。一般文学研究者往往忽略了这一点,以致在研究工作上,很难有所突破。《雅颂新考》之可贵,首要的正是在这方面作出了成绩。

然而《雅颂新考》中,还有一部分是属于诗的研究,特别是诗歌史的研究的,那就是《从雅颂看诗之功能的演变与赋比兴的发展》。作者的主要论点是:诗的本义是"志",是记事;而歌的本义是"永言",是抒情。大体说来,《周颂》、《大雅》属于前者;《小雅》属于后者。诗歌的发展,是由记事(《周颂》)到叙史(《大雅》)到抒情(《小雅》)。写作方法上,《大雅》只达到了赋的阶段,还谈不上比兴,比兴来源于民歌(风)。作者考定"采诗"为宣王时制度。因"采诗"而引起了贵族诗人学习民歌的热潮,掀起了诗歌革命,《小雅》即其成果。最后,作者还对怨愤诗作了论述。这些论点,从文学史的角度来看,都令人耳目一新。其论据、论证,都可以说是"持之有故,言之成理"。

总观全书,处处体现了作者的专精与渊博相结合的特点。能于一般人不注意或不太注意的地方发现问题,能利用一般人不接触或很少接触的材料,找出有用的东西,来解决问题;能打破各类专业书的局限,广征博引,触类旁通,来确证论点。因此,他所探讨的问题,都能卓然独立,不同凡响。司马迁自言:"非好学深思,心知其意,固难为浅见寡闻者道也。"予于刘生亦云。我以为此书一出,一定会引起学术界的注意。赞扬、批评以至争论,都是好事,都是"百家争鸣"中应该提倡的好事。能引起争论,本身就是贡献。

《雅颂新考》在《诗经》研究或"雅"、"颂"研究上,毕竟还只是个新的开始,应该和需要研究的问题还很多。因为一个新的论点建立时,不但与旧的矛盾,同时还会引起新的矛盾,必须能把旧的论点批倒而把新的矛盾解开。对使用的资料,不在于能使用对自己有用的材料,为自己论点服务,还要使用对自己不利或相反的材料也无碍。绝不能各取所需,各是其是。这里我想举一两个例子,说明还有一些有待研究的问题,以便进一步进行探讨。

比如《生民新考》中,作者论证了处于东方的商族崇日,处于西方的周族崇月;商族是司日女神羲和(即简狄)的子孙,而周族是司月女神常羲(即姜原)的子孙。分别引了《山海经》"羲和生十日""常羲生月十有二"。但《山海经》明言"羲和者,帝俊之妻",又言"帝俊妻常羲"。那么商族之祖和周族之祖都是帝俊,是否一父两母?为什么一个是东方氏族,一个却是西方氏族,两族关系究竟如何? 西欧诸国其面积最大的还不及中国十五分之一,而却未曾向往过统一,而如此之大的中国,在先秦时,人心就一直向往着统一,这是否与他们同出一祖有关?

又如:作者论述了周族之起源地为今甘肃敦煌、安西一带,但何以解释《尚书·尧典》等所记古传说中尧、舜、稷契的关系?都是捏造吗?还待证明。《国语》既说"昔我先世后稷以服事虞夏。及夏之哀也,我先王不窋以失其官,而自窜于戎狄之间"。司马迁等人都袭此说,是否也是捏造?古籍邰作为后稷的封国,公刘由邰迁豳的说法,作者作了令人信服的反驳,但并不能解决后稷、不窋和虞夏的关系问题,也待进一步探讨。

　　所以我以为《雅颂新考》的研究成果是丰硕的,但还只是新起点,还有待于开拓。我希望这本书能起到推动学术界对这类问题开展新的研究的作用,刘毓庆同志作为青年教师和研究工作者,他的研究领域正在不断扩大。我相信他会跟着新时代的步伐,不断前进,以争取作出更大贡献的。

1983 年 8 月

《王褒集校注》序

1985 年,在山西忻州召开元好问诞辰 795 周年学术讨论会,会后所出的论文集,我在前言中一开始是从北朝谈起的。首先我提到:

"在中国几千年的文化史研究上,有两个时期比较冷落:一个是北朝,一个是辽金元。北朝的北魏、北周、北齐和南朝的宋、齐、梁、陈时代相当。北朝共 195 年,南朝 169 年。北朝占领着淮河以北以及漠北、东北的广大地区,时间又近 200 年之久,尽管中原文化随着晋室的南迁在南中国得到巨大发展,但北朝那样既久且大的政权,又占有中原地区,它的文化、文学是绝对不容忽视的,而过去却被忽视了,至少是重视不够的……现实的情况是:一般文学史,大多对北朝很少谈,除概说外,重点只谈一谈由南入北的庾子山等人和《梁鼓角横吹曲》中的一些北方歌辞而已。"

这段引文,是删去了金元部分而只谈北朝的。我所说的"重点只谈一谈庾子山等人",其中主要的就指王褒。而实际上连王褒也只略谈几句而已,更不论其他人了,所以对北朝文学的忽视,是普遍存在的现象。在那篇序中我还说:"过去的历史家比较公正。在所谓正史的'廿二史'中,既有南朝的宋、齐、梁、陈等'书';同时也有北朝的《魏书》、《周书》、《齐书》;既有《南史》,也有《北史》;既有包括北宋、南宋的《宋史》,也有独立的《辽史》、《金史》。这是科学的历史的态度。"单就文学来看,单看《北史》和《南史》,也可看出作史者比较忠于事实。《南史·文学传》除陶渊明、谢灵运、颜延之、沈约、任昉、江淹等大名家另有专传外,凡载 25 人;《北史·文苑传》除魏收、邢邵另有专传外,凡载 21 人,庾信、王褒未列专传。北之比南,名家、大家虽不及南,而作者也还不少。应该予以研究。而过去文学史家却没有重视。如果先选重点，我以为北魏、北齐首先是温子昇、魏收、邢邵，而北周则首先是庾信和王褒。对庾信，过去研究者还不寂寞，而对王褒的研究，牛贵琥同志这本《王褒集校注》才算走了第一步。

在中国文学史上，散文从东汉到魏晋，一步步走向骈俪化，到六朝达到了最高峰。美丽的辞藻，巧妙的用典，精炼的字句，谐和的韵律，无疑是一种美的创造。然而脱离社会、脱离现实的倾向，却也越来越严重。至于诗歌的发展，也差不多与之同步。"建安"、"正始"，标志着五言诗的成熟，而太康时的大家，却以繁缛的辞藻，损伤了诗歌的生气。经"玄言"、"山水"之后，迄"永明"，则以音节的浏亮谐和、属词的清新绮丽为务，至梁陈而成风，徐陵、庾信实为代表。所可惜的是这时的一批作者大都是贵胄宫廷文人，生活圈子太窄，除更为妖艳的"宫体"不论外，一般作者思想感情都受狭隘的生活束缚，使作品内容不能随新形式的创造而大有进展。这时的北方，在整个文风上虽也受到南方的影响，但另一面又具有北土独具的风格。李延寿《北史·文苑传》所说："江左宫商发越"，"河朔词义贞刚"虽不一定能概括其全面，然亦足见其各自不同的特点。到了庾信、王褒由南入北，遂兼有南北之长，令人耳目一新。

庾王二人都是南朝的名门贵胄，都以文章著名，都曾身膺显秩；入北朝后，都受到周王室的宠遇，都被视为"文学之冠冕"，被史臣称为"奇才秀出，牢笼于一代"（《周书》四十一）；他们又都有亡国之痛、羁旅之怀、今昔之感；都由江南烟水之乡到关塞苦寒之地。他们以高度的唯美化的文学修养，注入了深刻的凄怆感慨的心情，又面对着异国异乡异地不同的政治和社会环境，遂使他们的文学创作起了一种质的转变，为隋唐统一后文学的高度繁荣开辟了一条通路。"宫商发越"与"词义贞刚"于此结合了，而王褒更具有清刚之气。

王褒的作品《隋书·经籍志》登录了《王褒集》21卷，卷数和《庾信集》相同。但庾集现存而王集早佚。现存的王褒诗文散见于各种类书总集之中，总数远较庾集为少。牛贵琥同志对此进行了详尽的收集、考订与校勘。对其诗文的特色与成就，在他所写《前言》中也有所论列。这里不赘。

我上初中的时候，家里有一部倪璠注木版的《庾子山集》。出于好奇，时常翻阅。虽多半不懂,但也从其中摘录过些华丽词句,用作编写春联之助。多年之后,才深爱其美。而《王褒集》则一直没看见过。直到40年代中期,虽已于张溥的《汉魏六朝百三家集》中看到了《王司空集》,但仍置于略读之列,完全没有重视。到80年代初山西大学成立古典文学研究所时,作为文学史的全面回顾,才深感过去研究上的不平衡,也才把北朝、金元作为研究所内的重点。而对王褒的研究,也才定为北朝重点之一。

牛贵琥同志是山西大学中文系毕业,又于1982年考取我的研究生的。1985年毕业后留研究所工作,是北朝组的负责人。几年来,除比他早四年毕业也是我的研究生的康金声已完成出版《温子昇集编年校注》外,他现在的这部《王褒集校注》则是他的多项研究成果之一。他出身教师家庭,不愿追求名利,勤谨扎实,是其特点。《王褒集》从来没有人注释过,而其中用典使事之多,又大大增加了注释上的难度。由于《王集》原书早佚,虽从明以来多人多次辑佚、增删、校刊,而舛误之处仍到处存在。贵琥这次校注,对王褒的诗文均重新从各总集、类书中辑校,每首每篇都注明出处,然后用其他各本对勘,并一律写出校记,连用以参校的各书的版本,也都予以注明。真可谓慎之又慎。在注释方面,除字解句释之外,典故必举出处,用事必引原文。文虽稍繁,然能使读者在弄通诗文词旨的同时,又增进不少文史知识。

记得闻一多在40年代初写过一篇《宫体诗的自赎》。从全面否定"宫体"进而全面否定六朝。他认为卢照邻、骆宾王的长篇《长安古意》《帝京篇》是"宫体诗中一个破天荒的大转变",经刘希夷到张若虚的《春江花月夜》,便达到了诗的"顶峰",替"宫体诗"赎清了"罪"。难道真的如此吗?答案是否定的。试拿王褒的《燕歌行》和卢、骆等人的几首长歌行相比,就会发现王作绝不比卢、骆所作差,庾信的《杨柳歌》等作也一样,都不比卢、骆差。题材虽不尽相同,但情调、句法、节奏、格式都无不同。而王褒比之还更健康些。从骨子里边看,只能看出他们之间的一脉相承。也可以说卢骆仍不脱"齐梁余风"!真正对诗歌发展起推动作用的,是以五言诗为主(包括五言乐府)的新体。在数量上王褒的五言最多,庾也如此。王勃、杨炯、"沈宋"继之,既完成了五言律体,而七律也在此基础上走向成熟。这里,六朝的骈体文在对偶、修辞、炼句、用典各方面也给新体以有益的营养。这才是诗歌新时代的主脉。惟其如此,我以为要了解唐诗以至唐文,必须从了解六朝始;欲学习格律诗,也必须从六朝五言始,特别是能代表新动向的庾信、王褒,则是过渡中的关键。贵琥这本《王褒集校注》的出版,对读者、研究者都会起到有益的学习和参考作用。

　　写得太拉杂了。有些问题也没有讲透,只是把心里想到的略述如上,权作本书的序言吧。

1993 年 1 月

《元好问全集》(点校)序

　　历史上的金代,立国略与南宋相当,其统治地区,占有淮河以北广大的北中国,在时间上前后达 120 年之久,其文化与文学,直接承受唐、五代、北宋而有所发展;元代统一了全国,成为中国正统的朝代之一,从道理上看,对这两代的研究,应该和其他朝代一样重视。而事实上却不然,除元杂剧外,一般传统文学,很少为人们所注意。不少文学史上,基本上都是以很少篇幅,点几个名,概述一下,其中惟一的例外就是元好问,他在文学史编写者的笔下,总是占有崇高地位的。我们认为:金元以至北朝,这些过去被研究者忽视了的部分,应该大力开展研究,而元好问的研究,则应为之先行。

　　元好问(1190—1257)的远祖是从河南迁到山西平定的,后又从平定迁到忻州。元氏原是北魏鲜卑拓跋氏的后裔,但六百年来,已成中原著姓。从他的高曾祖以来,常担任着中下级官吏。他父亲虽没有作官,可他的叔父还作过几任县令,他又是过继给叔父的。所以他的出身仍可算仕宦世家。他自己生活的时代,正当金亡元兴之际,亲身经历了国亡家破之惨。他的哥哥就是在蒙古军攻入忻州屠城时被杀的,他也在那种形势下携家辗转逃到河南福昌,后来又迁居到登封。元好问功名上并不顺利,32 岁才中了进士,快 40 岁了才做了几任县令。43 岁调进京城,作了左司都事,转左司员外郎,前后总共只有一年多,而且在他调京不久,金哀宗就在蒙古军压迫下逃往蔡州,次年在流亡中死去。元好问和留京官员,在皇帝逃走后,一起陷入蒙古军包围之中,接着便是西面元帅崔立的叛降,出卖了宫眷、官员和百姓,使他们惨遭屠杀和俘虏。元好问也和大批俘虏一起被押送到山东聊城看管,从此结束了他的政治生活。那时他才44岁。元好问的晚年以遗民自居,不再作官了,但由于他在诗文上的成就,声望越来越高,常能得到官僚士大夫的尊养资助。50岁回到忻州老家,不过也没有真正隐居下来,而是不断奔走于晋、魏、燕、赵、齐、鲁之间,遍游名山水胜迹,为写一部《金史》而辛勤搜集资料,并在故乡韩岩村建"野史亭",把所抄录的资料储存起来。最后以不算太老的68岁,病卒于河北省获鹿寓舍。

元好问是散文家,有文集;是诗人,有诗集;是词人,有词集,有散曲;还有笔记小说《续夷坚志》。特别应该指出的,他还是诗歌评论家和历史家。他的著名的《论诗三十首》和百万言的《壬辰杂编》(即《金源君臣言行录》),就是这两方面的代表作。而《唐诗鼓吹》,则是他以选诗体现诗评;《中州集》收240余人的诗和36人的词,各系以小传,旨在以诗传人,为修史服务。被称为"完善"的元人所著《金史》,则是在元氏的《壬辰杂编》基础上写出的。凡此,可见元氏在文化史和文学史上作出的不凡的贡献。

从金元到近代,对元好问的评论,一直很高。郝经说他的诗"上薄风雅,中规李杜,粹然一出于正","歌遥跌宕,挟幽并之气"(《遗山先生墓铭》)。《金史·文艺传》说他"为文有绳尺,备众体;其诗奇崛而绝雕刿,巧缛而谢绮丽"。徐世隆说他"诗祖李、杜,律切精深,而有毫放迈往之气;文宗韩、欧,正大明达而无奇纤晦涩之语;乐府清雄顿挫,闲婉浏亮,体制最备,又能用俗为雅,变故作新,得前辈不传之妙"(《遗山先生集序》)。赵翼说他的诗"专以精思锐笔清炼而出,故其廉悍沉挚处,较胜于苏、陆。盖生长云朔,其天禀本多英健豪杰之气,又值金源亡国,以宗社丘墟之感,发为慷慨悲歌,有不求工而自工者。""苏、陆古体诗,行墨间尚多排偶……遗山则专以单行,绝无偶句,构思宵渺,十步九折,愈折而意愈深,味愈隽,虽苏、陆亦不及也。七言律则更沉挚悲凉,自成声调,唐以来律诗之可歌可泣者,少陵十数联外,绝无嗣响,遗山则往往有之"(《瓯北诗话》)。以上是评论元好问的诗文,主要是关于诗的代表论点。还有对他的诗、词,主要是词的评论,也同样值得重视。最早的如南宋的张炎,他说:"遗山词,深于用事,精于炼句,风流蕴藉处,不减周、秦"(《词源》)。较晚的如清代的刘熙载，他说："金元遗山诗，兼杜、韩、苏、黄之胜，俨然有集大成之意。以词而论，疏快之中，自饶深婉，亦可谓集两宋之大成者矣"（《艺概》）。又如况周颐，他说："元遗山以丝竹中年，遭遇国变……神州陆沉之痛，铜驼荆棘之伤，往往寄托于词。亦浑雅、亦博大，有骨干、有气象"（《蕙风词话》），可谓推崇备至。

以上所引，已可以充分看出元好问在历代评论家心目中的地位。但这里之所以征引，却不是为了给元好问作结论，仅是为了引起人们对他的重视，并从过去的评论中，获得一些启示而已。

元好问的著作，除《壬辰杂编》已佚，《唐诗鼓吹》、《中州集》各自单行外，旧有《元遗山集》为他的诗、文总汇。《元集》最早的本子是元世祖中统三年严忠杰所刊，有李冶、徐世隆二序，杜仁杰、王鹗二跋，现已不可见；单行的诗集，最早的是元世祖至元七年曹益甫刊本，有段成己序，亦不可见。今天所能看见的最早的本子是明弘治戊午储巏序的李瀚刊本，后来《四库全书》即收此本；商务印书馆的《四部丛刊》也影印此本；而诗集则是明末汲古阁毛氏翻曹益甫刻本。此后，诗文集还有康熙间的华希闵本，道光间苏州坊刻翻华本和定襄李氏刊本；诗集有南昌万廷兰本和施国祁笺注本。刊印较晚，收罗最完备的则是道光三十年平定张穆校刊本，此本除诗文四十卷外，有附录一卷，补载一卷，年谱四卷，《新乐府》四卷，《续夷坚志》四卷；而光绪七年方戊昌所刊读书山房本，重刊张本而有所增订，并附有赵培因《考证》三卷。这次校点，即以读书山房本为底本。我们除对赵考所据，作了一般复查外，进一步把注意力放到了张穆、赵培因等未曾见到的资料上。像北京图书馆所藏明抄本《遗山先生诗集》及清抄本《续夷坚志》、上海图书馆所藏吴继宽抄《续夷坚志》，以及陈鳣批校的《遗山集》等，都作了重点对校。对于赵培因未涉及的刊本，像定襄李氏刻本、张穆批校过的《遗山文集》（山西祁县图书馆藏）、万廷兰刊《元遗山诗集》（中国科学院图书馆藏）以及其他总集、别集、杂著中有关资料，作了参校。

我们发现有些抄本所据底本比传世本为好。如中国社会科学院历史研究所《遗山诗》清初抄本，前有道光间钱仪吉题记，说他曾见过元曹益甫本，以为此本即从曹本录出，他还举了此本比通行本为佳的许多证据，批评后人妄改之谬；北图所藏明抄本，前后虽无题识，但字体颇为精工，可正今本之误者颇多。特别是上海图书馆藏吴抄《续夷坚志》，与今本相校，显然是另一系统传本。张穆原本脱、讹很多，有四篇仅存篇目；赵培因考证，无别本可对校，无甚发明。通过与吴抄本互校，不仅补足了只有存目的四篇，同时还纠正了今本的不少脱、误。历史所抄本则有三篇完全为今本所无，使我们得以补录。北京图书馆尚有李慈铭与傅增湘批改过的两种《遗山集》藏本，可惜他们概不说明更改根据，无法采用。

旧刻《遗山集》以读书山房本为最备，我们经多方面搜考，在散文方面增补了 11 篇，连同《续夷坚志》的 3 篇共 14 篇；诗方面增补 20 首，删去过去和今天已发现和新发现误收的 7 首。至于词，张穆本以前，单行各传本差别很大。朱孝臧《彊村丛书》有所考增，而唐圭璋《全金元词》搜罗尤备，以之对勘。前四卷新补 38 首；新增第五卷 86 首，共补 124 首；另有散曲小令 2 首，套数 3 套，遗山存世之作，可能已尽于此。贺新辉同志编的《元好问诗词辑注》，下功夫不少，我们整理点校的这个本子，当可与之相补相订。

全集的编排，除原诗文四十卷不动外，附录、补载、《续夷坚志》、《新乐府》、年谱等部分，作了适当调整。先把卷首的提要、序跋、传志，移入附录；再把《新乐府》、《续夷坚志》移前，紧接诗文之后。因为这两部分，既然都是遗山本人作品，自不宜仍处附录之中。其中《新乐府》传世各本，在篇目、编次、缺误等方面，都大有不同，经反复核对整理，才理出头绪，增订不少。原附的各家年谱，翁谱、凌谱、施谱，虽曾起过作用，但编写较早，错误颇多；李谱后出，较为精密。为了避免过多重复，删去翁、凌、施三谱而只留李谱。缪钺教授《元遗山年谱汇纂》，发表于 1935 年，荟萃了诸家年谱之长，足资参证。今征得本人同意，附刊于后。

本书的校点，是由山西大学古典文学研究所组织有关同志集体进行的。参加散文初点的有：董国炎、陈霞村、康金声、梁归智、李正民；担任诗词初点、初校的有：赵廷鹏、郭政、宫应麟、李正民。李正民负责复点，刘毓庆、董国炎负责总校；最后由姚奠中总其成。工作开始于 1985 年 1 月，至

1987 年底基本完成。这期间刘毓庆和董国炎两同志,于 1986 年夏天冒着酷暑,为参校善本、孤本,出入于北京、南京、上海、杭州各图书馆,常挤掉吃饭、休息时间,以争取尽快尽早完成校勘任务;赵廷鹏同志,还亲到陵川、阳城一带作了实地调查,以证实一些诗是否元作;李正民同志对任务不分彼此,任劳任怨,贯彻始终。三年之间,我们在教学和本兼各职之外,协力完成了这部《全集》的点校工作,多方参对,反复斟酌,有的部分前后五稿。但以云蹒跚满志,则仍未敢自喻。尚希专家学人,匡其不逮。

本书点校工作,承山西大学图书馆、山西省图书馆、北京图书馆、中国科学院图书馆、中国社会科学院历史研究所、上海图书馆的有关同志热情支持,谨此致谢!

1988 年 3 月

《宝贤堂集古法帖及释文》序

一九九八年冬,王鸿宾同志拿他与屈克新同志所作《宝贤堂法帖释文》,求为校定,并为作序。我虽老耄,未能坚拒,前后五个多月,才算把全帖和释语文校读完。现将太原市晋祠博物馆珍藏的这一法帖明拓早期的本子缩印,与释文合为一体,以便对照赏玩。下面对这一法帖的价值和释文的作用,略述鄙见于次。

北宋一代,汇集历代法书刻为丛帖最著的有下列几种:

一、宋太宗淳化三年(992),由翰林侍书王著临摹刻版的《淳化秘阁法帖》,简称阁帖。

二、宋仁宗庆历、嘉祐(1041—1063)间,尚书郎潘师旦刻石于绛州的绛帖。

三、宋仁宗庆历二年至三年(1042—1043),慧照大师希白潭刻石于潭州的潭帖。

四、宋徽宗大观三年(1109),由蔡京奉诏主持刻石的大观太清楼帖,简称大观帖。

阁帖集刻最早,摹自御府墨迹,大部分作品来自南唐宫廷所藏。其版虽早毁,但就原拓辗转翻刻的甚多,广布海内,影响很大。

绛州是最先临摹阁帖的,次序有所调整,内容有所增删,特别是增加了右军书及唐代和宋初各家。虽沿袭了阁帖的一些伪、误,但刻得好、容量大,问世之后,极为艺林重视。虽经分裂补刻,而翻刻之多,影响之大,与阁帖相埒。

潭帖时间与绛帖相当,却不是摹自阁帖。虽精,但分量小,流传不广,原石早毁，拓本亦极少见，影响不大。

大观帖也不是临摹阁帖，而是因阁帖原版坏裂，仍直接由御府所藏墨迹摹勒上石的。刻工之精超过阁帖。虽形式上有所因袭，伪、误处多未能纠正，但内容编次，颇有增删、更定。是一般名家公认的最好的丛帖。可惜原石早毁，流传后世的少数拓本，很难见到。

这里要提出的，则是明代晋王府所刻的宝贤堂集古法帖。这部法帖正是直接摹自大观帖。虽晚了几百年，但却不是阁帖的云礽，而是绛帖的昆弟，明晋王府藏有宋拓、宋裱，出于南宋权相贾似道府的大观帖，又藏有绛帖的精拓善本，还藏有绛帖残石五十多块。宝贤堂帖就是以大观为主，参考了阁、绛、宝晋斋诸帖，予以增、删、移、易，特别增加了绛帖所无，时间延到明代，而这部分也是直接从墨迹摹刻。所以宝贤堂帖的价值，远非各种翻刻的丛帖所可比。王鸿宾同志有专文作了详细的考证分析，此不复赘。

宝贤堂帖的价值肯定了，但读起来依然不易。这是从阁帖开始就存在的问题。我在中学时期，曾买到一部阁帖，欣喜之余，急去翻阅，而摆在面前的却是：字不识，句难断，文不明的古董，远不及薛尚功所作有释文的钟鼎款识之类更具有吸引力。只好束之高阁，不再理会。从宋刘次庄起，为阁、绛等帖作释文的不少，但大多流传不广，而各家所释，又多歧异，读任何一家，都难于令人惬意，由于魏晋以来，草法从无统一规范，虽有部分常用字，约定俗成，而书家运笔，仍多随意。摹刻上石，技艺有殊，稍一偏差，即成谬误，一再翻刻，去真弥远，或石刻磨损，拓工粗疏，拓片欠晰，难于辨认。凡上种种，大大加深了释文的难度，降低了所释的准确性，王、屈二同志费了数年的工夫，一方面，以明拓宝贤堂帖早期本为主要依据，并参阅明清以来多种拓本及其他有关法帖，即取各帖之长，祛各帖之短，增各拓本之所未见，厘正舛误，或补齐佚漏，使之不失帖文、字迹的本来面貌，不因某拓本、某帖之误而误释；一方面，通考各家释文，比勘、辨析、择优、正误，力求近似。在比勘、辨析过程中，常遇到的是：字似而义不通，或义顺而字不似，句通而上下文不贯……一个字往往反复多次，使错认和疑不能明的字减少到最低限度。释文之外，还加了注释，其注释之详也是过去各家所少有的。这部释文吸收了历代阁、绛诸帖释文成果,使之向前推进一步,更便读者欣赏、临摹、理解之用。王、屈二同志的辛勤劳动,很有意义、很有价值。

我在校读全书中,除整体肯定,小有参酌补正外,另有几点体会:首先感到在碑帖史上开扩了眼界,增进了知识。接触了长期忽视或没有过问的资料。其二是引起了对摹刻丛帖的前贤深深的敬意。因为历代名家法书,百不存一;即偶有藏品,亦难见到,而丛帖一下子给我们提供大量复制品。其三是拉近了古人和我们的距离。"诵其诗,读其书",只能"想见其为人",而面对他们的书迹,却仿佛见到了故人。

最后还要说明的是,宝贤堂法帖明代拓本已很少见,而这里所用的本子是晋祠博物馆珍藏的明拓早期的本子,晚期所拓,在完整和清晰上都不能和它相比。这一本子,先后由清初阳曲张思孝和晚清徐沟王启恩所藏。各卷都有张氏多方清晰的印鉴。张思孝是儒生,是傅山最早的《霜红龛集》辑刻者,是藏书家和刻书家。王启恩是举人,是收藏家、金石家,有专著,帖前也有他的两方印章。他们保存下来的这个本子,就当前来看,已是相当珍贵了。关于王启恩,王鸿宾同志专文第四节有考。以此,我以为此书的出版问世,其嘉惠艺林,当发挥不可估量的作用。

姚奠中行年八十有六

1999 年 12 月 20 日

试论章太炎先生的诗

一

章太炎先生不是诗人，而是著名的民主革命家，是近百年来杰出的思想家和具有多方面贡献的学者。学术界早有定评。一般人称他为"朴学大师"、"汉学大师"或"国学大师"，虽无不可，但没有接触到他学术所至的精神所在。至于文学，有些人喜欢非议他的文学界说而很少谈他的文学创作。偶然谈到他的文章的，如说"枚叔文章天下第一"的宋恕，主要是指他的论学、论政之文；说他的文章"所向披靡，令人神旺"的，如他的大弟子鲁迅，也明确指出"战斗的文章，乃是先生一生中最大最久的业绩"，是"活在战斗者的心中的"。都不能算评论他的文学创作。至于诗，评论的人也一样少。就作诗来看，他既不能像李白那样"斗酒诗百篇"，也不像杜甫那样"语不惊人死不休"，更无暇像白居易那样"遇物辄一咏，一咏倾一觞"，"不知老将至，犹自放诗狂"（白居易《洛中偶作》）。至于那些论体分派，矜奇立异，寻章摘句，分题日课之类的诗人们，与章先生就更不相干了。然而章先生的诗，却具有一种独特的感人力量。人们一读起来，就会感到一种逼人的气势；再读三读之后，更会因其深厚的内涵和真挚的激情，而为之心魂震荡，不能自已。所以他的存诗不过百首，而其多数篇章对读者精神上的震撼，却绝非一般诗人所可企及。

章先生论诗，首主情性。他说："在心为志，发言为诗。吟咏情性，古今所同。""本情性，限辞语，则诗盛。"他认为汉代的诗，就是"主情性"的，故"大风之歌，拔山之曲"，"为文儒所不能举"。他还认为"王粲、曹植、阮籍、左思、刘琨、郭璞诸家，其气可以抗浮云，其诚可以比金石。终之上念国政，下悲小己，与十五国风同流"(上引并见《辨诗》)。在"主情性"之外，又提出"气"、"诚"二字，而"气"、"诚"二字，则植根于"念国政"，"悲小己"。故项羽、李陵、魏武、刘琨一类作者，他便一再称道。而他的诗作，正与这一类人的诗作精神相通。他绝不为作诗而作诗，作诗只是发抒他胸中的郁结、沉忧之气。他在《韵文集自序》中说："余生残清之季……艰难险阴，备尝之矣。既壹郁无与语，时假声韵以寄悲愤。"显然和那种"为文造情"的作者们，不可同日语。他曾说他的"治学"，"虽有师友讲习，然得于忧患者为多。提奖光复，未尝废学"(《自定年谱》)。其实，他的治学如此，作诗尤其如此。所以他的诗是革命家的诗，也是学者的诗。惟其革命，故富于战斗精神；惟其笃学，故具有深厚意蕴。二者是结合在一起的。二者缺一，就不能成为他的诗；不这样看，就不能认识他的诗。

自鸦片战争以来，满清政府昏愦腐朽，对内横恣残暴，对外屈膝投降。丧权辱国，割地赔款，危难日深，无可救药。"洋务"失效，"变法"失败，亡国灭种之祸，迫在眉睫。这是当时全国人民所面临的严酷现实，也是先知先觉者所不能不痛心疾首、竭智尽虑、以谋缓解的最大课题。章先生是先知先觉者中的优秀代表之一，他深感对国家民族的兴亡负有重大责任，而自觉自愿勇敢地挑起了国家民族救亡的重担。然而他和孙中山、黄兴等革命家大同之中又有不同，那就是他自认为挑的是两副担子，一副是革命，一副是文化。在当时列强环伺的形势下，中国不革命，就难立于世界各国之间，难免于侵略者的虎口。而革命的首要任务是推翻满清政府；只有推翻清政府，才能振作民气，奋发图强。这是革命者的共同认识。而章先生则更进一步考虑到：不革命，则民族危亡；民族危亡，则几千年的"宏硕壮美"之文化，必将随之消灭！因之，保卫并发扬祖国文化，就成为更深一层的重任。谁能承担这一重任呢？对祖国文化没有深厚感情的人，不行；虽有感情，而没有深厚广博学识的人，也不行。于此，他感到"当今天下，舍我其谁"！挺身而出，"义不容辞"。当年顾亭林、王船山都有过关于"亡国"、"亡天下"的议论。顾氏认为：改朝换代叫作"亡国"，被异族统治，叫作"亡天下"，于是提出"天下兴亡，匹夫有责"的口号。王氏认为：

历代"亡国",无足轻重,只有南宋之亡,则衣冠文物亦与之俱亡!所以本民族的政权,"可禅、可继、可革,而不可使异类间之"!见于《日知录》、《黄书》、《读通鉴论》等书的这类观点,不一而足。章先生在私塾从外祖父朱有虔受教时,即受到这种教诲,成为他反满革命思想的基础。因为宋亡于元,明亡于清,蒙满都属少数民族,文化不高,故虽夺取了政权,改变了汉人的一些"衣冠文物",但文化却消灭不了。到了清末,形势全不同了。如果列强瓜分了中国,那就有连文化都被消灭的可能。虽不能定为必然,但章先生是十分认真、真诚地这样考虑的。所以为了民族生存,为了文化延续,他便不得不忧深思远,为之奋斗而生死以之!章先生在他的《癸卯狱中自记》中充分表现了这种心情。大意说:老天爷把"国粹"任务交给我,我不仅要"抱残守缺",还要"恢宏而光大之"。假如自己牺牲了,"金火相革"的革命事业,是有人继续下去的,而中国的"宏硕壮美"之学,可能会"斩其统绪",使"国故民纪,绝于予手",那将是自己的罪过!这种发自内心深处的声音,并无狂傲夸饰之意。古代孟轲论文,既提出"知人论世",又提出"以意逆志"。是的,"以意逆志"是必要的,而必以"知人论世"为基础。明乎此,才可以读章太炎的诗,才可以较好地理解章先生的诗。

二

章太炎先生的诗,存世可见者虽不足百首,但五七言、古歌行,五七律、绝句皆备,而其具有沉雄刚健之美的,首推五言古。其长篇以《艾如张》、《董逃歌》、《杂感》等篇为代表;短篇以《东夷诗》、《八月十五夜咏怀》、《怀旧》等篇为代表。

《艾如张》原题《泰风》,以首二字名篇,后改此题,乃借汉乐府"铙歌"十八曲之一的旧曲名新诗。《董逃歌》为其姊妹篇,也是借汉乐府"相和歌辞"中的旧曲为名。是否别有取义,难于臆度。这两首诗,是章先生由维新变法转向革命的关键时刻的思想感情的真实反映。"甲午之战",给中国人民的打击太大了,为了救亡图存,章先生毅然走出宁静的"诂经精舍",以满腔热血参加了康有为领导的维新变法活动。哪知从理论到实践,他和康氏的一套格格不入。因之矛盾丛生,终于决裂。这是他的爱国行动的第一次挫折。接着他应以延揽人才、致力维新出名的湖广总督张之洞的邀请,到武昌去主持《正学报》,满以为可以有为;不料遇到的却是个外示革新、内实顽固的两面派。他的爱国热情,再一次受到打击。而"戊戌变法"也很快失败,又给他提供了一个严重的教训,促使他下定了由"革政"转向"革命"的决心。这两首诗,正显现了一个忧深思远,上下求索者的形象。

《艾如张》的原诗如次:

> 泰风号长扬,白日忽西匿,南山不可居,啾啾鸣大特。狂走上城隅,城隅无栖翼。中原竟赤地,幽人求未得。　昔我行东冶,道出安溪穷。酾酒思共和,共和在海东。谁令诵诗礼,发冢成奇功。　今我行江汉,侯骑盈山丘。借问仗节谁?云是刘荆州。绝甘厉朝贤,木瓜为尔酬。至竟盘盂书,文采欢田侯。去去不复顾,迷阳当我路。河图日已远,枭鸱日已怒。安得起槁骨,掺祛共驰步。驰步不可东,驰步不可西,驰步不可南,驰步不可北。　皇穹鉴黎庶,均平无九服。顾我齐州产,宁能忘禹域。击磬一微秩,志屈逃海滨。商容凭马徒,逝将除受辛。怀哉殷周世,大泽宁无人。

全诗210字,可分五段。我们可以从作品中所体现的作者的思维活动来进行理解。第一段开始,他首先想到的是民族危亡的严重形势。头两句"泰风号长扬,白日忽西匿",已写了大地的一片凄凉。然后他想到了据说秦文公时由于滥伐森林使终南山的神牛(大特)无处藏身;他想到汉成帝时讹传大水而纷纷奔向城头的人群;他想象锦绣中原将成为赤地千里,而想望中的人物则无处去找。充满了急迫之感!第二段他回想曾在福建安溪遥望被日本割去的台湾。而日人占领台湾,正像《庄子》所说强盗挖人家的祖坟却用"诗"、"礼"来粉饰!揭出了帝国主义的本质。接着第三段,想到他被张之洞请到武昌以后的亲见亲闻,想到张之洞写《劝学篇》

向慈禧太后献媚，正和汉武帝时外戚田蚡伪造《盘盂》以诐事王后一样无耻。在此情况下，他决然要离开这里。于是转上第四段，想唤起一些古代志士，携手同行，但却苦于处境恶劣，无处可去。最后第五段，他想作为一个中国（齐州，中国别称）人，在统一的国度里，应该像古代一些有骨气的人那样，向残暴的统治者（受辛即纣）进行讨伐。末句以"大泽宁无人"作结，强烈地表示了对革命的想望。诗前有一长"序"，把作诗的背景写得很清楚。使我们对他的思想感情，得到充分的理解。

诗的最大特点，不在于对艺术技巧的追求，而在于从现实出发，展开了想象的翅膀，使古往今来多方面毫无联系的人和事，奔赴笔底，造成一种强烈的气氛，增强了作品的深度与广度。在曲折断续的陈述中，蕴藏着将要冲破黑暗的火光。这里没有个人的叹贫嗟卑，没有个人的牢骚失意。悲歌慷慨而全无"小己"之私，低徊沉郁而具有刚健之气。

《董逃歌》写于"变法"失败之后，其写作方式和《艾如张》相同。诗一开始就用春秋时夏姬导致陈国灭亡的史实，以指斥祸国殃民的西太后。中间委婉地讽刺了康有为等鼓吹孔教、自命教主以进行变法斗争的失策，但毫无幸灾乐祸之意。在他心中实际上已得出坚定的结论，那就是：如愿救亡，只有革命一途。

另一篇《杂感》，是 190 字的长篇，仅比《艾如张》少 20 字。也是在"戊戌变法"失败之后，总结血的教训，向"维新"者提出告诫的，希望他们不要再走错路。真是语重心长。试读："血书已纷飞，尚踵前王武（还要保皇）！何不诵《大明》（写武王伐纣事），为君陈亥午（革命）！""隼厉击孤鸾，鸾高先杀翮（失败了），杀翮亦良已，畏此缯筒多（到处网罗）。举头望天毕（星名，亮则太平）黯黯竟如何！浊流怀阿胶，谁能澄黄河！"写得何等铿锵有力，说得何等恳切！

另一篇《西归留别中东诸君子》与《杂感》异曲同工，和前三篇在一起，是章太炎诗中最有力量，最有特点的杰作。

章先生的五言古体，存三十几篇，在存诗中比例最大。除《东夷诗》十首是写在日本的见闻外，大部分都和中国革命进程联结在一起。题材上虽有咏史，有咏怀，有怀旧，有纪闻，而中心主题却只有一个，那就是抒写忧国忧民之情。其艺术风格,不在于清辞丽句,文采斑斓,而在于自然浑成,风韵遒上。置之佚名古诗曹、刘、阮、左之间,毫无愧色,而思想内容却远非前人所可比。

章先生曾有过近体已无希望的言论,收于他的《文录》中的诗,也没有一首律诗。然而后出的《文录续编》,却存有他手录的律绝达三十二首之多,其未经收录往往见于报章、杂志和友生笔记书信中的,也多为近体。也许这是因为古体虽有容量大、韵律自由、表现力强的优点,而近体却有结构工整、节奏感强、声韵谐和、篇幅较短、运用方便之妙。以博学多识、精研声韵的大师,从事近体创作,自然更会得心应手,出口成章。他的近体诗,以五言律为主;而五言律体中,最脍炙人口的,首推《狱中赠邹容》。原诗如次:

> 邹容吾小弟,被发下瀛洲。
> 快剪刀除辫,干牛肉作糇。
> 英雄一入狱,天地亦悲秋。
> 临命须掺手,乾坤只两头!

诗是 1903 年 7 月 22 日在上海租界巡捕房监所写的。章先生的入狱,是因为当时震惊中外的"苏报案"。《苏报》发表他为邹容的《革命军》所写的序言和他自己的《驳康有为论革命书》的主要部分,而《革命军》和《驳康书》,是革命志士投向满清政府和保皇党的重磅炸弹。于是清政府勾结英租界当局制造了查封《苏报》、逮捕章、邹等人必欲置之死地的反革命镇压事件。这就是这首诗的写作背景。诗一开头直呼"吾小弟",语气亲密,如闻其声。实际上一个 36 岁、一个才 19 岁。年龄差距很大,但他们却建立了亲如骨肉的同志关系。接着写邹"下瀛洲"那样豪迈,"除辫"那样坚决,"干糇"那样辛劳,三句画出了英雄形象。然而"英雄"没有大展身手却突然"入狱",这是多么大的打击!打击的不是个人,而是革命事业!故天地为之兴悲,以致风云变色,四节失常!他深知革命必然流血,所以甘愿携手共命,以两个头颅来唤起人民,以鼓舞士气。

与此同时，章先生还写了《狱中闻沈禹希见杀》。沈禹希(荩)是在武昌"自立军"起义失败，潜入天津，被捕见杀的。他闻到噩耗，提心在口，喊出：

> 不见沈生久，江湖知隐沦。
>
> 萧萧悲壮士，今在易京门。
>
> 魑魅羞争焰，文章总断魂。
>
> 中阴当待我，南北几新坟。

以高亢的调子，唱出痛苦的心声。较之易水古歌，更为动人心魄。读"中阴当待我，南北几新坟"之句，仿佛看到了战场上"前仆后继"的壮烈景象！在狱中还有《闻湘人某被捕有感》两首，是对那些认不清敌我、弄巧成拙以致无谓牺牲的人们的告诫，他的思想深处是为革命斗争总结经验。"辛亥"后的五律，以《癸丑长春筹边》二首和《留别唐元帅》二首为代表。虽不如前期的壮怀激烈，而忧国忧民之情，毫无二致。当然也有像《六十岁生日自述》，就难免有点消沉了。

章先生诗五绝较少，七绝多一点。像《咏南海康氏》，"北上金台望国氛，'对山救我'带犹存。'夺门'伟绩他年就，专制依然属爱新！"用第三者的口吻，讽刺康党宣称以"保皇"代革命的荒谬！其《杂感》二首之一："万岁山前老树秋(崇祯死处)，瀛台今复见尧囚(指光绪)。诸公辛苦怀忠愤，尚忆扬州十日不？"也是讥讽"保皇"的，调子都有点冷，但辞旨婉切，发人深想。

章先生的七律不如五律多，早年的像1901年的《漫兴》：

> 花暗乾坤野马飞，春江凭眺故依依。
>
> 天涯雷电惊朱雀，海国风尘化缟衣。
>
> 梅福上书仙宦薄，园公采药素心违。
>
> 登台欲望南屏翠，苍水陵高蕨豆肥。

无论格律、用典、对仗，都那样自然工整。内容反映的是在"庚子"八国联军入侵之后，他面对国难，无可奈何，远念张苍水，以寄排满光复之志。这里值得特别提出的，是他的"活剥"诗。我见到的五首，都是剥唐人七律的。"活剥"一词，大概意思是：去其骨肉，单取皮毛，稍加修改，便成新制。最先用此二字的，可能是鲁迅；而鲁迅的"活剥"诗，却是受老师的影响。章太炎早期写的一首"汉阳钢厂锁烟霞"是剥李义山《隋宫》以刺张之洞的。后来还有剥杜甫《秋兴八首》之五的"蓬莱宫阙对西山"，剥《秋兴八首》之七的"瀛台湖水满时功"，剥崔灏《黄鹤楼》的"此人已化黄鹤去"。而鲁迅的"阔人已骑文化去"也是剥的此诗。这里把剥李义山《筹笔驿》的一首，抄录于次：

> 袁四犹疑畏简书，
> 芝泉长为护储(副总统)胥。
> 徒荣上将挥神腿，
> 终见降王走火车。
> 饶夏(饶汉祥、夏寿康)有才原不忝，
> 蒋张(蒋翊武、张振武)无命欲何如！
> 可怜经过刘家庙(车站)，
> 汽笛一声恨有余。

这是讽刺黎元洪的。和前几首一起都是政治讽刺诗。巧妙地就前人名作，略改数字，为现实服务，可以说是既经济而又有效。因为原诗人们都熟悉，不用宣传；而所改之处，多使用俗语、趣语，引人注意，不见油滑，反启深思！

其他尚有七言杂言歌行之类，虽都只有少数几首，但其根于忧患，发自肺腑，为国为民，终始如一，与章太炎全部诗作相同。

三

康有为序黄公度《人境庐诗草》，说黄诗"上感国变，中伤种族，下哀生民，博以寰球之游历，浩渺肆恣，感激豪宕，情深而意远"云云。着重谈了思想内容，可谓推崇备至。黄自序己诗是："不名一格，不专一体，要不失乎为我之诗。"黄是"戊戌变法"的拥护者，是晚清时期最重要的著名诗人。康对他的评价和他的自评，符合实际。章先生以革命家、学者而余事为诗，与黄相比，思想更先进，学问更深博，诗的数量虽少，而"不名一格，不专一体"则一。至其诗中所体现的献身革命、生死以之的崇高精神，则非一般诗人所可比。晚清诗人不啻百家，"宗唐"、"宗宋"，与由"宗宋"而到风靡一时的"同光体"，虽不无佳作，但从社会角度来看，即使不是"嘲风月，弄花草"，也难免重艺术轻思想之讥。有些评论家用当时所谓诗坛的论点看章诗，自然便得出"简古"、"自然高古"一类品题，实际没有什么意义。

刘熙载有言："诗可数年不作，不可一作不真。……彼无岁无诗，乃至无日无诗者，意欲何明？"（《艺概·诗概》）"真"字抓住了诗的根本。章先生的诗，正突出了这个"真"字。王国维说："文学者，不外知识与感情交代之结果而已……苟无敏锐之知识与深邃之感情者，不足与于文学之事。"（《文学小言》）这虽不专谈诗，而诗尤其如此。章先生的诗、文，正是知识、感情的高度结合。

对章先生诗作直接评价的，最早的可能是他的朋友兼政敌梁启超。梁在《广诗中八贤歌》中写道："枚叔理文涵九流，五言直逼汉魏遒，蹈海归来天地秋，西狩吾道其悠悠。"（《新民丛报》第三号）先称赞他"直逼汉魏"，后说他"吾道悠悠"，意谓有志不申。那时他二人在思想上已分道扬镳，但究竟还是相知的。只有《旧民诗话》中的一则，谈的较全面："章太炎炳麟先生，为现今学术界之泰斗，遇捕七次，被禁三年，艰苦备尝，志不少挫。其文章每一出，学者珍之如获大贝。先生不多为韵语，然偶一为吟咏，令人穆然见其为人……"（1906年《汉帜》二期）王国维说："无高尚伟大之人格而有高尚伟大之文章者,殆未之有也。"(《文学小言》)吾于章诗亦云。而对他的诗佩服得五体投地的,则是严复。严的《与章太炎书》中说:"昨复得古诗五章,陈义奥美,以激昂壮烈之韵,掩之使幽,扬之使悠。此诣,不独非一辈时贤所及,即求之古人,晋宋以下何可多得耶?"结合先生的文章,进一步说:"至于寒寒孜孜,自辟天蹊,不可以俗之轻重为取舍。则舍先生,吾谁与归乎! 有是,老仆之首俯至地也。"这位比章先生年长 16 岁的近代思想界的前辈,又是诗人、古文家,对章的诗文,竟如此倾倒,足见其作品感人的力量是如何深切了!

《章太炎学术年谱》序

　　还是在"文革"期间的 1975 年，学校当局传给我一个信息，说是：章太炎的夫人汤国梨，给周总理一封信，要求组织专人整理章先生遗著。信中推荐人选中有我的名字。周总理把信交给正在召开的全国出版会议。会上有人知道我在山西大学，于是由山西出席会议的代表，把这一信息带了回来，学校也因此告我，要我考虑这一任务。当时虽没有硬性要求或具体规定，但作为章门晚年弟子之一，而章门弟子存世的已很少，觉得有点责无旁贷。几经考虑，决定先从写传记做起。认为不把作者的生平经历搞清楚，就很难全面透彻地把握著作中的思想内蕴，而对遗著，也只能是文字、版本等表层的整理，至于研究则很难谈到。于是我先从简单的年表入手，进而从已有资料中作较全面的考虑。困难的是：我手边仅有原版《章氏丛书》和新找到的《丛书续编》；另外也只有《訄书》、《古文尚书拾遗》等几个单行本和章先生逝世后《制言》半月刊所出的《章太炎先生纪念专号》。因为那时各图书馆基本上都还没有开放，找来找去，也只找到以许寿裳的《章太炎》为代表的几本传记性的小册子和孙中山、康有为、蔡元培、梁启超等和章先生有关的人物的一些传记之类。对章太炎这样一位文化巨人来说，这些资料，无疑是过于贫乏了。但由于我思想上已把这件事作为一项政治任务来看，就不能不尽快进行。工作的重点，主要从正续《丛书》等原著中钩稽史料，对其人、其事、其学作系统的了解与掌握，并以之与近代史实和周围人物相对照，理出头绪，作为写作基础。与此同时，我自己从 1972 年学校复课时起，即被派教中国通史，根据教学的需要，结合课程的进行，编写了一本《中国史略》；1974 年，古代文学课恢复了，我又被派主持了《中国古代文学作品选》的编选，出版了上册；那时每学期还要和学生一起下乡、下厂、下部队一两个月，其间与工农兵结合也编写了几种材料，有的还出版了。在这样忙碌的情况下来从事《章太炎传》的写作，困难可想而知。好在得到系革委的照顾，有一学期没有下去，才终于完成了十余万字的《章太炎传》稿。我把此稿寄人民出版社审阅，他们表示接受。但不久，"四人帮"垮台，被"四人帮"搅乱了的政治、思想、文化、艺术，都需要进行清理。出版社同志来信，说：当前对一些人物的评价，难以把握，《章太炎传》暂缓出版。原稿退回。这一下就搁起来了。现在看来，那部《传》稿不出版是对的。虽一得之愚，不是没有，而谫陋、疏谬之处，兼而有之，很有必要改弦更张。

1978年以后，我和广大知识分子一样，政治地位得到根本的改变。因而本、兼各职越来越多，教学科研任务越来越重，在轻重缓急的考虑上，《章太炎传》的重写，一次次被挤在后面。虽作了几项计划，却一直无法完成。这期间，学术界对"章学"的研究，有了不小进展，特别是上海方面汤志钧、姜义华等同志，成绩尤为显著；而《章太炎全集》，也由上海人民出版社陆续出版；一般散在社会的资料，也比较容易收集，研究条件，大为改观。在这种情况下，写一本完善的传记，已有可能。

我的研究生董国炎副教授看到这一点，毅然挑起这副担子。早在1986年，他参加了在杭州召开的"章太炎先生逝世五十周年学术讨论会"，受到启示，已有意于"章学"的研究。在读了一些时贤的著作后，认为：汤志钧同志的大著《章太炎年谱长编》，重在政治，姜义华同志的大著《章太炎思想研究》重在思想，对全面地考虑"章学"，显然仍有不足。因此多次和我商量，决定编写一本《章太炎学谱》，吸收《宋元学案》、《明儒学案》的精神，在学术上既重纵的发展，又重横的联系，不但反映章先生在学术上的卓越贡献，还反映他在近代学术史上的巨大作用。但经广搜博览，长时间酝酿之后，感到难度非常大。最后决定分两步走：先写一部能体现上述精神的重在学术的年谱，然后再考虑学谱。我同意他的意见。只是我自念年老、事烦，精力不足，也挤不出完整的时间专心致志地考索，于是全面工作就不得不由董国炎一人承担下来。我只参与商讨，聊备咨询，我的《章太炎传》原稿，也只作为参考资料之一。到今年初，近40万字的《年谱》稿，终于由董国炎全力完成了，其用力之勤，令人欣慰，而我也颇有如释重负之感。

章太炎先生的原著，是不容易读的，越读越感到它的博大精深。章门先进诸公，或长于"小学"，或长于经史，或长于诸子，或长于诗文，大都卓然自树，有所创见，有所前进；其高者成为学派，奕世流光，号为大师。然而综其贡献，类在声韵训诂、名物校订、考据通解与诗文写作之间。就一个侧面而言，他们亦博大、亦精深，在文化发展上起了促进作用，可为后生典范；而就文化总体而言，则欠缺的是对人民、对国家、对民族前途的责任感，缺乏宏观的思想体系，近乎为学术而学术。有的虽能继承先生的革命精神，却忽视学术，有的从先生的批评古史出发走向自我否定的道路，遂至进退失据。浅见以为章太炎先生的学术，不仅是三百年"朴学"的总结，而且是两千多年传统文化的总结；不仅总结过去，更重要的是开拓未来。他面向当时的现实，放眼于未来的趋向，无论在政治、哲学、文化、历史，以至语言文字上，都是走向现代化的开端。在此精神感召下，影响所及绝不止章门弟子以至再传三传弟子，而受其影响的，也不必直接从读他的原著中得来。正因如此，就需要有一批能读原著的人，从原著丰厚的内蕴中，抽绎、发掘出其学术思想的精华，济世拯民的嘉谟，为人治事的典则，以飨后学。我们的任务，不在于评价是非，而在于汲取营养；不是为了过去，而是为了现在。浅见以为：推此志也，在"章学"的研究上，不但大有可为，而且应该步步深入，不断扩大。近些年来，一部小说，一个剧本，往往涌现出大批研究者，成立了全国性的学会，出现了一批批专家，当然值得高兴，而对"章学"的研究，则寥若晨星！究其因，很大程度上是"难"！惟其"难"，才是有志者应该刿心戮力的所在。

以上所述，说得太远了。总之一句话，应该大力开展"章学"的研究。这本《年谱》，只是迈出了一步，迈出了不大的一步。其内容得失，则有待于专家和读者认可与是正，此不多赘。

1993年5月10日

国学·诗韵·书情
——姚奠中学术评传

山西的几个章门弟子

余杭章太炎先生平生讲学重要的有四次,即:日本东京主持《民报》时期,北京被袁世凯幽禁时期,上海应江苏教育会邀请开讲时期,苏州自设学会时期。前三次都名为"国学讲习会",末一次则冠以"章氏"二字。公开讲学,听讲者很多,百余人至数百人都有,但也有小班,像黄季刚、钱玄同、鲁迅等十余人请求开设的即是。至于随时拜门或从侍左右的也还不少。因此,"章门弟子"的界限很难划清。当年章师母曾拟辑同门录,以难,未能实现。我今所举山西的几个人,多来自本人记述或亲友口述中。他们立身行事虽有不同,但各自有所成就,这都是显见的,于以见先师门庑之大、教泽之博。下面就把我所辑录的缕述于次。

李亮工(1880—1947)

李亮工,原名镜蓉,以字行,山西河津(今河津市)人。清末公费留日。先后参加光复会与同盟会,曾负责光复会会务。同时受教于章门,殚心声韵训诂,与黄季刚友善,同侪称为"北李南黄"。辛亥鼎革,归国,任孙中山先生临时大总统南洋教育司长。孙先生退位,他回山西,任山西大学校长。由于山西督军阎锡山独揽大权,排斥打击有功、有能的革命同志,他愤而辞职,还乡闭门著书。后经校方敦聘,重到山西大学任教,后来兼任国文系主任多年。抗日战争起,太原失守,他辗转避难西安。曾一度为陕西师专讲授中国文字学,并应关中名贤张翔初、刘允臣、李岐山、李应麟等之请,到华山之麓胡公祠开堂讲学,因病未能成行,而在长期病榻之上,登门求教者常接踵于门庭。卒于1947年农历十月初十日,寿68岁。

亮工博闻强识，精于文字声韵训诂之学，坚持"实事求是，无征不信"的"朴学"原则，直接章门薪传。其所读书校点批注，铅黄皆遍，笔记笺札，积累盈箧。著述甚丰，而绝不考虑出版。这一点很类似黄季刚。而其朴实的作风，对及门弟子与继起的后学，影响十分深远。他去世后，留存的著述有：《音韵学》(山大语文科石印讲义)和《音韵学增定加注》、《〈说文解字〉注订》、《〈说文解字〉增订笺记》、《〈尔雅〉新义》、《〈左氏春秋〉疑问札记》、《左氏春秋疑问答》(皆为手稿)，以及《章太炎〈文始〉注释》等书，还有自书《篆书三字经》墨迹，惜"十年浩劫"中多被查抄散失。晚年曾为新出土的《吕季姜醴壶铭》作了释文，其弟子藏有印本。

景梅九（1883—1961）

　　景梅九，名定成，以梅九著名，山西安邑(今运城市)人。13岁考中秀才，被称为"神童"。17岁被选入太原令德堂。1901年，被保送入北京京师大学堂。1903年冬，考取日本留学生，入东京第一高等学校理化科，旋被推为留学生山西同乡会会长。1905年8月，同盟会成立，他参加同盟会。次年，章太炎先生主持《民报》并开讲国学，他即报名听讲。在同乡会，他创办了《第一晋话报》，和景耀月创办的《晋乘》相呼应。当满清政府与英帝密约出卖山西矿权时，他组织山西留学生并联合各省学友，发动了争矿斗争，终于取得了完全胜利。他鉴于革命活动多在南方而北方较少，提出"南响北应"口号，致力于北方革命的发动，奔走于山西、北京、西安、日本之间。其间曾发表论文《忠群论》和小说《袜子》、《邯郸新梦》等多篇，并在东京创办《国风日报》，向国内发行。民国时期，他任山西都督府政事部长、稽勋局局长，被选为国会众议员，在北京续办《国风日报》，同时创办了《山西民报》。他坚决反对袁世凯称帝，于其登基日，令《国风日报》出一天无字报，以示抗议。《国风日报》被查封后，他到陕西组织讨袁活动，在西安被捕，被押送至北京幽禁。袁世凯死后获释，恢复《国风日报》。又因反对张勋复辟、曹锟贿选，《国风日报》再次被查封，他也被逐出北京。几经奔波，偃息于家乡。蒋政权建立后，国民党要员多次登门要他出任中央委员、中央执行委员或其他职位,他一概拒绝。1934年移居西安,从事教育和著述,受到当时陕西省主席邵力子的礼遇。他重视地方戏,为之修改剧本,又创"易俗社",培养了不少秦腔、蒲剧演员。山西"十二月事变"后,他坚决拥护共产党的团结抗日主张。抗战开始后,他在西安再次恢复《国风日报》,并主办了《出路》杂志。新中国成立后,董必武、林伯渠、李济深曾联名电邀他赴北京商讨国政,因病未能成行。陕西政协成立后,他任首届委员。在长期患病之后,于1961年逝世,年79岁。

景梅九博通群籍,而重在经世。他在政治活动的同时,不废学问;在创办报刊、奋笔论时之外,文艺创作也有不少成绩。他揭露黑暗、鞭挞丑恶的讽刺文章,笔锋尖刻犀利,往往使权势人物无地自容。早期文章像《罪案》、《入狱始末记》很有名,其他著作行世者有《腐化记》、《葵心》和巨著《〈石头记〉真谛》。他熟悉日、英、世界语诸种语言,数学、理化都有一定造诣,译有世界名著《神曲》。他的孙子景克宁教授著有《景梅九传》行世。

景耀月(1882—1944)

景耀月,字瑞星,因慕章太炎先生之名,改字太昭,别署帝昭。其他笔名甚多,有迷阳庐主、大招、秋陆等。山西芮城县阳南镇人。20岁时以高才选入太原令德堂,旋入山西大学堂。1903年秦晋合闱在西安举行,他应试中副榜。次年被选送日本留学,入早稻田大学攻读法律,取得法学学士学位。1905年加入同盟会,是山西支部负责人之一。不久,组织山西留日同学会,被推任为主席。同时发起组织"豫、晋、秦、陇协会",创办《晋乘》杂志,兼任《民报》编辑、记者。回国后曾与于右任在上海创办《民吁报》,又与柳亚子、俞剑华等发起成立南社。民国肇建,孙中山就任临时大总统,他被任为教育部次长兼南京两江政法大学校长。当时开国草创,文告、典章多出其手,《临时政府大总统就职宣言》即其中之一。在起草《临时约法》和建立现代教育制度等方面多有贡献。孙中山巡视北方,他为主要随员之一。孙中山逊位,袁世凯移政府于北京后,他被任为总统府高等政治顾问。由于他热衷权势,积极参与筹划袁世凯帝制阴谋,受章师斥责。袁倒台后,他留任众议院议员达十余年。曹锟贿选时,他又不甘寂寞,予以支持,为舆论所非议。从此息影政坛,先后任辅仁、北京、北平、东北、朝阳、师范各大学教授。北伐结束后,南京政府和阎锡山曾多次请他任职,他都没有答应。"西安事变"时,他曾专函张、杨两将军转延安毛主席和朱德总司令,认为:"必须使蒋氏停内战、息党争,团结御侮,救亡图存,勿予敌以可乘之机。"中共中央也辗转致函称:"如果愿意,欢迎到陕北来,共济时艰。"因病未能成行。日伪时期,他在北平。日伪曾以东北教育总署及山西省长相诱,他都以老病拒绝。对日伪所赠金银、粮物,皆原封不动退回,保持了晚节。1944年4月病逝,《新华日报》曾发表了"景耀月先生逝世"消息。他的后嗣正在收辑他的遗文,作为文史资料出版。

王用宾(1881—1944)

王用宾,字利臣,因慕章太炎之名,改字太蕤,号鹤村,山西猗氏(今临猗县)人。18岁为廪膳生员,20岁入太原府学,旋入山西大学堂。三年后考取公费留学日本,入日本大学大学部法律科,攻读法律。1905年参加同盟会。章先生开国学讲习会,他曾往听讲。又创办《晋学报》,自任主编,在日本编印,太原发行;后改为《晋阳白话报》,改在太原印行。景梅九、景太昭、刘绵训皆为主要撰稿人。报被封,改为《晋阳公报》,他曾两度回太原主持编务。清政府向日本出卖铁路权,他撰万言长文,同时在五家报纸发表,以反对政府并抵制日货。山西巡抚丁保铨以禁烟案杀伤农民百余人,诬为土匪,他调查后在《晋阳公报》予以彻底揭露,被追捕,逃赴日本。武昌起义后,他与同盟会员、清第六镇统吴禄贞等谋组燕晋联军直捣北京,以吴被刺事败,走河东,被举为河东兵马节度使,成立山西军政分府。阎锡山督晋后,他被选为省议会副议长,同时创办太原法政专门学校,任校长。1917年护法之役,他南下广州参加非常国会会议。孙中山当选为大元帅,他先后被任命为大元帅府参议、大本营参议、中国国民党本部参议员等职。1924年,他参加国民党第一次全国代表大会,会后被任命为北方特派员,策动冯玉祥、胡景翼、孙岳、方振武等成立"国民军",孙中山委派他为国民军宣慰使。1925 年,他应胡景翼邀,任河南省政府秘书长,代理省长。1928 年,他任中国国民党北平政治分会秘书长,多次去东北,促成张学良易帜。南京政府立法院成立后,他任立法委员,旋兼法制委员会委员长。大量法规的撰定,都在他主持下进行。《考选委员会组织法》《典试委员会组织条例》,皆其手订。1931 年调任考试院考选委员会副委员长、委员长,主持举办了一、二、三届高等考试,把高等文官的任用纳入法制之中。1934 年,他调任司法院司法行政部长,视察过 14 个省的政治建设和执法情况,培训考试过多批法治人才。在视察贵阳途中,忽被免职。南京国民政府在日军进逼下迁往武汉、重庆,他与家人辗转入川,寓重庆南郊,担任了实际是空头衔的中央公务员惩戒委员会委员长,自题居所为"半隐园"。1944 年 10 月病故。他早岁即以诗文著名。除政论外,著有《中国历代法制史》《辛亥革命前山西起义纪实》和诗词千余首,印有《半隐园侨蜀诗草》《半隐园词草》。与他唱和的诗人可知者有:章行严、高二适、太虚法师、沈尹默、景梅九等。陈拾遗老人曾盛赞其诗道:"事功学术原不二,困顿艰危志不移。"足见其志趣。1990 年,山西省政协文史资料委员会为他出版了《王用宾诗词选》,屈武题签,姚奠中作序。

刘景新(1884—1945)

刘景新,字大易或书太易(大、太古通),山西省解县卿头镇(解县,今并入运城;卿头镇,今并入永济)人。清末秀才。在猗氏、安邑一带任塾师,参加了李岐山为首的反清活动,被地方军警追捕,逾墙逃脱,东走日本。同盟会成立后,他参加了同盟会。章先生开讲国学,他往听讲。武昌起义后回国,参加王用宾领导的河东山西军政分署工作。1913 年"二次革命"失败后,他再赴日本,任孙中山先生的秘书,先后奉命到美国和南洋一带为革命筹款。1917 年"护法运动",孙中山在广东组织军政府,准备北伐,他被任为军政府内政部司长,又先后担任琼州专员和潮汕铁路专员,甚得信任。1924 年,他和王用宾、刘绵训等,代表山西参加了国民党第一次全国代表大会。南京政府成立后,他连任三届立法委员。1934 年,立法院长胡汉民被蒋介石排挤去职,由孙科继任。孙借建立"孙中山文化教育馆"之名,筹集300多万元,却为自己建造了别墅——"陵园新村"。刘提出尖锐批评,遂于立委换届时被排挤出委员名单之外,从此闭门读书、著作,不问政治。老友王用宾先后担任了考选委员长、司法行政部长,还曾兼最高法院院长,屡次请他任职,他都婉言辞谢。他住在南京光华门内,那里一片空旷,全是农田。他在农田中筑一小院,茅屋数间,除书籍外,家无长物,几乎成了与世隔绝的隐士。1937年抗战开始,南京吃紧,在日机大规模轰炸下,政府被迫迁武汉、转重庆。他也在极困难中辗转西上入川,寓居江津县,以行医谋生,以著作为事。由于藏书全部丢弃于南京,为了急需,他曾专赴重庆、成都购书多种,终于著成《造字正源》30余万字,形声并重,全部手写。书成,遣人送往在白沙女子师范学院任教的同门姚奠中。患病而自开药房,服之,竟不起。人多疑为自杀。享年61岁。所著《造字正源》,姚将其送往迁于重庆的中央图书馆,被藏于特藏室。他早年还著有《反〈论语〉》,曾经刊行,而为数不多。晚年还著有《中国针灸简史》,也无条件出版。他的学术、医道,可谓并得章门薪传。

章先生晚年苏州讲学,山西不远千里而及门从学者三人:万泉(今万荣县)郑云飞,解县(今运城市)刘太易之子刘一化和稷山县的姚奠中。

郑云飞(1904—1972)

郑云飞,万泉(今万荣县)人。他出身燕京大学,留学日本,学经济。因与南汉宸进行革命活动,在一次反对日本侵华的示威游行中被日本政府逮捕,驱逐回国。后任冯钦哉军部秘书,由于议论朝政,冯不能掩护,去从杨虎城,任教师训练所教员,仍以"左倾"被监视。1935年,云飞闻章先生讲学,便由景梅九介绍,到苏州谒先生,参加国学讲习会听讲,专心致志,甚为精进,北方同志视为老大哥。他没有参加研究生考试,但同研究生待遇。先生讲《尚书》,每次听讲后,他总和五六位同学到怡园研对笔记,参考各家传注,写成完整的记录稿。某次在怡园水榭,发现半板壁上有粉笔写的一行字:"我看诸君研究国学,不过造成两只脚的书架,太无意味。不如到上海去看白玉霜的《马寡妇开店》。"大家感到受到了侮辱,而郑兄却说:"不,倒是要看我们是否是当'两只脚的书架'!"先生去世后,不少年长的同学离开了,云飞没有离开,一边研究,一边到上海各校兼课。暨南大学教授陈高佣是他的老朋友。陈教中国文化史,却对古籍所知不多,时常向郑请教。一次陈问郑:"顾炎武、阎若璩是今文家还是古文家?"郑也答不上来。他们查《辞源》,其中说"阎若璩攻击古文最力",于是就认为阎肯定是今文家了,当时以为有了结论。后来才知大错——一则"攻击古文"是指攻击东晋伪古文,阎的名著《古文〈尚书〉疏证》,开清代考据学之先,与今文家毫无关涉;二是清代的今、古文派别之争,始于乾、嘉,剧于道、咸以后。西汉立学官的十四博士,全是今文,而古文自东汉开始兴起,迄魏晋一直沿袭下来,今文各家几全部失传。清代初期即顾、阎时期,根本不存在古、今文派问题。云飞对此有了了解后,每以此事自嘲。早在西安时,他和崞县续家诸人多有交往。1936年,续范亭再次强烈要求蒋介石停止内战,一致抗日,被排斥后,愤而自杀,未死。赴杭过苏时,云飞曾留与盘桓数日。抗日战起,同学星散,云飞到四川三台东北大学任教一年后,应河南税务局长续实甫(续范亭堂叔)之邀,任许昌市税务局长。地居南北要衢,曾掩护、资助共产党多人。抗战胜利后,续实甫升任全国税务总局长,云飞被任为山东省税务局长,利用其有利地位,为党作了不少工作。新中国成立,南汉宸兼中央人民银行行长,特邀他任中行监察员。因他爱好中国古代文化,多年来虽历任官职,实非所好,不久即请求转入教育界。先后任贵阳师范学院教授、中文系主任、天津师范学院教授。"文革"前期,南汉宸被迫害致死,他被牵连,难忍折磨,病卒于1972年。

刘一化(1916—)

刘一化,刘太易之侄,太易无子,以一化过继。太易为立法委员,一化从侍于南京。太易从政之余进行文字研究,一化为之检阅、抄写资料,在耳濡目染与抄读实践中,亦酷爱文字声韵之学。1935年,苏州章氏国学讲习会创办,一化奉伯父命赴苏州就学。入学会后,一化开阔了视野,接触了不少比他年长而成熟的学长，自己的学习也更全面了，只是他常喜欢谈起的仍是文字、声韵。特别喜欢苗夔，对苗氏的《〈说文〉声读表》每有称引。抗日战起，他回了家乡，未从其伯父到四川江津。敌伪时期，潜居在家；抗战胜利后，他参加了本县的教育工作。解放后曾任永济县人大代表、政协委员，在县政协从事文史资料工作。今已退休在家。僻在乡村，所好所学，都未能更好地发挥作用。

姚奠中（1913—　　）

姚奠中，原名豫泰，工作后以字行，山西稷山县南阳村人。小学阶段，在教了几十年书的前清秀才、伯父的直接督教下，除教科书外，加读了不少古书，又自读了大量旧小说。中学阶段，在名学者焦卓然老师指导下，除期考、年考常列前茅外，以《史记》《通鉴辑览》《十子全书》为中心，博览古今群籍，期于作一名学者。1932年考入山西教育学院国文系，初步接触了学术领域。此时，已能作诸子风格的散文和七言歌行、五言古诗，偶然也发表于报刊。因故休学，又因参加学潮，被省当局驱逐，遂南下考入无锡国学专修学校。1935年，章氏国学会成立，无锡密迩苏州，遂自动按期到学会听讲。经再三考虑，最后决定放弃国专学籍，转入国学会。那时学会学员约七八十人，年岁大的七十余岁，小的仅十八九岁，程度当然就很不齐，于是进行了选拔考试。章先生手拟几条规定，主要是凡学历高、有著作的，经批准可作研究生；无著作的参加考试，可录取为研究生。我参加了考试，被录取为7名中的第四。那时苏州古书店很多，大小18家。我除了买《十三经注疏》《廿四史》和正续《经解》外，只要先生提到的，我都立刻去买，也都能买到。对每一问题，总是遍查各书，求得广博全面的了解。在这里北方同学不少，七个研究生中有五个是北方人。由于生活习惯不同，我们在护龙街租了一间小楼，雇了北方厨师做饭，无形中成了小圈子，和南方同学很少来往，当然这是欠缺的地方。1936年6月章先生逝世，在师母主持下，学会照常进行。暑假后，学会扩招了预备班讲课，我是其中之一，讲文学史。我的第一篇文章《臧琳〈五帝本纪书说〉正》在《制言》上发表，那是在章先生讲《尚书》启发下写的。当时虽也广泛研读了小学一类书，而主要方向却是诸子。一是由于自己一贯的喜爱，二是因其符合章先生说过的"小学是基础，而诸子是归宿"的名言。我的毕业论文则是《魏晋玄学与老庄》。抗战开始后，我从南京转安徽泗县，在安徽第六图书馆完成了《古文〈尚书〉讲疏》稿。1938年春，参加了两个月的抗日游击队活动，后转泗县中学任教。随着时局发展，从抗战到胜利到解放，我由泗县到大别山、到重庆、到贵阳、昆明，又到贵阳。先后在安徽临时一种、临时政治学院、白沙国立女子师范学院、国立贵阳师范学院、国立云南大学、国立贵州大学，任讲师、副教授、教授、系主任，1951年回山西大学至今。在各校开的课程，有中国文学史、中国哲学史、文字学、学术文选、散文选、韵文选及专书《庄子》、《论语》、《韩非子》等10余门。编著有《中国文学史》、《〈庄子〉通义》、《中国史略》、《先秦文学》、《汉魏迄唐文学》(以上以讲义印行)；《中国古代文学家年表》、《中国短篇小说选》(注析)、《唐宋绝句选注析》、《山西历代诗人诗选》、《咏晋诗选》、《词谱范词注析》、《元好问全集》(校点)、《〈通鉴纪事本末〉全译》等10余种(以上均出版，含主编)。发表论文有《论治诸子》、《〈庄子·内篇〉间绎》、《司马迁的传记文学》、《政教合一与现实主义》和有关李颀、杜甫、柳宗元、董解元、关汉卿等论文百余篇。出有《姚奠中论文选》和《姚奠中诗文辑》。作为业余爱好，从中学起，即致力于书法、绘画，数十年不弃。曾参加国内外展览多次，并举办两次个人展览，出版有《姚奠中书艺》。

曾被评为省先进工作者、优秀教师、全国优秀教师，享受特殊津贴的专家。多年来，除在校内兼职外，先后担任第六、七届全国政协委员，第五、六届山西省政协副主席兼文化教育委员会主任、文史资料委员会顾问；九三学社中央委员、中央参委常委、山西省委主委、名誉主委；中国书协理事、山西省书协副主席、名誉主席；中华诗词学会顾问、山西省诗词学会首席顾问。其他全国和省内兼职还很多。除几十年所教的学生外，近年培养了20名硕士研究生，其中13名成为教授、副教授。现已83岁，尚未退休，深知远未能仰先师学行余绪，但虽衰老，仍不敢不勉。

1996年8月

"国专"师友散记

1935年夏,我从北国太原,到江南游学。

提起江南,首先想到的就不能不是无锡国专;提起国专,首先想的就不能不是老夫子——唐文治先生。唐老夫子是无锡国学专修学校校长,但全校上下几乎没有人称他为校长,而一律称他为老夫子。这是别的学校所没有的。老夫子做过前清的工商部侍郎,代理过尚书;丁忧在家,受命接办了南洋公学,肇建了交通大学。这个学校人才辈出,声名远扬。前几年交大校庆,上海本校和迁西安的交大,都有隆重的纪念活动,还为老夫子铸了铜像。这也是全国少有的,足见老夫子教泽之深远。

记得老夫子的办公室,在学校三进院北楼东头楼下。他按时办公,常坐在大会议桌的里端,面向门外。他虽双目失明,但正襟危坐,纹丝不动,白须垂胸,慈祥庄严。座后悬挂着一副木刻大字对联:"名世应五百,闻道来三千。"当然是及门弟子所作,作者的名字不记得了。他的右面坐着秘书陆先生,同样正襟危坐,纹丝不动。真是一片肃穆!

也许因我来自几千里外的山西吧,曾亲受到老夫子的关爱。一次我腿上生疮,自采草药治疗。老夫子知道了,约我相见。我进门,递上纸条给陆先生,陆先生便起身报:"姚豫太(我的原名)世兄谒见。"老夫子站起身,挥左手,令坐。我坐在陆先生的对面。老夫子问我:"生疮,自采草药服用,是否有危险?"我答:"家乡常用蒲公英治疮,内服外敷,有效。"在谈了些生活情况后,他说:"南方湿热,北方人要特别注意;有病,宜早找校医。"我起立告辞,老夫子仍欠身挥手,陆先生起身送至门口。没有想到的是:次日午餐时,得到两个馒头的供应,而且一直供应了一个月!这一情况,使我十分感动!

老夫子虽然失明,但对一切工作却都严肃认真。他除自己讲课,由陆先生板书外,还不时听课。他站在教室窗外,听教授们讲课和课堂反应;他查饭厅,站在饭厅窗外,听到有大声喧哗或碗筷撞击之类的声音,就用手一指,陆秘书立刻前去所指的地方,进行批评:"太浮躁了!"大家一看,老夫子在窗外站着,立刻鸦雀无声。据说老夫子在家里也是如此。他的两个儿子,都是国外留学归来的;儿媳俞庆棠,当时正担任江苏教育学院院长。但在家里,老夫子正襟危坐,不但无人喧哗,连走路也都踮起脚尖轻轻走过。否则也会受到"浮躁"的批评。原来老夫子在学问上虽主张通、博,毫无门户之见,但立身行事却坚持着理学家的规范。"沉静"是具体修养的体现,而"浮躁"则是其反面。年轻学子虽办不到"沉静"二字,但这种要求、示范,却不能不触及到他们的心灵。

1935年冬天,我随全校同学参加了太湖边五里湖畔"茹经堂"的落成典礼,读到老夫子的大弟子、著名教授陈柱尊所撰碑记。记中以太湖浩渺,喻老夫子的胸怀,多处以"大圣人"为颂,足见其仰慕之深!

以上点滴,既是我的亲见,也有我的亲闻。而使我对老夫子有较全面了解的,则是乐景溪。乐景溪是河南固始人,他是高我两班的老学长,岁数也比我大七八岁。1935年夏,我和同乡山西岢岚的袁步淇同时考入国专。乐兄主动找我们这两个北方人,热情详尽地介绍了老夫子和国专学校的一切情况,我们也就成了好朋友。他1936年毕业后,到上海工作(他哥是上海一位大学教授),那时我在苏州,他还专程来看我。抗战开始后,各自分飞,消息断绝。不料五十年后的1985年,突然接到他的一封信及一首诗。他是从报纸上得到我的消息的。这真令人喜出望外。我立刻回了信,和了诗。他的原信和诗,已找不到,我和的诗尚在:"一别三千里,山河更九州。从兹衣食足,不为稻粱谋。戮力铸青史,无心叹白头。永怀携手好,盍复梁溪游。"过了不到一年,突然得到他逝世的噩耗,"同游"的愿望,再也无法实现了!1990年5月,我参加由山西省委省政府组织的一个代表团,到上海、浙江、江苏访问。到无锡时,住在太湖饭店,位置在太湖边一个半岛上,离市区较远,但仍在市政协领导的陪同下,去寻找国专遗址。然而那条青砖铺路的学前街和与街平行的那条河,河边上的那一排大树,夏天绿荫遮覆下的长条石凳,已全无一点痕迹。国专的那几排楼、院中的"茹经亭",更无从寻觅,见到的只是一条宽阔的大马路而已。明知这是新城市大建设的需要,而感情上却不能不有点惘然!

在国专,接触最多的是钱仲联先生和马茂元学长。茂元是桐城派后劲马通伯的孙子,而高我们一班的吴常焘,则是另一桐城派后劲吴挚甫的孙子。他俩都能诗能文,颇以古文嫡系自诩。还有一位同班的虞以道,则以阳湖派相标榜。我和他们不同。我是醉心于先秦诸子而又好汉魏古体诗的。年少轻狂,颇有凌驾"古文"之概,但我们却相处无间。钱先生对我们都很好,也了解我们的不同趋向。在一次学校举行全校作文竞赛中,题目是经、史、子、集各一。钱先生指定我作"子"题。"子"题的题目是《拟庄子秋水篇》。当然这是他了解我喜爱《庄子》之故。在两小时内,我写了五六百字交卷。在唐老夫子直接领导下评卷,结果我得了 98 分,而茂元作"集"题,得 96 分。当时即铅印向全校分发。记得老夫子给我的评语中有"可以追蹑子云"之句。摹拟为文,虽非我私心所喜,但对此评语,仍受到不小鼓舞。

在国专是愉快的,但我还是离开了国专。原因是我通过朋友引导,旁听了章太炎先生在苏州讲学。对章先生所讲小学、经学、文学、史学、诸子等略说,感到茅塞顿开,得未曾有。又买到了曹聚仁前些年听章先生讲学笔记整理出版的《国学概论》相参照,于是,坚定了我的学术道路。当时,狂妄地感到一般大学所教教材内容,一看就懂用不上再听讲。我把我想去苏州的愿望,告诉了钱先生,钱先生同意了。由于要正式参加苏州章氏国学讲习会,须有文教名人介绍,钱先生给我写信介绍了章太炎先生的朋友金松岑先生,请他作我的介绍人。这样我就放弃了国专学籍而进入了章门,但对国专一段美好的感情,并不会因此而消失。临行,茂元写了一首七律给我送行。全诗已记不清,只记得有"欲寻别意更茫然","闭户伏生今老矣,火余绝学待君传!"是以继承经学传统相勉。抗战开始后的 1942 年,我在大别山(安徽省政府迁在此)临时政治学院任教,茂元也到了这里,住在一个旅馆,我们见了几次面。他一时工作定不下来,而我在一次学潮后，西走重庆，辗转到了白沙国立女子师范学院。这时，茂元任安徽教育厅秘书，曾多次通信。抗战胜利后，失去联系，直到1961年，他和钱先生参加了朱东润主编《中国历代文学作品选》工作，在报纸报导中，才看见了钱先生和他。后来得知他在上海师专（即上海师范大学）任教。十年动乱，我们都"在劫难逃"。1972年在"复课闹革命"的号召下，我在山西大学被提前"解放"，担任教学工作。但教什么？怎么教？心中无数。山大中文系党总支组织了有我参加的四人小组，到南北各高校"取经"。我们到了上海华东师大和复旦大学，又在我的提议下，到了上海师院，目的是看茂元。不料他还未获得自由，不许看。直到1979年在昆明召开的中国古代文学理事会上，才一下子遇见钱先生和他，还有周振甫和吴文治，相见甚欢！游石林合影。会上程千帆、霍松林等多有吟咏，我只写了一首七绝以记事："满目江山无限忠，劫余历历见苍松。春城胜会春如海，文苑峥嵘赖好风。"钱先生没有作，茂元则给我抄了一首近作："惊回残梦海生桑，落月荒鸡满屋梁。终见羲和披宿雾，晴窗依旧对朝阳。"无限感慨！1980年秋，古代文学理论学会在武汉召开，茂元未来。游东湖时，钱先生应管理人员请，口占一绝，由我书为中堂留赠，并在"行吟阁"屈原塑像前合影。1983年12月钱先生主持在苏州饭店、姑苏村召开清诗研讨会，邀我参加领导组，我对清诗毫无研究，承命而已。1990年山西访问团到苏州，我转车往谒钱先生于苏州大学寓所，先生语重心长，深切地以恢复国专为愿。愧我远在山西，无能为力。今天，钱先生健在，而茂元、振甫先后去世；吴文治离开人民大学后，除曾得到他所赠《中国文学史大事年表》巨著外，已久未通问。他仍是国专学友中的健者。

记忆中还有多少知道一些情况的国专学友，附列于次。一、袁步淇，山西岢岚人。1935年和我同时考入国专。抗战胜利后，随校西迁。毕业后，到马一浮先生在乐山主持的一个书院，工作还是进修不清楚。胜利后，不知所之。二、王冰岑（子清），山西临川人。胜利后，在贵阳担任秦晋小学校长，解放后，教中学。久未通问。远在山西而在国专求学的，可能就是我和袁、王三人了。三、柏耐冬，安徽泗县人，北京警官学校毕业。肺病修养，转向考入国专学习。抗战期间，曾担任安徽六区专署秘书。先后任颍上师范教员、南京汤山炮兵学校教官、边疆系主任、贵阳师范学院和山西大学副教授。"反右"期间被捕,不知所终。四、陈果青,安徽人。1945年后,任贵州大学图书馆长、中文系教授。如果健在,也八十岁以上了。五、孙某,安徽寿县人。清朝大学士、北京大学创始人孙家鼐的孙子。1942年在大别山安徽省图书馆负责编目工作,对目录学颇有研究。六、黄忱宗,女,湖北人。她丈夫吴俔,山西大学教育系教授,"文革"中自杀。她是国专沪校毕业的。"文革"后,任太原师专副教授,现仍健在。

另外,曾在国专桂校任教的,有阎宗临,梁佩云。他俩都是山西五台人。阎留学瑞士,得历史博士学位,1937年回国。曾任广西大学教授、国专桂校教授,转广州中山大学历史系教授兼系主任、研究所主任、山西大学历史系教授兼主任、副教务长、研究部主任。1977年去世。1963年,我在阎先生家见到冯振心先生送给他们夫妇的诗集,才知道他们和国专的关系。阎先生的《史学论文集》,我和香港大学的饶宗颐教授各作一序。饶序中提到他和阎在"国专同事"之事,足见国专的传统,在聘请教师中延揽人才之广。

忆稷山"一高"

　　我在县"一高"读书,是在 1924 年至 1927 年。那时学校的名称是稷山县第一高等小学。习惯上都把它叫做"高等学校"。还沿着前清的老习惯,高小毕业,就叫做秀才,颇有点了不起。那时在校生二三十岁的不少,而我考取时却只有十一岁。和大龄同学比,简直差了一辈。当时"斋夫"(工友)和厨师对学生都叫"先生",只有我和一些十几岁的同学,才被人家直叫名字的。

　　学校位置是在靠近东门的东街上,坐北向南。一进大门,便是牌楼式的二门,中间是中门,遇到大典或大人物来才开,两侧各有侧门,平时出入走东边侧门。中门之后,便是砖砌的"马路",高出地面三尺许,宽约一丈,向北直通向校长办公厅。大厅三大间,中间是过厅,东面是校长室,西面是学贤(相当于今天的教导主任)室。后院便是教室和教员的住房。"马路"两侧各隔着长天井,在二尺高的台阶上对立着东西各十二间房号,是学生们的宿舍兼自习室。东排房的北边一个角门出去,有三排房子:一排是厨房,中间一排是学生宿舍,北一排是两个教室,最北是操场,这里原来是前清时考秀才的考棚,看起来颇为气派的。

　　那时全校的学生,最多四个班,近二百人。其中年龄大的,多半能用古文的调子作文言文;有的字写的很好,被大家称赞,教授们多半很有学问。有的是秀才,有的是贡生,有的是举人。在县上,能在"高等学堂"任教很不简单,多半都算地方上的绅士。教学质量,整个学习偏于守旧,气氛很沉闷。大龄学生不满现状,于是就发生了赶校长的风潮,事情发生在 1935 年的春天。

那时的校长吕锵，是有名的绅士。他吸大烟，常不来学校。偶然来时，乘着小轿，大开中门，顺着路一直抬到办公室门前。同学们，特别是年纪小的常传呼"校长来了"，赶着看稀罕。在某一天的早晨，同学们忽然传告说：不上课了。校内到处一团团聚着学生，纷纷议论赶校长。为首的高年级学生带头罢课，找老师们支持，但许多老师都不表态，只有学监贾凤台和一位英文教师站出来支持。大家找校长要求撤换校长。第二天的上午县长来校进行安抚，和学生代表谈判无结果。当他准备回去出中门时，被学生们喊着口号包围起来，他立刻答应要求。僵持了约一个小时，大体答应了，才放他回去。不久，吕校长被撤职，支持学生的贾鸣高老师也被免职，同时开除了以贾克恭为首的五名学生。风潮就这样结束了。当时县长是郭象学，大胖子。他的哥哥是作过山西大学文科校长、正作着山西教高学院院长的郭象升。

学潮过去了，换来了个新校长何伯嘉（这是字，名已忘），新学监杨仰震。二人都是运城省立第二师范毕业。他们到校后，决心整治一番。他们没有发现学生中好的一面，只看见乱糟糟的一团，有些学生成天迷着赌博，本领大，抓不着；有些学生迷着看戏，不但城里有戏必看，连城外十来里的村镇的戏，也绝不放过。黑夜翻墙头翻城头是常事，还要给同学描画一番。这股风闹得校长心急如火，决心严惩，也很快"生效"，抓住五个"赌徒"。他们是在光天化日之下在宿舍赌豆腐干吃。豆腐干的来历，是二十来岁的斋夫，业余卖棘果小吃给学生，有钱的吃闻喜煮饼，钱少的吃豆腐干。这几个属于豆腐干水平，而且聚赌，又不设防，一下子就落入校长之手，五人中有一个还是旁观者，但校长一律不听申诉，一律开除。老师们包括学生讲情都不行，一位老师感慨地说：人家偷了牛，你们却去拔橛；校长"铁面无私"，你们认晦气吧。这事件不但轰动了全校，也引起社会上不少议论，对校长的声誉起到好作用。其实从学生整体看，素质还很不错，习气不好的只是少数。可惜这位新校长没有认识到这一点。在我上中学时期，运城师范中学等几个学校，好几个年级的第一名，多半是稷山人，还都是县一高毕业生，说明县一高还是出了不少人才的。如果教育得法，成绩就会更大。这是很值得办教育的负责人思考的。

梁园东教授传

　　梁园东,原名佩衮,字公宇,1927 年起,改名园东。山西省忻县温村人。生于 1901 年(清光绪二十七年),卒于 1968 年 1 月 30 日。父亲名际蓉,是个旧民主主义革命志士,清末留学日本,参加同盟会。辛亥革命期间,参加了太原起义。民国建立,阎锡山控制了山西的军政全权,排斥异己。他只担任了几年榆次县的知事,就去官从事蚕茧实验,在太原开设销售商店,这个商店后来就成了共产党地下活动的掩护据点。他的思想和行动,对青年时期的梁园东,起了很好的教育作用。梁园东上中学以前,在家乡读私塾,受教于叔祖、当地知名的宿儒、前清秀才梁歌九,熟读了四书五经,打好了阅读古籍的基础,为后来研究古史准备了初步条件。

　　1916 年,梁园东 15 岁,考入省立第一中学。他在四年中学期间,节衣缩食,刻苦攻读。他对书籍特别爱好,经常出入于新旧书店,广事搜购,对新出书刊,更不放过。很快,他家便成为周围藏书最多的人家,他自己也成为学识相当广博的年轻人。

　　1920 年,梁园东中学毕业,考入北京大学预科,二年后入哲学系。当时的北京大学,经过五四运动,在蔡元培领导下,不但是全国首屈一指的最高学府,而且是新思想、新文化运动的根据地。1921 年,中国共产党成立后,在陈独秀、李大钊等先进人物的倡导下,北京大学的共产主义思想传播很快,另一方面以胡适为首的宣扬资产阶级思想的人则与之相抗。"问题与主义"的论战,即是焦点。梁园东是一个热情、刚正、有抱负而又沉静好学的人,一开始他接受了胡适的一套,潜心读书,但面对北洋军阀统治下内忧外患越来越严重的现实,使他坐不下来。因之一接触共产主

国学·诗韵·书情
——姚奠中学术评传

义，一下子就看见了前途。他后来回忆说：马克思主义使自己进入了一个"全新的世界"。在北大求学的第三年，经共产党员王壮飞的介绍，加入了中国共产党，其年十月，他在《大夏》杂志上发表了第一篇论文《十年来之中国外交》，表现了他对国事的关切和对军阀卖国外交的愤慨。

1926 年，梁园东在北京大学毕业时，正值大革命高潮到来。他由党组织派到武汉，参加了党领导下的农民协会的工作。不久，由于工作需要又被派回太原，任国民师范教员，在他父亲梁际蓉的支持下，同时开展党的组建工作，主要负责财务。这期间，他和梁春霆、赵镜如、续俭等人，筹办出版了《滂沱》杂志。这是个不定期的刊物，名为文艺，实际宣传革命，先后发行了四期。与此同时，还组织了"滂沱社"，吸收进步青年，以进山中学学生为主，发展到百余人，成为当时和后来学生运动的重要力量。

1927 年 4 月 12 日蒋介石叛变了革命后，国民党山西党部成立了反动的"清党委员会"，镇压共产党。被搜捕的梁园东由续俭等人掩护，逃离太原，只身赴上海。而他父亲却和梁春霆、赵镜如先后被捕，扣押期间，受到严刑拷打，赵镜如死于狱中，梁春霆监禁一年后保释。他父亲在羁押半年后获释，但因受折磨而得不治之症，不几年于穷困中死去。

梁园东 1927 年秋到了上海，党组织已被迫转入地下。他没有找到党，从此脱离了组织。他在苦闷中深感自己对中国社会、中国历史知道得还很少，同时为了生活，便转向文教战线，转向对中国社会历史的系统研究。他先后在上海劳动大学、浦东中学任教，在大东书局任编辑。最后在大夏大学任历史教授兼系主任。其间，他除编著高、初中历史课本外，还出版了《五代十国史》、《中国文学史》、《爪哇史》等书。同时在各文史杂志上连续发表论文，对中国古代社会的发展阶段、性质等问题同陶希圣、梅思平等人进行了论战。在史学方法上，以《古史辨》为目标，对顾颉刚代表的"疑古派"进行了批判。他这时期的论文有两大特点：一是有创见，他不迷信书本，也不迷信权威，而十分重视史料；一是面向现实，他绝不是为古史而古史，而是为了总结历史，指导现实。他的文章中，提出了不少具有真知灼见的论点：针对一些人拿欧洲史套中国史的现象，明确指出"中国不同于欧洲"。针对一些人认为秦汉以后中国已不是封建社会的说法，指出"秦汉以后,仍然是封建国家","官吏制度、郡县制度是行使封建权力的另一种方式"。他认为"中国社会自秦汉以来直至当时,本质上改变很少","最近由于帝国主义的侵略,资本主义的侵略,中国社会发生了真正的变化","但中国不能成为资本主义社会,只能成为半殖民地社会","出路只有从救济农业入手"。这些发表在30年代初期的文章,对中国前途的探索已接近科学的结论。他进一步说:"在资本主义制度之下,在半封建的制度下,产业实无发展的可能。要打开这种困难,除非用迅速而有效的办法,把这样旧有的、根本无发展希望的组织改造过来,中国的经济才有发展的希望"(《中国社会问题的核心——实在组织问题而非经济问题》)。他所谓的"组织问题",实际上就是制度问题,所谓"组织改造",实际上就是社会革命,只是用词上作了一些隐蔽而已。他还指出中国民族的前途,只有"采取萨拉森拥护阿尔拉的精神,把中国民族所认为真理的和最合理的生活组织,极力扩大……使全体人类都归于合理的路途,以实现我们两千年前早已想到的大同主义的理想社会",最后他大喊"起来吧,中国民族!"(见《中国民族的特点》)显然,他所谓的"最合理的生活组织",所谓"大同主义",实质上是社会主义、共产主义的同义语。他的一系列论文,是当时文化反围剿战斗的一部分。

在研究历史的方法上,他对一百多万字的顾颉刚的《古史辨》,进行了深入的分析批判。他在《东方杂志》上发表了长文《〈古史辨〉的史学方法商榷》,连载了两期。他认为《古史辨》在史学方法上完全是错误的,"简直走到一条绝路上去"了。他指出顾颉刚走的是清儒崔东壁的老路,所以顾氏的"辨伪"和崔氏的"考信",竟"殊途同归"!他说:司马迁选用史料时,有一条错误的标准,即"雅驯",而"雅驯"之言,就是"荐绅先生"或者"儒者"所说。这样就把许多儒者不说的重要资料都排斥了。崔东壁更进一步,连一般儒者的"雅驯"之言也不行,而只信几部经典,即使是"传",也只作参考。所以"从方法上看,崔术(崔东壁的名字)更比司马迁坏多了",因为司马迁是"经验判别不来时"才这样做,而崔述则是"直认真正儒者之言,就是信史","明明在经验上可判别来,百家言也有可信的事实时,他也绝不敢采取"。他认为顾颉刚虽曾批评崔氏的"尊经卫道",而结

国学·诗韵·书情——姚奠中学术评传

果却走的是同一条路，不过只比崔氏放宽了一点。崔氏以"真古经"为研究古史的起点，而顾氏则以"真古书"为研究古史的起点。他指出"依赖古书的真伪"，"来判古史的真伪"，根本不是史学方法。顾氏本以"真古书"所记，一定是"真古史"，哪知研究的结果，却发现"真古书"是十分凌乱，全"不可靠"，于是从崔述的"考信"变成了他的"辨伪"。结论是：古史全是孔丘以下的一类人伪造的"伪史"。而伪造古史的过程，则是"层累地造成的"！至此，顾颉刚等人全盘否定了古史的记载！在他们的"考证"下，不但尧舜以前所有传说全被抹杀，连"禹"也成了"一条虫虫"！鲁迅在《理水》中讽刺的"鸟头先生"，正是对此而发。在30年代初期，"疑古派"风靡一时，连章太炎的大弟子之一的钱玄同，文章署名竟用"疑古"二字代替了钱姓而写作"疑古玄同"。梁园东却能抓住"疑古派"错误的要害，予以有力的批判，是对这一史学逆流的有力打击。因为这些人始终没有脱离汉学家在书本里打滚的传统，所以根本谈不上史学。梁园东之所以能有如此的真知灼见，则是因为他初步掌握了历史唯物主义，具有了社会发展史的观点，因之目光如炬。梁园东既反对只在古书里打滚的史学方法，也反对以所谓"辨伪"的方式否定古书的态度。他对所谓"伪书"之所以被认为"伪"，作了精辟的分析，从而肯定了古书和考古学相辅相成的关系（见《伪书诉冤导言》）。他在否定他的老师胡适大力推荐的崔东壁的《考信录》的同时，另举出清代俞正燮的《癸巳存稿》和《癸巳类稿》，认为俞的史学方法"更正确"，"俞正燮实是一个极有特殊眼光而又极精严的历史学者"，"他是真能不以古况今或以今释古的"（见《俞正燮的史学》）。这种见解却比胡适高一筹。其他如对土地问题、民族问题、门阀问题以至学校问题，都发表了不少卓越见解。比如他说："历代的学校制度，几乎没有不是为专门培养官僚而设的。"（见《唐代的学校》）"培养官僚，正是中国教育的特色"，"所以中国历史上的学校，不应当称为学校，正名定分，应当称为官僚养成所"（同上）。提得很尖锐，而且抓住了实质。可以说30年代是梁园东学术著作最旺盛的时期，而他的学术成就，则是他的进步的立场、观点、方法所决定的。

　　从1931年的"九·一八"事变，经1937年的"一二·八"淞沪抗战，到

国学·诗韵·书情
——姚奠中学术评传

1935 年代饿"一二·九"学生抗日运动,梁园东虽然不在斗争的第一线,但在学校的课内课外,总是宣传进步思想,热情支持学生们的爱国主义活动。他在广大学生中间,博得了"进步教授"的名声。他和当时在上海的进步学者邓初民、侯外庐等人有较多联系,而对同乡陈高墉、同学陶希圣等人,则越来越疏远,对另一同乡卫聚贤的所谓考古成绩,更每予以嘲笑。所以梁园东在 30 年代的上海,绝不是一个宁静的学者,而是与时代脉搏息息相通的文化战士。

1937 年"七七"事变,抗日战争开始,梁园东随大夏大学西迁,年终到达贵阳, 从此年起到 1946 年夏, 他先后从大夏大学转湖南兰田师范学院,转四川白沙女子师范学院,转四川乐山武汉大学任教授。在这 9 年时间,他在教学的同时,仍继续搞学术研究。但由于资料条件和出版条件的限制,发表的东西相对减少了。在考证方面,他发表了《景毫考兼论〈商颂〉年代》和《桃花石为天子》等文章,又因当时研究边疆史地的需要而译注了《回鹘史》一书。这时期正是八年抗战时期,表面上国共合作,团结抗日,而实际上国民党反动派却一次次掀起反共高潮,对思想的控制也更严了。梁园东在到贵阳的第三年,曾和青年们筹办了一个刊物,但未及出版,就被书报检查机构查禁了。他一气而决定离开贵阳去湖南。在湖南蓝田师范学院,他受到学生们的热烈欢迎,而该院院长却在学生中散布"梁某的史学走的不是正路"的谰言!他提出抗议,对方虽一再赔礼道歉,但他以为"不足合作"而转赴四川。在白沙女子师范学院,院当局要他兼系主任,还需要到"中央训练团"受训。他不想作这个系主任,但却想借机会看看国民党在搞什么,他怀着自己的目的去了重庆。他一到"训练团",团的头头们很高兴,认为梁园东转过来了,便亲自接见,随着就送来入党(国民党)申请书。他不填,那些人很惊讶,一再劝诱,他坚持不动。问他为什么? 他说:"入党自愿,不能勉强;一定要我入党,那不违反你们的党章吗"他进一步还说:"你们定的训练的目的、任务不合理,我不能接受。"那些人冒火了,说:"那你来干什么?"他说:"我是学历史的,应该了解一切情况,做一些社会调查。"这一下,他当然成了不受欢迎的人,便被提前遣送回白沙,而且通知学院立刻把他解聘。院长谢循初不同意,回答他们说:

"梁先生是教授,没有犯法;没有到期,不能解聘。"这是 1943 年冬天的事,此后常有特务便衣监视他的行动。到了 1944 年夏天,聘期满了,他才应武汉大学之聘去了乐山。这年冬天发生了国统区的湘、桂大溃退,蒋政权的消极抗日、积极反共的面目已经暴露无遗。1945 年 8 月日本宣布投降后,蒋介石却想独吞胜利果实,在美帝国主义的支持下,挑动内战,企图通过武力消灭异己,建立法西斯统治。这种倒行逆施,自然遭到全国各阶层人民的普遍反对。以周恩来为首的中国共产党代表团,在重庆和各民主党派、民主人士建立了广泛的统一战线,进行政治斗争。在武汉大学的梁园东,虽僻处乐山,但积极支持民主运动,与进步人士有不少联系,并听过周恩来的时事报告,认识了周恩来。周了解到他的家属仍在老家,便专电延安转山西忻县地区民主政府予以照顾。

1946 年 8 月,梁园东随武汉大学迁回武昌。从这时起到 1950 年 7 月的四年间,发表的文章有《中国史的发展阶段》、《中国古代图腾部落之一——白虎族考》和《研究中国上古史的方法》等文。关于"史的阶段"的划分,他有独立见解,也掌握了丰富的资料。从上海时起,他就不同意郭沫若把周代划入奴隶社会的观点,而认为周代是"典型的封建社会"。此文就是对原有论点的发挥。"图腾"一文,是他长期研究图腾学的部分成果。《研究中国上古史的方法》一文,则是他一贯坚持唯物史观方法论的总结。文章中明确指出:必须"以社会发展史的观点处理上古史的材料","才能解决上古史问题"。显然只有这样,才能扫除长期以来历史研究上的混乱状态。

武汉大学迁回武昌不久,梁园东支持缪朗山教授创办俄语学习班,他自己也积极参加学习俄语,为直接阅读苏联书刊作准备。1947 年初,在时局逼迫下,以反内战、反饥饿、反迫害为内容的民主运动,风起云涌,武汉大学学生于 5 月下旬组织了和平促进会。在成立会上,他和几位进步教授发言支持,得到学生们的欢呼。不料,5 月 30 日的深夜,学校突然遭到军警的包围,按黑名单进行大搜捕。次日凌晨在全校学生救护被捕师生的过程中,军警开枪镇压,当场打死学生三人,伤十余人,同时逮捕了梁园东和缪朗山、刘颖、金克木、朱君允等五位教授和学生二十余人。这就是当时震惊全国的"六一惨案"。在全国各大学的大力声援下,经学校当局的多方营救,梁园东和被捕师生先后获释。1948 年,他参加了地下党领导的新民主主义教育协会,负责武大教师支部的工作。在次年武昌解放前夕,他积极支持全校师生进行了护校斗争,迎接解放,实现了他半生奋斗的理想。在汉口举行的全市人民庆祝大会上,他应邀发表了热情洋溢的讲话,这年他 48 岁。

1949 年 10 月新中国建立后,梁园东主持了新成立的武汉市史学会。他印发了自己的《研究上古时的方法》一文,供同志们参考。1950 年 8 月,他接受山西大学校长邓初民和副校长赵宗复的邀请,回太原任山西大学历史系教授兼师范学院院长。1953 年秋后,师范学院独立建院,他被任命为山西师范学院院长。这几年,是梁园东心情最舒畅,精力最充沛的时期。他一心一意为实现多年的理想、抱负,为年轻的人民共和国文教事业的发展而贡献全副力量。由于山西大学曾经过长期的艰苦历程,基础比较薄弱,所以他到校后,首先是大力延聘教师。那是教师流动还比较容易,他从全国各地招聘来不少有名望、有学问、有教学经验的教授、副教授,很快地配备起师院各系的教师班子。当时的邓初民校长,是他的老朋友,是著名的教授、学者;赵宗复副校长,尽管多年从事党的教育行政工作,但从不放弃科研,长发表文史方面的文章。他们相得益彰,再加上解放后教师们具有空前的积极性,一时学习和学术空气相当浓厚。梁园东身为院长,行政工作之外,既不放弃教学,也不放弃科研。他开始把多年来的研究心得,写成一部通史。1951 年夏天,他又接受了教育厅委托创办六个专修科的任务,一下子增招了四百个新生。他除加聘了十来位教师外,充分发挥各系教师的潜力,解决了教学方面的一系列困难。他的办公室(连师院在一起)只有一个干部、一个工人,一切行政由他一人处理(没有副校长),而他还能挤出时间听教师们讲课,不时给上课教师提出合理建议。他就这样不知疲倦地、愉快地工作着!

当师范学院独立建院而由他担任院长之后,他首先抓的是建立制度。他组织了几位有经验的教授,制定"师范学院学则",希望通过教学、行政、科研的制度化,使山西师范学院在若干年内走上高等教育的先进行列。1954年暑期后，师院迁入新址，六个专科并入有关各系，普遍建立教学研究组，提高教学质量，进一步充实教师队伍、扩大招生等一系列措施，都是在他的直接领导下进行的。那时只有一个副院长，还兼着教务长职务，所以他事必躬亲，从不惮烦。也就在这一年，他先后出版了《中国政治社会史》第一、二、三分册。其内容论述了从原始社会到东汉末的政治社会史实，是他长期研究的总结。他在"序"中说："本书拟从政治社会各种形态中，分析中国社会演变发展的实况。"几千年的中国社会是一个长期的封建社会，它所占的时间虽长，但它仍时时在发展中、变化中。如果我们能看见它活生生的演变实况，就绝不至有"停滞之感，更不会有'循环'、'再现'等错误感觉。它的错综复杂的史迹，从它们彼此的联系、产生的法则和发展规律看，随时都证明了马列主义理论的正确性。"可见他的这部著作，是既重规律，又重史实的，是"论"与"史"相结合的。从书的内容所体现的写作特点看，它几乎是由论文联结而成，都是他长期以来研究中国古代政治社会的结论，处处闪耀着真知灼见的光芒，而又有充分的史料为根据。当然不能说他的每一个结论都是正确的，但他的论点却能给读者以启发，使研究工作向更深更广的道路推进。这就是很好的贡献。可惜他的书没有写完，而部分未刊的稿子也在"十年浩劫"中毁了！

为了提高学院的教学水平，梁园东非常重视科学研究。他是以"爱才"著名的，对教学好的教师，要求他们科学研究也要好。他在百忙中没有忘记抓"学报"。经一年多的准备工作，《山西师院学报》第一期于1957年2月出版。其中，他发表了《关于〈诗经·噫嘻〉篇的解释问题》，是与憩之《关于〈周颂·噫嘻〉的解释》一文进行商榷的，实际也是与郭沫若进行商讨。他认为憩之对"噫嘻"的解释不准确，因而对"奴隶制到封建制的过渡"的判断也不准确。在此文前后，他还在《文汇报》上发表了《中国史的问题》一文，被收入《新华》半月刊。又在《山西师院学报》第四期上发表了《处理中国上古史料的方法问题》，还向中国史学会提出《有关中国史分期的意见书》。可见他在不知疲倦的工作之余，还多么勤奋地进行着科学研究。

1956年秋，梁园东受九三学社中央的委托，负责筹备太原分社，他担任了主任委员。在他的带动下，太原各高等学校许多教学科研有成就的教授专家，纷纷参加"九三"。但由于他是个有肝胆、有抱负、有强烈事业心而胸无城府的人，应付复杂的社会人事矛盾，非其所长。他从担任院长以来，作的时多，管的事多，又做了九三学社太原分社的负责人。这本来是好事，但在"左"倾路线影响下，是非颠倒，他被说成"好大喜功"，实际上却认为是他夺了"党"的"权"！到了1957年终反"右"末期，便突然把梁打成"右派"！次年5月，梁被撤职降级，只以省政协常委名义，移居政协宿舍。梁园东多年来申请重新入党的愿望不但没有实现，结果却成了党的反对面！这是他怎样也不能理解的。当时从省委到群众，为他抱屈的人很不少，但在"左"的形势下，没人敢说话。在这一浪潮过了之后，1960年便较早地为他摘掉"右派"帽子，恢复原级。

梁园东在精神上受到这样严重的打击之后，仍没有忘掉事业，没有忘掉为人民服务，没有忘掉为社会作贡献。在政协驻会的头几年，他首先草拟了《编撰山西近代革命史计划》。计划中包括编辑《山西近代革命史资料》和《山西近代革命史》两部分，而且写出了"提纲"，提出这一工作的目的"不仅仅在保存资料，而且是要通过革命史的叙述，说明山西人民在封建地主、反动政府和帝国主义的三层压榨下所受的苦难，重新唤起山西人民对敌人的仇恨，继续激发革命情绪，进而巩固党领导下的革命成果，为不断革命和不断胜利做基础。"与此同时，他还把多年来对图腾学的研究，拟写成《中国原始时代的图腾氏族》一书（上编已写出大部分，下编只有目录）。他在卷首说明中说："在有关氏族社会的传说中，经常碰到一大堆名字，即所谓古帝王的姓氏名称。究竟指的是什么？是神，还是人？是氏族名称，还是个人名称？其实更重要的是这些姓氏名称，有许多必是当时的'图腾'(to tern)名称。""如果不了解这些名字的图腾意义，那就不唯对氏族社会的一项重要制度不能明了，同时因对氏族团体的意义不明，那就对氏族无法进一步探索和了解。这样当然也谈不到氏族社会史的研究了。所以欲进行中国氏族社会史的探索，首先必须对传说中那一大堆所谓古帝王名号，先作一番清理工作，挖掘出它们的图腾意义，才能进一步研究他们中间的关系及其历史。这一段工作是初步的，然而是极其必要的。"这部稿子没有写完，却突然患了半身瘫痪，右手已不能写字。他虽然顽强地向疾病作了斗争，但力不从心，无可奈何！这真不只是他个人的终身遗憾！

1966 年秋，"十年动乱"开始，梁园东被遣送回忻县温村老家。在极端困难的条件下，度过了一年半。1968 年初，脑溢血突发，遂于 1 月 30 日逝世于忻县医院，终年 67 岁。在他逝世十年之后的 1978 年，中国共产党经过艰难曲折的斗争，终于又回到正确路线上来。各种"左"倾机会主义的错误，逐步得到纠正，梁园东的冤案才得到昭雪。1978 年 4 月 25 日，中国人民政治协商会议山西省委员会和中共山西省委统战部联合为他举行了追悼会，会上肯定了他一生对国家、民族忠心耿耿、坚持进步和在教育事业、学术研究上的多方面的贡献。他对人民的劳绩和在学术上的成果，都将永垂不朽！

1984 年《山西文史资料》第 3 期

姚奠中自传

　　我是一个教了 50 多年书的老教师，也是一个文史研究者。原名豫泰，字奠中，工作以后，以字行。生于 1913 年 5 月，山西省稷山县南阳村人。父亲兄弟三人：伯父慎修，前清秀才，作了几十年塾师和小学校长；父慎行，是个有一定文化的农民；叔父慎德由商转农，能写会算。全家以勤俭出名。我幼年时期，山西社会安定，我家正由贫困向小康发展，而我在堂兄弟六人中，也是唯一能由小学而中学而大学的幸运者，但道路也并不平坦。先虽肄业于山西教育学院，不到半年，便被迫离去；又曾在无锡国学专修学校肄业，也不过一学期而自愿离开。最后就学苏州章氏国学讲习会，并考取章太炎先生招收的唯一的一次研究生，名列七名中的第四，时年 22 岁。

　　1936 年秋起，研究生尚未毕业，即开始教书。50 多年来，先后在苏州章氏国学会预备班、安徽泗县中学、安徽第一临时中学、安徽临时政治学院、四川白沙国立女子师范学院、国立贵阳师范学院、国立云南大学、国立贵州大学以及新中国成立后的山西大学任教。1943 年春起任副教授，1948 年秋起任教授，旋兼系主任。1951 年秋来山西大学，至今 36 年，坎坷不少，但也兼科、系主任多次多年。现兼古典文学研究所所长，同时兼任全国政协委员、山西省政协副主席；九三学社中央委员、九三学社山西省委主任委员；山西古典文学会会长。还在中国书协、省书协、省文联、省作协和几个全国性的学术团体，担任理事、会长、顾问、名誉职务之类，不一一列举。

　　我的私塾和小学阶段，是在先伯父直接督教下度过的。我和一般同学不同的是,除学完规定的"共和国教科书"外,还加读了"四书"、《左传句解》和部分《诗经》。在高小,则无选择地读了大量旧小说,从《水浒》、《三国》以至流行的低级的武侠、鬼怪之类,常读得废寝忘食。初中四年,有两位老师对我影响很大。一位是崇品德、重笃行的平陆李荐公,一位是博学、工诗文的新绛焦卓然。李先生讲历史,远远超过中学历史课本的范围。他从《二十四史》、《资治通鉴》中直接取材,通过史事和人物的具体论述,对学生进行了节义、方正、爱国、爱民的教育。这对十几岁的我,起了很大的激发作用。焦先生的诗文,在河东一带很有名,常以他的新作,作为学生的范本。他的诗学陆放翁,常用歌行写时事,还写了一本《抗日三字经》。他的若干诗句,至今我还记得。焦先生对好学的学生,不论有哪方面的要求,总能给你介绍各类书籍,使你得到想不到的满足。在他的指引下,我开始走上博览的道路,读了不少书。诸如《史记》、《十子全书》、《通鉴辑览》、《水经注》、《说文解字》、《薛氏钟鼎款识》、《聊斋志异》、《笠翁六十种曲》、《剑南诗稿》、《古唐诗合解》以及《中国大文学史》、《插图本中国文学史》、《天演论》和鲁迅、矛盾等人的新小说、新诗,鸳鸯蝴蝶派的《玉梨魂》、《芸兰日记》之类。虽不成体系,而眼界较宽、知识面较广,却是事实。其中一些自己特别喜爱的像《庄子》、《史记》等书,有不少能够成诵。由于我一般的功课尚好,各期考试不是第一也是前三名,所以不影响课外博览。尽管还谈不上什么学问,但已能写诸子风格的古文,能作长篇歌行体诗,能书、能画、能刻印,颇有成名成家的狂想。看不起文凭,连毕业考试都想放弃,认为有学问不在乎这些!二年高中,在一位姓樊的老师倡导下,曾致力于《昭明文选》和《古诗源》的选读。从他那里还知道了所谓"选学",也知道了"小学"、"汉学"、"朴学"等名称,引起了内心的欣羡。文章也有长进,诗则转写五言古诗,偶然也在报刊上发表。

两次大学肄业,也接触到几位有名的老师,但时间短,受影响不大。只是到了章太炎先生门下,才开始自觉地走上学术道路。本来在无锡国专,已以《汉学师承记》为线索,涉猎了一些清代朴学家的著作;到苏州后,读了章先生的经、史、子、文、小学诸《略说》,感到茅塞顿开。因为这几本《略说》中的观点、见解、论证,都不是一般汉学家所能达到的,令人有全新的感觉。结合先生所讲《古文〈尚书〉》、《〈说文〉部首》和自己的研究方向,进一步扩大了阅读范围,进行深入研讨,时有心得,便写成札记。当时苏州有古书店十八家,只要有需要的书,基本上都能买到,而且远较别处为便宜。某次中央大学的一位前辈想买通志堂的《经典释文》而买不到,我却一下子为他找到两部。在这样便利的条件下,进行学习和研究就容易多了。

1937 年初,我在《制言》半月刊上发表了《臧琳〈五帝本纪书说〉正》一文,水平不高,只能算是习作;而作为研究生的毕业论文则是《魏晋玄学与老庄》。结语引《文中子》的话:"虚玄长而晋室乱,非老庄之罪也。"可以概见其主旨所在。结合所教文学史一课,增改讲义写成一本《中国文学史》,交制言社印作教材。实际上还不能算作著作,因为其中多是折衷诸家成说,很少个人研究成果。连同 1937 年秋流亡到安徽泗县、寄住省立第六图书馆时完成的《古文〈尚书〉讲疏》(约 50 万字,泗县沦陷时佚失),可以算我学习阶段的总结。

1939 年初,我写了长诗《一年纪事》,记述了 1938 年泗县中学教书前后的时事和经历。1948 年被收入南京师大的《文学资料简报》,那是一位同志从我的一个老学生手里抄去的。由于泗县沦陷,我便在泗县北乡柏浦,聚集了四十来名失学青年,组织了一个"菿汉国学讲习班"。这是我教育救国理想的实验。当时拟了教条十则,各系以短文阐释,其条目:"以正己为本,以从义为怀,以博学为知,以勇决为行,以用世为归";"不苟于人,不阿于党,不囿于陋,不绥于势,不淫于华"。要求学生们表里一致,由近及远,为中流砥柱,以力挽狂澜为己任。这些虽然是幻想,但也在一些青年身上起了一定的积极作用。

因为我是研究所谓"国学"的,所以在高等学校教书,涉及面相当宽。国学的范围是文、史、哲不分而以小学为基础,所以我教的课有文学史,有哲学史,有通史,有经、子专书,有诗、词、文选,有分体的作品或史,有断代的作品选和文学史以至文字学、文艺学等等,不下十余门。这些多因教学需要而开,殊非出于泛爱。

在抗日战争时期的大后方,科研条件很差,但要教好书,却绝不能忽视科研。在大别山，我尽可能地对随时遇到的问题作一些探索，发表了几篇文章。其中在《师道》上发表了《〈大学〉讲疏》，在《安徽教育》上发表了《安徽学风》长文。前者在考证、训诂方面，有些新见解；后者对安徽古代在学术上有成就贡献的名人、名著予以评述。接着在《中原》上发表《屈原的有无问题》，以驳斥廖季平、胡适之否定屈原存在的说法；在《安徽政治》上发表《书注与读书法》，对古今书籍的注解作了分析批判。该文认为"经传以下书注之失"有三方面：一是但明典故而不详本义，如李善《文选注》；二是但录事实而不求训诂，如《三国志》裴注；三是但诠大旨而不释字词，如《楚辞》王注。最后提出作注必先具备四点：字音、字义、名物、故实，为绎文意的基础。

从贵阳到昆明，写了《论治诸子》和《〈礼运·大同〉辨》，都发表在《东南日报·文史》上。《论治诸子》一文之作，有感于从胡适之、冯芝生以来从思想上研究诸子的学者，多喜以西方哲学的体系、概念、术语为框框，来套中国学说。形式上新颖可喜，然往往取粗遗精，失掉诸子的真精神，形成了一种通弊，因而予以分析批判，提出研究诸子学应有的基本态度和方法。这些论述，虽不能说有先见之明，但直到今天却仍是值得探讨的问题。接着在《云南论坛》上发表《〈庄子·内篇〉间绎》，在《正义报·文史》上发表《诗歌的生命与新旧诗的合一》和《由词之音律论苏东坡之知不知音》。这些文章，都提出了一些个人的独立见解，有不少是殚精竭虑所得。为适应教学需要，在这期间，我写了《中国哲学史》《中国文学史》和《〈庄子〉通义》，都作为讲义印发。《中国文学史》印过五次，《〈庄子〉通义》印过六次，但都没有争取出版。《庄子》一书，一般只承认内七篇为庄子自作，外、杂二十六篇则为庄徒或后学所附益。我认为外、杂篇虽有他人作品羼入，但主要的仍出庄子之手；内七篇为庄子晚年成熟之作，中年以前不容毫无作品遗留。我认为没有外、杂篇，就很难看出庄子思想的发展；而内七篇的思想根源，正以外、杂篇为基础。大体来说，庄子早年曾服膺儒术，但已每予以新解；等到涉历日深，深感儒者所倡仁义礼智之弊之害，于是大力予以揭露、抨击；从而转信老聃之言，称扬阐释，不遗余力；再从老聃的以卑弱谦下来逃避矛盾，进而谋求从精神上解除桎梏以达到"内圣外王"之最高境界。我的《〈庄子〉通义》，就是用外、杂篇和内篇比较互证，来掌握《庄子》一书的基本精神的。

在抗日战争的大后方，各校图书馆都很少，而女子师范学院却有各国使馆，特别是苏、美使馆的很多赠书。我有幸得广泛阅读，凡西方各派哲学、社会学、心理学、教育学以及文学名著之类，无不涉猎。

建国初期，又全力自学马列主义和文学理论，并勇敢地承担"文艺学"的教学工作。这些努力，使自己在教学和科学研究上，都尚能不落后于时代。

50年代初，兼职多，工作重，社会活动频繁，但年未四十，精力充沛，好像总有使不完的劲。1957年"反右"，我受到了意外的打击，长期被剥夺了政治上和学术上的发言权。再经"十年浩劫"，所受的打击就更大了。但在政治运动的间隙，仍在公开和内部刊物上发表一些文章，直到1976年"四人帮"垮台以后，中国历史走上了新阶段，我写的文章也大大增加。据不完全统计，连旧社会发表的在内，接近百篇。其中如《屈原其人其赋》写于1951年端阳节，主要内容由评论孙次舟、闻一多有关屈原是否是"弄臣"或"奴隶"和批驳朱东润否定屈原作品的著作权而发。1983年日本学者稻烟耕一郎和三泽铃尔又一次提出了屈原的存否问题，引起了我国楚辞研究者的关注。我于是以《旧事重提》为题，再一次提出了我的看法，主要把我在40年代初所写《屈原的有无问题》和这篇《屈原其人其赋》综合在一起，以说明否定屈原存在的论点，不是什么新问题，站不住脚，不值一驳。而我多年来对屈原的一些认识和分析，也颇为一些同志所接受。

1956年我发表了《试谈作为文学家的庄子》和《司马迁的传记文学》。庄子作为两千余年来中国文化上影响极大的思想家之一，是人们不能不承认的。但建国以后，文化界对庄子却贬抑多而研究少，一般文学史对庄子也是尽量少谈。这种现象，显然是受了当时强调唯物论、批判唯心论，强调阶级斗争等简单化的"左"倾思想的影响。我认为姑不谈哲学，单从文学角度上看，庄子实不愧为伟大的文学家，他的书也不愧为杰出的文学巨著。"庄子归根结底诚然是唯心论者，但他的思想在当时的具体条件下，却仍有进步性、甚至革命性的东西。""尤其对文学来说，他深刻透彻地批判了现实，为古今所少有。""作为一部文学作品——《庄子》来看，就会发现作者对自然、对社会、对精神、对物质的认识之深之透，会发现它所具有的思想、艺术的高度统一和极大的感人力量。"作者的"激烈、愤怒、讽刺、嘲笑，和他的轻蔑、鄙夷、悲悯、同情，以至孤傲、倔强，都通过他的高妙的艺术手法，鲜明地表现出来，造成旷绝千古的文学奇迹。"他敢于指斥君主，非毁圣王，指出仁义的吃人本质和圣人的"诈巧虚伪"，都是古今学者文人所不能说、不敢说的。而他用"寓言"、"重言"所创造的故事，又那样具体生动，几乎是一部"优美的寓言故事集"和"美妙的散文诗"。《司马迁的传记文学》，是我企图用新观点对《史记》全书反复绅绎总结而写的长篇论文。我认为《史记》创造了纪传体通史的典范，为古今所公认，但"其所以能深入人心，历久弥光，却不仅在于史的方面，而在于它的艺术造诣。""他所写的人物、事件，是历史的存在，而他所写的却不是存在的摄影；每个人物和事件都是真的，而他所写的却不是事实的记录"，"他的传记，是真实的而又是创造的；是写实的而又是抒情的；是历史的而又是艺术的。"所以司马迁在文学史上的地位，可以和庄周、屈原并列。

1965 年为纪念柳宗元诞生 1190 周年，我受委托计划写五篇文章：《柳宗元的辞赋》、《柳宗元的诗歌》、《柳宗元的游记》、《柳宗元的杂文》和《柳宗元的文论》，连同部分诗文选注和传记成一本专著。但实际只写完"辞赋"、"诗歌"、"文论"三篇，又只发表了其中的前两篇。由于刊物因故停刊，致使"文论"一篇，直到 1979 年才发表。

1977 年冬，我写了批判《儒法斗争史》的长文。这部《儒法斗争史》虽没有正式出版，但翻印转抄，流传极广。我认为"儒法虽有斗争的一面，但也有相联系相一致的一面；反儒不一定是法，反法也不一定是儒；儒家本身不断地发展，法家本身也不断演进；汉以后的儒法已统一于统一帝国的统治思想之内，它们作为学派的性质，已完全改变"；"孔子死后，首先和儒家斗争的是墨家而不是法家"；"批判儒家最尖锐的，莫过于道家……庄子，但他同时也反对法家"；"孟子所坚决反对的不是法家而是杨墨";"韩非斗争的矛头,根本不是专指儒家",他"首先把儒墨放在同等地位……批判的重点不是他们的具体学说,而是他们俱道尧舜的厚古薄今倾向"等等,汉以后,法家已经成为以儒家为主的统治思想的不可缺少的组成部分。连柳宗元、王安石所代表的"变法",也只是要求改革某些弊政而非反儒。相反,他们仍以儒家思想为基础。

1982年发表了《政教中心与现实主义》。这篇文章,是探讨中国古代文学理论的传统的。鉴于古代文学理论除《文心雕龙》等几部外很少专著,大都散见于子、史群籍和杂著之中,由于比较零碎,便被一些人认为无体系可言;另一方面又受西方文学理论的影响,以彼概此,拿"现实主义"、"浪漫主义"之类的帽子来套中国文学作品和文学理论,往往龃龉不安或名实不副。以故,我在指出"政教中心"是贯穿两千多年的主要传统之后,进而以之与"现实主义"作了比较,以见其得失所在。并附带提出中国文学理论中"言志抒情"和"尚辞好丽"两种主张,虽不能与"政教中心"说比高下,但也确为源远流长的重要传统。文章于1981年在武汉召开的中国古代文论会上宣读,曾引起一些同志的注意和争论。发表后,也得到一些同志的支持。其他有关《诗经》、"汉乐府"、诗、词、曲、小说、散文等方面的研究,以及对历代作家、作品的考证、评论、赏析和文学史的探讨,散见于各学报和各文艺、学术报刊。这些已编成一个论文选集,交出版社出版。

我和其他受极"左"路线打击的同志不同之处,在于我始终没有离开大学讲台,相反,教学负担更重,大概这就叫做"控制使用"吧!但却有几个班争着要看"右派老师"的笑话。在这期间,写点东西还是可以的,只是不能公开发表和正式出版。所以除1957年初由函授部印行了一本《先秦文学》外,继续写的《汉魏六朝文学》、《唐代文学》等都作为内部印行的交流教材付印,当然不署名。直到1978年起,逐步落实知识分子政策后,才陆续出版了几本书。其中《中国古代文学家年表》,是长期教文学史积累的资料;《中国短篇小说选》,我写古代部分,有注解分析,是新作;《山西历代诗人诗选》和《咏晋诗选》,是指导研究生集体选注的;《唐宋绝句选注析》和《词谱范词注析》,也是指导青年人编写的。其中有两种发行在25

万册以上。另外还主编了《中国古代文学作品选》六册。其余尚有两部书稿待出。

自1978年以来，我已招收了18名研究生，毕业的14名中，已有12名授与硕士学位（包括外校一名）。他们都已成为高等学校和文化事业单位的骨干力量，受到社会舆论的广泛赞扬，而他们的科研成果，也已引起不少专家的重视。这几年在参观、考察和参加各种会议期间，时常碰到几十年来的老学生。他们中不少在党、政、文教界早已崭露头角，有的已成为老专家老教授，令人欣慰！回顾起来，总算在自己尽可能的范围内尽了一点绵薄之力。今年我已七十有四，自当珍惜岁月，继续努力，以期无愧于时代！

图书在版编目（CIP）数据

国学·诗韵·书情 / 梁归智著. -- 太原：三晋出
版社，2012.6

ISBN 978-7-5457-0575-1

Ⅰ. ①国… Ⅱ. ①梁… Ⅲ. ①姚奠中—评传 Ⅳ.
①K825.46

中国版本图书馆CIP数据核字（2012）第142053号

国学·诗韵·书情—姚奠中学术评传

著　　者　梁归智

责任编辑　落馥香　李永明

出 版 者　山西出版传媒集团·三晋出版社（原山西古籍出版社）

地　　址　太原市建设南路21号

邮　　编　030012

电　　话　0351-4922268（发行中心）

　　　　　0351-4956036（综合办）

　　　　　0351-4922203（印制部）

E - mail　sj@sxpmg.com

网　　址　http://sjs.sxpmg.com

经 销 者　新华书店

承 印 者　晋中万嘉兴印刷有限公司

开　　本　787mm×1092mm　1/16

印　　张　22.5

字　　数　400千字

版　　次　2012年6月　第1版

印　　次　2012年6月　第1次印刷

书　　号　ISBN 978-7-5457- 0575-1

定　　价　58.00元

著作版权所有·违者必究

本书若出现印装质量问题，请与工厂联系调换